neukirchener
theologie

Glück und Lebenskunst

Jahrbuch der Religionspädagogik (JRP)
Band 29 (2013)

Herausgegeben von
Rudolf Englert, Helga Kohler-Spiegel,
Elisabeth Naurath, Bernd Schröder
und Friedrich Schweitzer

Neukirchener Theologie

Dieses Buch wurde auf FSC-zertifiziertem Papier gedruckt.
FSC (Forest Stewardship Council) ist eine nichtstaatliche,
gemeinnützige Organisation, die sich für eine ökologische und
sozialverantwortliche Nutzung der Wälder unserer Erde einsetzt.

Bibliografische Information der Deutschen Nationalbibliothek

Die Deutsche Nationalbibliothek verzeichnet diese Publikation in der Deutschen
Nationalbibliografie; detaillierte bibliografische Daten sind im Internet über
http://dnb.d-nb.de abrufbar.

© 2013
Neukirchener Verlagsgesellschaft mbH, Neukirchen-Vluyn
Alle Rechte vorbehalten
Umschlaggestaltung: Andreas Sonnhüter, Düsseldorf
Umschlagabbildung: Kinderzeichnung von Elise (s.S. 16)
Lektorat: Ekkehard Starke
DTP: Andrea Siebert
Gesamtherstellung: Hubert & Co., Göttingen
Printed in Germany
ISBN 978–3–7887–2734–5 (Print)
ISBN 978–3–7887–2735–2 (E-Book-PDF)
www.neukirchener-verlage.de

Inhalt

Vorwort

„… als ich mit meinen neu gewonnenen Freunden im letzten Sommer während unserer gemeinsamen Zelttour im Bergischen Land abends in die Aggertalsperre gesprungen bin …" Seminarteilnehmer/innen waren eingeladen, sich an eine Situation vollkommenen Glücks zu erinnern. Wer könnte die geschilderte Situation nicht nachempfinden: Super Wetter, nette Leute, keine Pflichten, keine Sorgen, man fühlt sich blendend und traut sich was – und springt hinein ins Glück, das einfach plötzlich so da ist, ohne dass man weiß wie.

Glück ist etwas Wunderbares, und offenbar muss man gar nicht so viel dafür tun. Manchmal kommt es einfach angeflogen; doch oft stiehlt es sich, kaum dass man sein Glück begriffen hat, auch schon wieder davon. Die Flüchtigkeit des Glücks ist sprichwörtlich. Und da fangen die Schwierigkeiten schon an. Denn natürlich möchte der Mensch sein Glück festhalten. Aber wie? Dies ist eine zentrale Frage antiker Philosophie. Man möchte sich nicht begnügen mit unverhofft einfallenden Glücksmomenten, sondern strebt nach dauerhafterem Glück. Das Streben nach Glück wird zu einer Lebenskunst.

Was in der Folge dazu aufgetürmt wurde, ist gigantisch. Hunderte von Definitionen, Massen von Sprichwörtern, Fluten von Glücksbrevieren und neuerdings natürlich auch von empirischen Befunden. Das Glück soll nun nicht mehr bloß eine Kunst sein, sondern zu einer Wissenschaft werden. Da gibt es ein „Institut für europäische Glücksforschung", eine „World Database of Happiness", ein „Oxford Happiness Inventory" und eine Menge Ratgeber, die ziemlich genau wissen, welcher Cocktail an Dopaminen, Serotoninen und Endorphinen angerührt werden muss, damit das Glück seine Chance erhält.

All das lässt einen reichlich ratlos zurück: Da heißt es, jeder Mensch strebe nach Glück (Aristoteles); aber gleichzeitig sei dem Glück nichts so sehr abträglich, wie es ausdrücklich zu wollen (die Psychologie). Da kann man lesen, jeder sei bei Beachtung einiger Spielregeln prinzipiell glücksfähig (Epikur), aber auch: Der Mensch sei für das Glück nun einmal nicht geschaffen (Freud). Da gibt es den empirischen Befund, dass ein solider Wohlstand einer der verlässlichsten Glücksindikatoren sei, und dann kommt eine Studie mit dem Ergebnis heraus, die glücklichsten Menschen lebten in Bangladesch. Was soll man davon nun halten?

Es scheint, dass uns die Paradoxien des Glücks zunehmend nerven. Wer gerne „alles im Griff" hat, empfindet das Glück als Problem. Dagegen muss es doch irgendetwas geben! Und da in unserer Gesellschaft keine Marktlücke lange unentdeckt bleibt, gibt es natürlich auch etwas: Glücksbücher, Glücksseminare, Glücksgurus, Glücksformeln, Glücksrezepte, Glückskekse usw. Das Leben ist kurz, die Sehnsucht nach Glück unersättlich, da wird es schnell eng.

Gleichzeitig wissen wir: Nichts schadet unserer Aussicht auf Glück so sehr wie die Angst, zu kurz zu kommen. Daher ist nun wieder zu warnen: vor der Tyrannei des Glücks und der Gier nach gelingendem Leben (Schneider-Flume). Das ist, in aller Kürze, der Stand der Diskussion und der Ausgangspunkt dieses Buches. Wenn Religionspädagogik sensibel sein soll für die Fragen der Zeit, kann sie das derzeit so forcierte Interesse am Thema „Glück" nicht ignorieren. Daraus ergibt sich eine erste Aufgabe: zu diagnostizieren, wo und wie „Glück" in unserer Gegenwartskultur zum Thema wird, welche Glücksversprechen hier gemacht werden und welche Dimensionen des Glücks dabei angesprochen werden. Aber das Interesse am Glück ist natürlich nicht nur ein Zeitphänomen, sondern menschheitlich universell. Daher die Frage: Wie kann man das jahrtausendealte Bemühen um eine Kultur des Glücks Menschen und vor allem Heranwachsenden von heute so erschließen, dass daraus ein Orientierungsgewinn entsteht? Welche Philosophien des Glücks sind es wert, dass man sich etwa im Religionsunterricht mit ihnen auseinandersetzt? An diesem Punkt muss man sich allerdings auch der skeptischen Frage stellen: Kann man zum Glück denn erziehen? Ist Glück ein sinnvoller Bildungsgegenstand oder gar ein mögliches Bildungsziel? Ist Glücksfähigkeit eine Kompetenz, die man in einem gestuften Bildungsgang allmählich zu einem immer höheren Niveau entwickeln könnte? Brauchen wir wirklich ein „Schulfach Glück"?

Das alles sind, auch religionspädagogisch, wichtige Fragen. Noch einmal besonders spannend aber wird es, wenn man darüber hinaus nun die theologische Dimension des Themas bedenkt. Das Verhältnis der Theologie zum Glück ist ja höchst spannungsreich. Dass das Evangelium auch für den nach Glück suchenden Menschen eine gute Nachricht bereithalte, hätte lange Zeit kaum jemand zu sagen gewagt. Denkbar war allenfalls eine „Theologie der Hoffnung" (Moltmann), aber nicht eine „Theologie des Glücks" (vgl. Lauster, Roth u.a.). Erst in jüngerer Zeit werden Versuche unternommen, Korrelationen herzustellen zwischen biblisch-theologischen Perspektiven und dem, was Menschen sich als „Glück" ersehnen – durchaus auch kritische Korrelationen. An diesen Versuchen möchte sich das vorliegende Buch beteiligen.

Das Thema „Glück" zählt zu den sogenannten „Lebensfragen". In Auseinandersetzung mit solchen Lebensfragen kann erkennbar werden, inwiefern der Einbezug religiöser Perspektiven auch unsere vermeintlich ganz „profanen" Probleme tiefer begreifen hilft. So auch das Glück! Wobei vielleicht gerade das Glück ein Beispiel dafür ist, dass die alten Unterscheidungen zwischen „Lebensfragen" und „Glaubensfragen", „problemorientiert" und „biblisch", lebenskundlich" und „theologisch" oft keinen rechten Sinn mehr machen. Dorothee Sölle schreibt: „Wonach sehnen sich die Menschen? Es ist der Wunsch, ganz zu sein, das Bedürfnis nach einem unzerstückten Leben. Das alte Wort der religiösen Sprache ‚Heil' drückt genau dieses Ganz-Sein, Unzerstückt-Sein, Nicht-kaputt-Sein aus … Vertrauen können, hoffen können, glauben können – alle diese Erfahrungen sind mit einem intensiven Glücksgefühl verbunden, und eben um dieses Glück des Ganz-Seins geht es in der Religion" (Die Hinreise, Stuttgart 1975, 167).

1

Blitzlichter

1.1

Katharina Hermes

»Glück ist einfach die Mischung!«

Sichtweisen von Schülerinnen und Schülern auf das persönliche Glück

»Malst du mir ein Bild, das zeigt, was für dich Glück ist?«, so die Frage an Kinder und Jugendliche aus ganz unterschiedlichen Altersstufen. Gemalt und gestaltet wurde zum Thema »Glück« von Grundschulkindern aus zwei ländlich gelegenen Grundschulen in Nordrhein-Westfalen, nah am Rand zu Niedersachsen, und an einem Gymnasium, ebenfalls aus beschriebenem Gebiet. Aus den sehr unterschiedlichen Bildern und Collagen wurden sechs besonders prägnante Bilder exemplarisch ausgesucht. Mit Eifer machten sich Schülerinnen und Schüler an die Gestaltung. Eine Idee hatten die jüngeren Kinder schnell, die Älteren benötigten eine längere Nachdenkzeit. Durch die Beschäftigung mit dem eigenen Glücksverständnis entstanden interessante und vor allem völlig unterschiedliche Werke, die aufzeigen, wie subjektiv geprägt das Glück für die Schülerinnen und Schüler zu sein scheint. Wo die Grundschulkinder noch sehr konkrete Situationen und Momente malen, in denen sie Glück empfinden, steigert sich die Komplexität der Ausdrucksformen offensichtlich mit dem Alter.

Der siebenjährige Friedrich malt ein Bild, das ihn in seinem Zimmer im Bett zeigt. Seine Erklärung dazu lautet: »Glück ist für mich, morgens mit Mama und Papa im Bett kuscheln.« Glück wird so von dem Jungen an einem bestimmten Moment seines Alltags festgemacht und zeigt sich in der konkreten Form familiärer Nähe und Verbundenheit. Auch Elise, sieben Jahre alt, malt eine Spielsituation mit Freunden auf, eine klare Situation aus ihrem Alltag, die ihr Freude und offensichtlich auch Glück bereitet. Beide Bilder sind mit bunten Farben gestaltet und wirken fröhlich. Der neunjährige Thomas bestimmt ebenfalls eine konkrete Situation aus seinem Leben als Glück. Hier unterscheidet sich jedoch die Aussage leicht. Wo Friedrich und Elise Glück als Zustand während eines Momentes wahrnehmen, stellt Thomas das Glück als abhängig vom Ausgang der Situation dar. Er malt Personen, die ein Brettspiel spielen, und schreibt dazu: »Glück ist für mich, wenn ich gewinne.« Das Spielen allein stellt für ihn noch nicht das Glück dar – nur, wenn er gewinnt, ist es für ihn greifbar.

Auch einzelne Schülerinnen und Schüler weiterführender Schulen erarbeiteten Bilder und Collagen, die über eine situative Momentaufnahme hinausgehen. So malen Diana und Jana zu zweit ein Bild, das ihre glücklichen Momente in den vier verschiedenen Jahreszeiten zeigt: Im

Frühling haben beide Geburtstag und freuen sich über Geschenke, im
Sommer haben sie Spaß im Freibad und fühlen sich im Wasser glücklich, im Herbst gefallen ihnen die Farben der Bäume, und sie empfinden
Glück bei Spaziergängen. Im Winter dann mögen sie das Spielen im
Schnee und das Backen von Plätzchen. Die beiden 15-Jährigen zeigen
hier ein differenzierteres Denkmuster und machen deutlich, dass Glück
für sie bereits mehr als eine Facette des Alltags ist. Sie stellen länger an-
dauernde Momente dar, und es schimmert so schon durch, dass mit steigendem Alter auch die Spanne, in der Glück reflektiert empfunden wird,
immer weiter wächst.
Die beiden Schüler Lucas (18) und Michel (18) machen diesen Umstand
für sich noch klarer. Sie erarbeiten Collagen, die verschiedene Dinge
zeigen, die sie glücklich machen. Lucas klebt neben Bildern von einer
Gitarre, einer Familie, Geld und Freunden auch Schriftzüge auf seine
Collage. Für ihn bedeutet Glück auch »Heimat«, »Freiheit«, »Erfolg«
und »Liebe«. Außerdem stellt er noch Gesundheit dar. Die von ihm auf-
geklebten Bilder zeigen weniger Situationen als eher Werte. Für den 18-
Jährigen ist Glück nicht mehr nur eine Spielsituation, sondern eine konkrete Vorstellung vom Leben und von Werten, die sein Leben vereinen
soll. Lediglich das aufgeklebte Werbeschild für eine Haselnusscreme
durchbricht diese abstrahierende Darstellungsweise. Lucas sagt zu seiner
Collage: »Glück bedeutet für mich eine gute Mischung aus allem Möglichen.«
Auch Michel, 18 Jahre alt, gestaltet eine Collage mit ausgedruckten Bildern. Auf den ersten Blick ist diese wenig aufschlussreich. Er hat jedoch
einen kleinen Text dazu verfasst, um seine Aussage zu verdeutlichen:
»Glück ist für mich Individualität, also wenn ich so sein kann, wie ich es
will, und nicht, wie andere mich gerne hätten. Aber das ist nur ein Teil
vom Glück, ebenfalls ist es wichtig für mich, mich gut mit meiner Familie zu verstehen und gute, aber nicht unbedingt viele Freunde zu haben.
Ebenso ist die Liebe ein großer Schritt in Richtung Glück. Glück heißt
nicht ›keine Probleme zu haben‹, sondern mit den Problemen, die man
hat, umzugehen und sie auch mal an die Seite legen zu können und mit
Humor und Freude durchs Leben zu gehen und jeden zu Tag genießen.«
Demnach beschreibt er seine Glücksvorstellung individualitätsbezogen.
Außerdem macht es ihn glücklich, gute Freunde zu haben, Liebe zu
finden und mit Problemen konstruktiv umzugehen. Auch diese Beschreibung zeigt, dass mit steigendem Alter das Glücksverständnis an Komplexität und Individualität gewinnt. Es wird deutlich, dass sich in der
Entwicklung der Kinder hin zu Erwachsenen auch eine gewisse Ernst-
haftigkeit im Blick auf das Leben immer stärker durchsetzt. Die drei
Grundschülerinnen und Grundschüler malen Spielsituationen und kurze
unbeschwerte Momente ihres Lebens. Die 15-jährigen Mädchen gestalten in Steigerung dazu schon mehrere Situationen ihres Lebens, in denen
sie glücklich sind, und die beiden fast erwachsenen Jungen Lucas und
Michel transferieren Glück in Werte und Normen und zeigen somit keine

Momente mehr auf, sondern Orientierungspunkte für ihre empfundene Lebensfreude. Glück ist hier nicht mehr eine kurze lebenssituative Sequenz, sondern es sind Aspekte, die das komplette Leben bestimmen und die sehr nachhaltig wirken. Eine Steigerung ist somit vom glücklichen Moment zum glücklichen Leben mit bestimmten Vorstellungen und Werten hin gegeben, die das Glücksempfinden an sich auch komplexer werden lässt.

Friedrich, 7 Jahre*

Friedrich besucht die zweite Klasse einer Grundschule im ländlichen Gebiet einer Kleinstadt am Rande von Nordrhein-Westfalen.
Er gestaltet ein Bild, auf dem man ein Zimmer erkennen kann. In der rechten Ecke ist eine Tür zu sehen, daneben befindet sich der Kleiderschrank. In der Mitte des Bildes hängt eine Lampe von der Decke des Raumes, und darunter befindet sich ein Fenster mit zwei schwarzen Vasen und zwei Blumen darin. In der linken Ecke des Zimmers ist ein Bett zu sehen, in dem ein Mensch liegt. Dieser Mensch ist Friedrich selbst, wie er erklärt.
Er benennt das Glück für ihn so: *Glück ist für mich, morgens mit Mama und Papa im Bett kuscheln.*

---

* Die farbige Wiedergabe der Zeichnungen findet sich im Anhang, S. 211ff.

Elise, 7 Jahre

Elise besucht die zweite Klasse einer Grundschule im ländlichen Gebiet einer Kleinstadt am Rande von Nordrhein-Westfalen.

Auf ihrem Bild gestaltet sie einen sonnigen Tag und eine Blumenwiese mit großen Blumen, auf der mehrere Menschen stehen, die alle glücklich aussehen und lächeln und die Arme heben. Auch sieht man eine Biene, zwei Vögel und einen Schmetterling. Über den Köpfen der Menschen ist ein kleiner grüner Ball zu erkennen, der zeigen soll, dass die Gemalten miteinander spielen. In der Mitte sieht man ein Mädchen mit blonden Haaren und Zöpfen, hier stellt Elise sich selbst dar.

Ihr Kommentar zu diesem Bild: *Glück ist für mich, wenn ich mit meinen Freunden spiele.*

Thomas, 9 Jahre

Thomas besucht die dritte Klasse einer Grundschule im ländlichen Gebiet eines Dorfes in Nordrhein-Westfalen.
Sein Bild zeigt einen blauen Himmel, mit einer Sonne und Wolken
darunter. In der oberen Mitte des Bildes ist ein Engel zu sehen, was
darauf zurückzuführen ist, dass in der vorangegangenen Themeneinheit
im Religionsunterricht das Thema »Engel« war. Rechts oben sieht man
einen Satelliten im Himmel. Unten im Bild ist eine Wiese zu sehen, auf
der ein Tisch steht. An diesem Tisch spielen zwei Personen, scheinbar
ein Junge und ein Mädchen, ein Brettspiel. Thomas erklärt, dass eines
der Kinder er selbst ist. Links daneben schreibt er den Satz: *Glück ist für
mich, wenn ich gewinne.*

Diana, 15 und Jana, 15

Diana und Jana besuchen die 9. Klasse eines Gymnasiums in einer Kleinstadt am Rande von Nordrhein-Westfalen.
Sie zeigen auf ihrem Bild ihr Glück in den verschiedenen Jahreszeiten. Im Frühling feiern sie ihre Geburtstage und empfinden Geschenke als Glück. Im Sommer ist der Besuch des Freibades Glück für die beiden Mädchen, während sie im Herbst Spaziergänge im bunten Laub schätzen. Im Winter mögen sie es, Plätzchen zu backen und Schneemänner zu bauen.

Lucas, 18 Jahre

Lucas besucht ein Gymnasium in einer Kleinstadt im Randgebiet von Nordrhein-Westfalen. Er besucht die 12. Klasse dort und macht im Frühjahr sein Abitur. Gestaltet wurde von ihm eine Collage aus Schrift und Zeitungsausschnitten, die mehrere Aspekte aufgreift. Er stellt sein Hobby Gitarre spielen und in einer Band sein dar, klebt ein Bild von jungen Menschen auf, die zusammen Spaß haben, schreibt Begriffe wie »Glück«, »Erfolg«, »Freiheit« und »Heimat« auf das Blatt. Auch kann man eine Familie sehen, Geld und Sprüche zum Thema Liebe und Freundschaft. All diese Dinge sind Werte und Lebensumstände, die für ihn Glück ausmachen. Außerdem hat er noch ein Bild von einem Schokoladenaufstrich aufgeklebt, als Sinnbild für Süßigkeiten, die er gerne isst. Durchgestrichen hat er ein Bild von einem Mädchen mit Beinschienen, er sagt dazu, dass er damit gegen Krankheit ist und Glück für ihn auch Gesundheit bedeutet. Lucas erklärt mir zu dem Bild: *Glück bedeutet für mich eine gute Mischung aus allem Möglichen.*

Glück ist für mich Individualität, also wenn ich so sein kann, wie ich es will und nicht, wie andere mich gerne hätten. Aber das ist nur ein Teil vom Glück, ebenfalls ist es wichtig, mich gut mit meiner Familie zu verstehen und gute, aber nicht unbedingt viele Freunde zu haben. Ebenso ist die Liebe ein großer Schritt in Richtung Glück. Glück heißt nicht, keine Probleme zu haben, sondern mit den Problemen, die man hat, umzugehen und sie auch mal an die Seite legen zu können und mit Humor und Freude durchs Leben zu gehen und jeden zu Tag genießen.

Michel, 18 Jahre

Michel besucht ein kleinstädtisches Gymnasium am Rande von Nordrhein-Westfalen. Er besucht dort die elfte Klasse. Er gestaltet eine gleichförmige Collage mit ausgedruckten Bildern. Auf den ersten Blick versteht man längst nicht alle Bilder, daher hat er einen erklärenden Text verfasst, der am rechten Rand neben dem Bild abgedruckt ist. Man erkennt auf den Bildern zwei sich küssende Löwenbabys, ein Herz aus Kerzen, eine Weggabelung mit aufgestellten Kerzen, einen Mund mit einer Zigarette, einen Vater mit seinem Kind, das in der Küche an der Spüle steht, ein Glas mit Getränk und Eiswürfeln darin, einen Panda, der auf einem Schaukelpferd reitet, ein Mädchen, das vor dem Meer steht und eine eindeutige Pose macht, einen Mann mit vielen Tattoos, einen Mann, der seine Tochter küsst, und zwei Menschen, die buddhistisch aussehen und sich ansehen. Auf den Bildern sind teilweise Sprüche, die darauf hindeuten, dass man das Leben nicht zu ernst nehmen, man Individualität leben sollte und einem auch mal alles egal sein kann. Seine Erklärung zu der Collage beschreibt ebenfalls ein Gefühl von Individualität und dass Glück für ihn Freunde, Liebe und Familie bedeutet. Probleme lehnt er nicht grundsätzlich ab, wünscht sich aber für ein glückliches Leben, sie bewältigen zu können und mit Freude durchs Leben gehen zu können.

Katharina Hermes ist Wissenschaftliche Mitarbeiterin am Lehrstuhl für Praktische Theologie/Religionspädagogik des Instituts für Evangelische Theologie der Universität Osnabrück.

2
Disziplinäre Zugriffe

2.1

Jörg Zirfas

Glück als Erziehungsziel?

Pädagogische Gedanken zum Kinderglück

1 Empirische Ergebnisse

Eigentlich ist ja alles ganz prima – kann man doch mit Fug und Recht behaupten, dass trotz oder wegen der Erziehung in einem bestimmten Sinn das Ziel einer glücklichen Kindheit schon erreicht worden ist. Denn in allen Umfragen zum Thema Kinderglück, die in den letzten Jahren in Mitteleuropa stattgefunden haben, kann man, neben vielen ganz unterschiedlichen Erkenntnissen und Gesichtspunkten, immer wieder drei Ergebnisse nachlesen: 1. Kinder sind glückliche Menschen, 2. Kinder brauchen nicht »viel« zu ihrem Glück, und 3. zu diesem Kinderglück trägt vor allem die Familie bei.

So zeigt sich z.b. in der letzten LBS-Kinderbaromenter-Studie von 2011, die ca. 10 000 Kinder im Alter zwischen 9 und 14 Jahren aus dem gesamten Bundesgebiet befragte, dass Kinder unter ihren fünf wichtigsten Wertvorstellungen neben »anderen Menschen helfen«, »Freunde haben«, »eine eigene Meinung haben«, »Ehrlichkeit«, auch den Wert »Spaß haben« nennen.[1] Sport bereitet Kindern mit Abstand den größten Spaß (33%), gefolgt von Aktivitäten mit Freunden (30%), Computerspiele landen mit der Schule nur bei 6%. In dieser Studie konnte man zudem nachlesen, dass sich 71% der Kinder in ihrer Familie gut oder sehr gut fühlen, immerhin 9% eher schlecht. Glück im Sinne von Wohlbefinden, so wurde hier festgehalten, wird am stärksten durch Familie und Schule bestimmt.

Und in einer Studie des ZDF über das Kinderglück im Rahmen einer tiefenpsychologischen Untersuchung, die mit Kindern im Alter von 6 bis 14 Jahren durchgeführt wurde und bei der 60 Interviews ausgewertet worden sind, wird im Jahr 2007 ein ähnliches Ergebnis festgehalten. Hier schätzen 40% aller Kinder ihre Kindheit als »total glücklich« ein, 44% als glücklich und lediglich 14% als weder glücklich noch unglücklich. Hier wurde zudem bilanziert, dass die Glücksbilanz mit dem Alter abnimmt.[2] Sind bei den 6-Jährigen 57% total glücklich, so sinkt diese Quote bei den 13-Jährigen auf 25%.

---

1 Vgl. www.lbs.de.
2 www.glueck.zdf.de.

Als empirisch gesichert kann auch gelten, dass Kinder in der Familie glücklicher sind als in der Schule; sie sind glücklicher mit der Mutter (61%) als mit dem Vater (54%) oder den Geschwistern (36%). Erfahren Kinder Freiräume in den Ferien, an versteckten Orten oder in der Familie, beim Sport und beim Fernsehen, und/oder erleben sie diese Freiräume zusammen mit ihren Freunden, so sind sie sehr glücklich. Die Schule wird nur von 21% als beglückend erlebt; vor allem die Hausaufgaben, die nur zu 7% Glück vermitteln, reduzieren das Kinderglück. In den ersten Grundschuljahren erscheint das Kinderglück verfügbar und materialisierbar, ablesbar an bestimmten Situationen oder bestimmten Habens- und Könnensbeständen.

Im Alter von 10 bis 12 Jahren ändert sich die Einschätzung des Glücks. Jetzt haben die Kinder erfahren und wissen, dass man Glück auch verfehlen kann. Sowohl das vergangene bzw. das verlorene als auch das zukünftige, noch nicht realisierte Glück werden berücksichtigt. Mit dem In-den-Blick-Nehmen größerer Zeitabstände bekommt das Kinderglück auch einen nostalgischen, ja melancholischen Charakter. Hierzu kommt, entwicklungspsychologisch zu erwarten, dass das Glück selbst- und fremdreflexiver wird. Zum einen wird Glück kognitiver verstanden, geht also über die Erfahrung von Situationen und Emotionen hinaus, in das Erkennen und Verstehen von Zusammenhängen hinein, in denen man sich wohl fühlt. Und Glück wird sozialer, indem es stärker von anderen abhängig gemacht wird, etwa im kommunikativen Austausch mit Freundinnen (bei Mädchen) oder bei gemeinsamen Aktivitäten (der Jungen), aber auch im sozialen Vergleich von Ausstattungen mit Kleidung und Technik (Handy, Computer etc.). Dazu kommt, dass auch der Glücksfall, das Zufallsglück sowie Glück als Abwesenheit von Unglück mit berücksichtigt werden. In diesem Alter ist die Familie immer noch eine zentrale Quelle des Glücks der Kinder.[3]

Trotz der unterschiedlichen Entwicklungsanforderungen und den damit verbundenen unterschiedlichen Aufgaben kann die hohe Bedeutung des Vertrauens, der Anerkennung und der Unterstützung durch die Eltern für das kindliche Glück als empirisch gesichert betrachtet werden.[4] Den (leiblichen) Eltern kommt in dieser Lebensphase in erster Linie die Funktion eines Verlässlichkeitssystems zu, das im Hintergrund wirkt. So erleben Kinder Glück vor allem in familiären Zusammenhängen: wenn ihre Grundbedürfnisse erfüllt sind, wenn sie ernst genommen werden, wenn sie Liebe und Anerkennung erfahren, in gemeinsamen Unternehmungen, bei der Ermöglichung von Freude und Spaß und einer Umgebung voller Bildungsanregungen und im Erleben von Kontinuität und

3 Vgl. *Anton Bucher,* Was Kinder glücklich macht. Historische, psychologische und empirische Annäherungen an das Kinderglück, Weinheim 2001.
4 Vgl. *Christoph Wulf / Shoko Suzuki / Jörg Zirfas / Ingrid Kellermann / Yoshitaka Inoue / Fumio Ono / Nanae Takenaka,* Das Glück der Familie. Ethnographische Studien in Deutschland und Japan, Wiesbaden 2011.

Struktur.[5] Nun stellt sich die Frage, ob es Gründe dafür gibt, warum gerade die Kinder heute so glücklich sind?

2 Der eudämonistische Imperativ der modernen Pädagogik

Die Frage, ob und inwieweit es der Pädagogik möglich sein wird, Glück oder auch die Suche danach als das letzte inklusive pädagogische Ziel zu legitimieren, hat die Pädagogik über Jahrhunderte hinweg beschäftigt. Ob es nun in der Antike um die Vorbereitung auf ein adliges Leben ging, in welchem sich sportliche und kriegerische Leistungen mit eleganter Muße abwechselten, ob es sich im Mittelalter um Gewissensbildung, die Vermittlung eines strengen Kanons religiöser Werte und asketischer Lebensformen handelte oder ob man sich in der Moderne auf stufenförmige Entwicklungsmöglichkeiten, die kreative Entfaltung von natürlichen Potentialen oder die individuelle Aneignung der Welt durch ein sich selbst bildendes Subjekt konzentrierte – immer geht es in Fragen von Erziehung, Bildung und Lernen um die Vermittlung von Fähigkeiten und Wissensbeständen, die den Kindern und Schülern helfen sollen, in ihrem Leben glücklich zu werden. Wobei einerseits zu beachten ist, dass unter »Glück« historisch je verschiedene Sachverhalte verstanden wurden,[6] und andererseits, dass diese Konzepte nicht genuin für Kinder, sondern für Erwachsene entworfen worden sind.

Und auch in der Moderne gibt es eine Fülle von pädagogischen Konzeptionen, die Glück als Ziel von Erziehung verstehen; diese finden sich z.B. bei Rousseau und Kant, bei Campe und Schleiermacher oder auch bei Neill und v. Hentig. Und je mehr die Pädagogik als Lebens(lauf)wissenschaft die Zeit der Menschen in Anspruch nimmt, desto mehr kommt sie unter theoretischen und praktischen Druck, die Frage nach dem Glück – nicht nur für die Kinder – beantworten zu müssen. Damit reagiert die Pädagogik einerseits auf den Verlust religiöser Heilsgewissheiten und andererseits auch auf die individuellen Ansprüche. Denn für die Moderne gilt, dass die Subjekte mehr oder weniger selbst ihre Bewertungen des Glücks vornehmen und darüber entscheiden, wann und inwiefern sie sich glücklich fühlen wollen und können. Glück wird dabei oftmals als Bewusstseinszustand einer dauerhaften Zufriedenheit verstanden, die durchaus auch Momente des Unglücks umfasst; dieser Zustand wird durch eine Balance zwischen Wollen und Können, zwischen Sein und Bewusstsein sichergestellt. So spricht man zum einem vom Lebensglück als dauerhaftem Gefühl des Wohlbefindens und von Lebenszufriedenheit als rationaler Betrachtung dieses Gefühls. Dabei spielen sowohl kurzfristige, intensive und positive Emotionen des Glückserlebens als

---

5 Vgl. *Joachim Münch / Irit Wyrobnik*, Pädagogik des Glücks. Wann, wo und wie wir das Glück lernen, Baltmannsweiler 2010, 39ff., 59ff.
6 Vgl. *Władysław Tatarkiewicz*, Über das Glück, Stuttgart 1984.

auch langfristige im Lebenslauf entwickelte Erfahrungen und Strukturen des biographischen Wohlbefindens eine wichtige Rolle. Glück ist wohl der umfassendste Begriff des Wohlbefindens, der die ganze Persönlichkeit in ihrer Biographie kontinuierlich betrifft.

Glück als dauerhaftes Glücklichsein ist in der Moderne vor allem daran geknüpft, dass Menschen ihre zentralen Lebensziele erreichen, dass ihre wichtigsten Wünsche in Erfüllung gehen und dass sich die Erwartungen auf positive Ereignisse verwirklichen lassen. In all diesen Fällen spielen soziokulturelle, aber vor allem auch subjektiv-biographische Bewertungsprozesse eine entscheidende Rolle. Denn jedes Individuum bewertet sein aktuelles Glücksempfinden wie sein momentanes umfassenderes Glücklichsein immer auch im Kontext seiner Lebens- und Lerngeschichte, so dass sich etwa das Glücksgefühl eines Augenblicks individuell nur sehr schwer vorhersagen lässt.[7] Glück ist vor dem Hintergrund einer subjektiven Bewertung in der Moderne plural geworden, und der Pädagogik kommt hier die dilemmatische Aufgabe zu, (eine bestimmte Vorstellung von) Glück nicht zum verallgemeinerbaren Bildungs- und Erziehungsziel machen zu können und andererseits zu wissen, dass Bildungs- und Erziehungsprozesse für das Glück enorm bedeutsam sind.

Und obwohl das Glück der Kinder in der modernen Pädagogik nur in wenigen Zeiten theoretisch wie praktisch im Zentrum stand, lässt sich für die Moderne insgesamt von einem latenten pädagogischen Imperativ der Verwirklichung von Glück sprechen.[8] Diesen Imperativ kann man verschieden begründen, etwa durch den anthropologischen Sachverhalt, dass alle Menschen nach Glück streben, oder auch durch den Hinweis auf die Präambel und den Artikel 3 der Kinderrechtserklärung der UNO von 1959, in der vom Recht der Kinder auf Glück die Rede ist. Hier heißt es: »In der Erkenntnis, dass das Kind zur vollen harmonischen Entfaltung seiner Persönlichkeit in einer Familie und umgeben von Glück (happiness), Liebe und Verständnis aufwachsen sollte (…) und bei allen Maßnahmen, die Kinder betreffen (…) ist das Wohl (the best interests) des Kindes ein Gesichtspunkt, der vorrangig zu berücksichtigen ist.«

Eine interessante und gewichtige Begründung liefert auch der für den Glücksbegriff so kritisch eingeschätzte Immanuel Kant – der doch das Glück als nicht objektiv und nicht operationalisierbar aus dem großen Kanon der Philosophie gestrichen hatte –, der die Pädagogik in einem fundamentalen Sinne auf die Erziehung zum Glück verpflichtet. Denn er etabliert mit seiner kritischen Aufklärung einen familiären Glücksimperativ, der sich heute in vielen Erziehungsumfragen widerspiegelt, im

7 Vgl. *Jürgen Körner*, Menschliches Glück, in: Paragrana. Internationale Zeitschrift für Historische Anthropologie 17 (2008), Heft 2: Das menschliche Leben, 59–66.
8 Vgl. *Jochen Riemen*, Die Suche nach dem Glück als Bildungsaufgabe. Zur Rehabilitierung einer verschwundenen pädagogischen Kategorie, Essen 1991; *Jörg Zirfas*, Präsenz und Ewigkeit. Eine Anthropologie des Glücks, Berlin 1993; *Dieter Thomä*, Vom Glück in der Moderne, Frankfurt a.M. 2003.

Rahmen seiner Diskussion des Elternrechts in der »Metaphysik der Sitten«[9].
Hier heißt es, dass den Eltern die Aufgabe obliegt, die Kinder »so viel in ihren Kräften ist, [...] mit diesem ihrem Zustande zufrieden zu machen«. Nach Immanuel Kant haben die Eltern eine Verpflichtung, die Kinder zu einem glücklichen Dasein zu erziehen. Dabei resultiert die Pflicht zu einer guten und glücksorientierten Erziehung nicht aus der anthropologischen Tatsache der Geburt, sondern aus der ethischen Handlung der Zeugung. Denn mit der Zeugung greifen die Eltern in das Autonomiepotential des Kindes ein und bringen dieses, ohne es zu fragen, auf die Welt der Erwachsenen: »den Akt der Zeugung als einen solchen anzusehen, wodurch wir eine Person ohne ihre Eigenwilligung auf die Welt gesetzt, und eigenmächtig in sie herübergebracht haben; für welche Tat auf den Eltern nun auch eine Verbindlichkeit haftet, sie, so viel in ihren Kräften ist, mit diesem ihrem Zustande zufrieden zu machen.«[10]
Natürlich ist das ein paradoxes Programm, denn man kann Kinder vor der Geburt nicht fragen, ob sie auf diese Welt kommen wollen. Und dennoch behauptet hier Kant ein Schuldverhältnis zwischen Erzeugern und Kind. Damit hat Kant ein pädagogisches Pflichtprogramm formuliert, das zu allen Zeiten und allen Orten Gültigkeit beansprucht. Das Verursacherprinzip stiftet zwischen Eltern und Kindern ein unwiderrufliches und asymmetrisches Verantwortungsverhältnis. Kant spricht in dem eben erwähnten Paragraphen nicht vom Recht auf eine gute Erziehung, was pädagogisch ohnehin fragwürdig wäre, denn Erziehung als Vermittlungsgeschehen kennt weder eine Produkthaftung noch im engeren Sinne einen Kunstfehler, wie ihn die Medizin oder die Juristik kennt. Nur in gewalttätigen Grenzfällen, bei denen es in der Regel strittig sein dürfte, ob man es noch mit Erziehung zu tun hat, können Eltern in Deutschland – seit 2000 – auch für ihr erzieherisches Verhalten in einem umfassenden Sinne juristisch haftbar gemacht werden. Wegen der fehlenden, ursächlichen Verbindung der Intention und der Wirkung, d.h. dem Technologiedefizit der Erziehung, und wegen niemals vollständig vorhandener pädagogisch-methodischer Kompetenzen (»so viel in ihren Kräften ist«), spricht Kant auch sinnvollerweise nur von einer intentionalen, nicht von einer Wirkungsverbindlichkeit.
Hervorzuheben ist, dass es die leiblichen Eltern sind, die Kant zur Erziehung verpflichtet; das Kind hat ein Recht auf Wiedergutmachung gegenüber seinen Erzeugern. Im Grunde gehen die Eltern mit der Zeugung die Verpflichtung gegenüber dem Kind sowie auch eine Selbstverpflichtung ein, das Kind zu einem selbstständigen und glücklichen Menschen zu erziehen.[11]

9 *Immanuel Kant*, Metaphysik der Sitten. Hg. v. Wilhelm Weischedel, Frankfurt a.M. 1982, § 28, 393f.
10 Ebd.
11 *Zirfas,* Präsenz und Ewigkeit (Anm. 8).

3 Die Pädagogisierung des Glücks

Natürlich gab es Gegenstimmen und gewichtige Argumente gegen eine
Pädagogisierung des Glücks: Denn das Glück als allgemeinverbindliches
Ziel ist als eine »empirische Größe« in sich vieldeutig und widersprüch-
lich; es kann daher der Pädagogik keine konkrete praktische Orientierung vermitteln, nur ein vages pädagogisches Regulativ sein. Zudem
kann Glück auch noch illusionär strukturiert sein und stellt daher mitunter eine Gefahr für die zu Erziehenden dar. So können gerade die aus-
schließliche Fixierung und die übertriebene Hoffnung auf das gelingende
Leben zu seinem Scheitern führen.[12] Weder als Glück des Augenblicks
noch als solches der Zukunft, kann es im vollen Sinne durch Pädagogik
sichergestellt werden. Eine pädagogische Produkthaftung des Glücks
macht keinen Sinn. Dieser Sachverhalt, dass das Glück des Menschen
nicht direkt, sondern nur indirekt erreichbar ist, bedeutet für eine eudämonistische Pädagogik die Absage an eine »Technologie des Glücks«.
Es gibt keine kausale Regelhaftigkeit, in dem Sinne, dass eine bestimmte
Erziehung immer zu dem gewünschten, glücklichen Ergebnis führt;
wenn überhaupt, so besteht die umgekehrte, negative Relation, d.h. wenn
die Erziehung mit einem Höchstmaß an Unfreiheit, Manipulation und
Gewalt verbunden ist, dann lässt sich vermuten, dass der Heranwachsende mit größerer Wahrscheinlichkeit unzufrieden und unglücklich
wird. Auch erscheint Glück zwar im juristisch-ethischen Sinn legitimier-
bar zu sein, denn Kinder haben – laut der Präambel der Kinderrechtserklärung – ein Recht auf Glück, doch es stellt sich nicht nur die Frage, ob
und wie es von ihnen eingeklagt werden kann, sondern auch die Frage,
wie es von den Erwachsenen vermittelt werden soll.
Nun wurde über die Jahrhunderte des vor allem philosophischen und
pädagogischen Nachdenkens über das Glück eine weitere Gewissheit
etabliert, dass das Glück nicht in der *intentio recta*, sondern nur in der
intentio obliqua sinnvollerweise verwirklicht werden kann.[13] Da Glück
intentional nicht verfügbar erscheint, plädieren eine Reihe von pädagogischen Autoren sinnvollerweise für einen Umweg zum Glück, das sich
dann durch das Ausüben von moralischen Tugenden, durch ästhetische
Tätigkeiten oder auch im Vollbringen spezifischer pädagogischer Anforderungen einstellen kann.[14] Zum Glück des Kindes trägt Pädagogik so
wesentlich dazu bei, wenn sie die Bedingungen der Möglichkeiten des
Glücklichwerdens und Glücklichseins zu entwickeln, zu festigen oder zu

---

12 Vgl. *Jörg Zirfas*, Gelingen & scheitern, in: *Peter Bubmann / Bernhard Sill*
(Hg.), Christliche Lebenskunst, Regensburg 2008, 231–238.
13 Vgl. *Jörg Zirfas*, Warum Glück nicht glücklich macht. Thesen zu einer Anthropologie des Glücks, in: Psychologie und Gesellschaftskritik 36 (2012), Nr. 141, H. 1,
63–83.
14 Vgl. *Micha Brumlik*, Bildung und Glück. Versuch einer Theorie der Tugenden,
Berlin/Wien 2002; *Gerhard Mertens*, Balancen. Pädagogik und das Streben nach
dem Glück, Paderborn u.a. [2]2008.

verbessern versucht. Eine Erziehung zum Glück zielt in diesem Sinne nicht auf das Glück, sondern auf die *Glücksfähigkeit*. Sie zielt auf die Selbstbildung des Glücks durch die Vermittlung von intellektuellen, schöpferischen, sozialen, lebenspraktischen Fähigkeiten, von Fähigkeiten zur Lebensgestaltung und Glückswahrnehmung.

Man könnte an dieser Stelle auch die bis in die Gegenwart stattfindenden Debatten darüber anschließen, wie die Frage nach dem Kinderglück vor allem im Kontext der eudämonistischen Schuldiskussionen verfolgt wird. Verwiesen sei hier lediglich auf vor allem materialistische, entwicklungspsychologische, psychoanalytische und reformpädagogische Konzepte, die die Schule in der Pflicht sahen, Leistungs- und Konkurrenzdruck zu mindern, um so die freie Entfaltung einer glückhaften Sinnlichkeit erlebbar zu machen; die Schule sollte Schüler zudem befähigen, ein solidarisches Glück der Gemeinsamkeit zu pflegen, individuelle Interessen und Wünsche zu vertreten, das Nachdenken über eine humane Gesellschaft anzuregen und auch die Fähigkeiten für die Lebensbewältigung und -gestaltung zu steigern. Darüber hinaus sollte die Schule Schüler in ihrer geglückten Personenwerdung durch die Erfüllung zentraler Wünsche unterstützen, sie in ihren Glückskonzepten verstehen und beraten (lernen) und gemeinsam mit ihnen Konzepte einer geglückten Gestaltung des Lebens entwerfen. Mittlerweile haben diese Debatten zu einem Schulfach »Glück« geführt.[15]

Da hierbei keine bestimmte Glücksvorstellung als die für alle Kinder sinnvolle und richtige gelten kann, zielt eine solche Pädagogik des Glücks auf eine Pluralität von Glücksmöglichkeiten. Doch auch mit ihr bleibt die zu treffende Entscheidung, von welchem Glück man sein Leben abhängig machen möchte. Doch *dass* man diese Entscheidung treffen kann, kann durchaus als eine wichtige Form des Glücks gelten. Damit man aber eine eudämonistische Entscheidung treffen kann, braucht es differente pädagogische Glücksmodelle.

4 Die Erwartung der glücklichen Kindheit

Wenn wir auch die UN-Kinderrechtskonvention für ein wenig idealistisch halten und wenn der Kantische Imperativ aufgrund seiner paradoxalen Struktur nicht wirklich überzeugt, so bleibt doch der Anspruch erhalten, Kinder zu glücklichen Menschen zu erziehen.[16] Ein Umfrageergebnis ist hier einschlägig: Eltern wünschen sich für ihre Kinder vor allem, dass sie glücklich sind. Und es scheint durchaus plausibel, davon auszugehen, dass auch in der praktischen Erziehung dieser Wunsch eine,

---

15 Vgl. *Michaela Dimbath*, Zum Glück in der Schule. Glückskonzepte von Grundschulkindern, Hamburg 2007; *Ernst Fritz-Schubert*, Schulfach Glück. Wie ein neues Fach die Schule verändert, Freiburg u.a. 2008.
16 Vgl. *Frank Taschner*, Glück als Ziel der Erziehung, Würzburg 2003.

wenn auch implizite, Handlungsorientierung bildet. Diese implizite eudämonistische Handlungsorientierung ist in den Erziehungswissenschaften kaum thematisiert und erforscht. Allerdings ist das Glück in der Praxis der Erziehung wohl daher umso bedeutsamer geworden, weil es in vielen populärwissenschaftlichen Ratgebern und Zeitschriften eine wichtige Rolle spielt. Der Versuch, für die Bedingungen für die Etablierung und Bewahrung des Glücks der Kinder zu sorgen, ist Aufgabe einer modernen Pädagogik. Das heißt vor allem die Wahrnehmung, die Einsicht und die Realisierung des Glücks einer Bildung, das darin besteht, dass das Kind an seinem Glück reflexiv arbeiten kann, dass es seine Bedürfnisse aufgrund seiner psychischen wie physischen Tüchtigkeit befriedigen kann und dass es sich selbst mit anderen zusammen verwirklichen kann.

Aus der empirischen pädagogischen Glücksforschung wissen wir auch, dass Eltern und Erzieher ein ganz bestimmtes Bild von Kindheit, d.h. einen eher romantisierenden Blick auf Kindheit haben, der den oben dargestellten empirischen Befunden widerspricht. So werden heutige Kinder generell unglücklicher eingeschätzt als frühere Kinder, weil sie zwar materiell reich, aber arm an Zuwendung seien, weil Kindheit heute ökonomisiert und kommerzialisiert würde, weil Kinder zu viel Zeit mit den Medien (Fernsehen, Computer) verbringen würden oder weil ihre Zeit total verplant sei. Eltern glauben, dass Kinder heute wie kleine Erwachsene funktionieren müssten – was sie wiederum so unglücklich mache. Die Meinungen der Eltern spiegeln damit einen Kindheitsdiskurs wider, der seit der Aufklärung und Romantik tendenziell modernekritisch ist.[17]

Zum Glück der Kinder wissen wir, dass diese pessimistische Sicht auf Kindheit nicht der empfundenen Realität der Kinder entspricht. Und gleichzeitig erscheinen die Eltern (vor allem die Eltern der Mittelschicht) als die großen Generalisten der Erziehung genötigt, dieser historischeudämonistischen Negativbilanz etwas Zureichendes entgegenzusetzen, nämlich: »Alles aus Liebe zum Kind«[18] aufzubieten. Je stärker die empfundene Diskrepanz des verlorenen Glücks der Kindheit, desto eher ist das pädagogische Bemühen festzustellen, kompensatorische Maßnahmen der Glücksrealisierung und Glücksoptimierung für Kinder und Jugendliche auf den Weg zu bringen.[19]

Vor dem Hintergrund dieser Reflexionen lässt sich die Idee der glücklichen Kindheit als ein spezifisch pädagogisches Erwartungskonstrukt be-

---

17 Vgl. *Thomas Fuhr*, Das Glück der Kinder, in: Zeitschrift für Pädagogik 47 (2001), 514–533.
18 *Elisabeth Beck-Gernsheim*, Alles aus Liebe zum Kind, in: *Ulrich Beck / Elisabeth Beck-Gernsheim*, Das ganz normale Chaos der Liebe, Frankfurt a.M. 1990, 135–183.
19 Vgl. *Markus Schächter* (Hg.), Wunschlos glücklich? Konzepte und Rahmenbedingungen einer glücklichen Kindheit, Baden-Baden 2009.

schreiben.[20] Diese Erwartung wird dezidiert erst in der Moderne geäußert; jahrhundertelang hatte Glück wenig mit Kindern zu tun. Das
Leben der Kinder war gekennzeichnet durch Sterblichkeit und Unwis-
senheit oder durch politische, religiöse und ökonomische Überlegungen.[21] Erst seit 200 Jahren – und wenn man so will, mit den Überlegungen von Jean-Jacques Rousseau zum romantischen Glück der Kinder
im »Emile« – wird die Erwartung an eine glückliche Kindheit zum
Erwartungskonstrukt: Kinder werden als die Zukunft einer Gesellschaft
verstanden und Erziehung ist demgemäß Investition in die Zukunft der
Kinder und der Gesellschaft zugleich. Sie ist aber auch eine Investition
in die Gegenwart, da Kinder glücklich sein müssen, um für das Leben
gerüstet zu werden. Und umso unsicherer die Zukunft ist, desto mehr gilt
es, das Glück des Augenblicks nicht dieser ungewissen Zukunft pädagogisch zu opfern. Es gilt die pädagogische Prämisse: Eine glückliche
Kindheit ist Voraussetzung für ein glückliches Leben, denn nur wer eine
glückliche Kindheit hatte, kann ein ebensolches Leben führen. Gerade
die Entwicklungspsychologie und die Bindungsforschung haben darauf
hingewiesen, dass die frühen Erfahrungen von Glück als Umsorgtwer-
den, Aufgehobensein, Vertrauen, Geborgenheit und Anerkennung für
das spätere glückliche Leben unverzichtbar sind.[22]
Das mit den modernen Erwartungen verbundene Kinderbild lässt sich
mit folgenden Stichworten umreißen:[23] 1. Kinder werden als niedlich
wahrgenommen; 2. Kindheit soll behütet sein: möglichst mit Hochbega-
bung und Schulerfolg; 3. Kinderwelten sollen perfekt organisiert werden;
4. Kinder sind einsichtig und autonom; 5. die Beziehung zu Kindern ist
partnerschaftlich, verlässlich und möglichst problemfrei.
Diese Gesichtspunkte bilden eine Melange aus Deskription und Prä-
skription. Und so lässt sich kaum entscheiden, ob mit diesen Konstruk-
tionen von Kindheit uneinlösbare Glücksversprechen, regulative pädagogische Glücksnormen, Erfahrungen von glücklicher Kindheit oder
ideologische Theoreme verbunden sind. Vielleicht ist es auch gerade
diese nicht eindeutige und (leicht) utopische Konstruktion von Kindheit
bzw. glücklicher Kindheit, die für Pädagogen so anziehend ist. Gerade
weil Glück plural und individuell, unverfügbar und beeinflussbar, relativ
und ideal, kritisch und utopisch, unbewusst und reflexiv ist, eignet es
sich für die Moderne in hohem Maße als eine, wenn auch häufig alltags-
praktisch unbewusste und wissenschaftstheoretisch kaum reflektierte,
Zielformulierung der Pädagogik. Das Glück als Ziel der Erziehung
sichert der Pädagogik eine immerwährende Aufgabe; darauf verweisen

---

20 Vgl. *Jürgen Oelkers*, Kindheit – Glück – Kommerz, in: Zeitschrift für Pädagogik 47 (2001), 553–570, 554f.
21 Vgl. *Albert Reble*, Die Geschichte der Pädagogik, Stuttgart [17]1993.
22 Vgl. *Sabine Andresen*, Was unsere Kinder glücklich macht: Lebenswelten von
Kindern verstehen, Freiburg 2012.
23 *Oelker*s, Kindheit (Anm. 20), 563f.

auch heute nicht nur die unglücklichen Kinder, sondern auch der anthropologische Sachverhalt, dass menschliches Glück immer Glück im Unglück ist.[24] Zudem scheint *das* eudämonistische Problem weniger eines
der Kinder, sondern eher eines der (potentiellen) Eltern zu sein. Denn
wie in einer jüngst publizierten Studie deutlich wurde, stimmt nicht einmal die Hälfte der kinderlosen Deutschen der Aussage zu, dass sich ihre
Lebensfreude und Zufriedenheit verbessern würde, wenn sie in den
nächsten drei Jahren ein Kind bekäme.[25]

Dr. *Jörg Zirfas* ist Professor für Pädagogik am Institut für Pädagogik der Friedrich-
Alexander-Universität Erlangen-Nürnberg.

---

24 Vgl. *Jörg Zirfas*, Zur Pädagogik der Glücksgefühle. Ein Beitrag zum *Pursuit of
Happiness*, in: Zeitschrift für Erziehungswissenschaft 14 (2011), 223–240.
25 FAZ 18.12.2012.

2.2

Michael Roth

Macht Glaube glücklich?

1 Glück und Gegenwart

Wann fühlen wir uns glücklich? Der amerikanische Psychologe Mihaly Csikszentmihalyi konnte durch seine jahrzehntelangen Forschungen zeigen, dass Menschen am zuverlässigsten ein Gefühl der Freude und der tiefen Zufriedenheit erleben, wenn sie in einer Tätigkeit »aufgehen«. Dieser Zustand selbstvergessener Aktivität wird von Csikszentmihalyi als »flow« bezeichnet, da im Aufgehen unserer Aktivitäten das Gefühl des »Fließens« stattfindet.[1] Offenkundig sind wir in dem Maße in der Lage, Glück zu erleben, wie wir von uns selbst absehen und uns den Dingen des Daseins hingeben können. In dem Maße, in dem es uns gelingt, in einzelnen Situationen vom Dasein *bestimmt zu werden*, ist das Glück präsent. Wenn wir bei einer Tätigkeit ganz bei der Sache sind und eben nicht mit unseren Gedanken über die Sache hinaus schielen, ist unser Blick weder auf uns selbst noch auf ein übergeordnetes Projekt gerichtet, so dass wir von den Anmutungsqualitäten der Dinge ergriffen und von ihnen mitgerissen werden können.

Damit rückt die Gegenwart in den Fokus unserer Aufmerksamkeit[2]. Glück ist zu finden in der Gegenwart, im gegenwärtigen Sich-bestimmt-sein-Lassen durch das Dasein. Offensichtlich verfehlen wir das Glück, wenn wir uns der Gegenwart verschließen, weil wir mit der Vergangenheit beschäftigt oder auf die Zukunft fixiert sind. In diese Richtung formuliert auch Gerd Haeffner:»Was heißt: in der Gegenwart leben? [...] Eine negative Antwort ist leicht gegeben: *nicht* in der Gegenwart lebt einer, der in der Vergangenheit oder in der Zukunft lebt, *nicht* in der Gegenwart lebt einer, der in der Phantasie statt in der Wahrnehmung lebt.«[3] Haeffner macht deutlich, dass wir unfähig sind, uns dem Gegenüber und seiner Präsenz zu öffnen, wenn wir uns nicht in der Gegenwart aufhal-

---

1 Vgl. *Mihaly Csikszentmihalyi*, Flow. Das Geheimnis des Glücks. Aus dem Amerikanischen übersetzt von A. Charpentier, Stuttgart [12]2005.
2 *Michael Roth*, Glaube und Schönheit? Bemerkungen zur Bedeutung der Gegenwart, in: *B. Vogelsang* (Hg.), Schönheit des Glaubens – Zwischen Beobachten und Erleben (Thomas-Morus-Impulse. Schriften der Thomas-Morus-Gesellschaft Hannover), Münster/Hamburg/London 2011, 11–33.
3 *Gerd Haeffner*, In der Gegenwart leben. Auf der Spur eines Urphänomens, Stuttgart/Berlin/Köln 1996, 7.

ten[4]. In dem Maße, wie wir uns der Gegenwart verschließen, verpassen wir das Glück. Und wir verschließen uns der Gegenwart, wenn wir sie zum »Noch-Nicht« degradieren. Die Gegenwart ist nicht einfach »Sprungbrett zur Erreichung von etwas, was es noch nicht gibt«[5], sondern das Erleben von Glück verlangt, dass wir die Gegenwart als das Eigentliche ernst nehmen und nicht als etwas, das es zu instrumentalisieren gilt für einen übergeordneten – in der Zukunft liegenden – Zweck. Die Sichtweise des Lebens als eines monolinearen Projekts mit Zielvorgabe verliert die Gegenwart zu Gunsten des in der Zukunft liegenden Ziels aus dem Blick, weil es das Hier und Jetzt für das Noch-Nicht opfert.

2 Versuchungen erliegen

Glücklich sind wir, wenn wir Dinge der Realität deshalb intendieren, weil sie so sind, wie sie sind. Und wir tun dies, weil wir von ihrer Anmutungsqualität ergriffen sind. Wir lassen los und werden bestimmt von den Dingen. Insofern können wir Rüdiger Bittner zustimmen, wenn er darauf verweist, dass es darauf ankommt, »Versuchungen zu unterliegen«[6]. Wer Versuchungen nicht zu unterliegen vermag, wird Glück nicht erleben können. Demjenigen, der nicht loslassen kann, um sich durch anderes bestimmen zu lassen, bleibt das Erleben von Glück versagt. Bittner ist auch darin zuzustimmen, wenn er davon spricht, dass wir die Dinge nicht »unter Kontrolle« haben, sondern dem »hingegeben sind«[7], worauf wir treffen. Wir können nicht versuchen, die Dinge »unter Kontrolle« zu bringen; denn in dem Maße, in dem wir versuchen, die Wirklichkeit unter Kontrolle zu bringen, verschließen wir uns ihr.
Damit knüpft Bittner an Einsichten an, die auch bei Kohelet zu finden sind: Kohelet steht am Ende der weisheitlichen Tradition, die versucht, der Wirklichkeit durch das Beobachten von Lebensvorgängen Regeln, Strukturen und Ordnung abzulauschen. Kohelet ist weisheitlichem Denken insofern verpflichtet, als auch er Lebenserfahrungen reflektiert und nach einer Erkenntnis der Ordnung des Lebensganzen fragt. Allerdings widerspricht Kohelet der Weisheit entschieden, da er zu der Einsicht gelangt, dass es selbst für einen Weisen auf die Frage nach einer Ordnung des Lebensganzen keine überzeugende Antwort gibt: »Ich richtete mein Herz darauf, zu erkennen die Weisheit und zu schauen die Mühe, die auf Erden geschieht, dass einer weder Tag noch Nacht Schlaf bekommt in seinen Augen. Und ich sah alles Tun Gottes, dass ein Mensch das Tun nicht ergründen kann, das unter der Sonne geschieht. Und je mehr der

---

4 Vgl. ebd., 159.
5 Ebd., 165.
6 *Rüdiger Bittner*, Aus Gründen handeln, Berlin / New York 2005, 199.
7 Ebd., 198.

Mensch sich müht zu suchen, desto weniger findet er. Und auch wenn der Weise meint: ›Ich weiß es‹, so kann er's doch nicht finden« (Koh 8,16f). Der Weise hat letztlich keinen »Vorzug« (vgl. Koh 6,8), sondern stirbt wie der Tor. Es gibt Fromme, denen es wie den Gottlosen ergeht, und Gottlose, denen es wie den Frommen ergeht; der Tun-Ergehen-Zusammenhang vermag nach Kohelet das Leben nicht zu erklären: »Wiederum sah ich, wie es unter der Sonne zugeht: Zum Laufen hilft nicht, schnell zu sein, zum Kampf hilft nicht stark sein, zur Nahrung hilft nicht geschickt sein, zum Reichtum hilft nicht klug sein; dass einer angenehm sei, dazu hilft nicht, dass er etwas gut kann, sondern alles liegt an Zeit und Geschick« (Koh 9,11; vgl. auch 8,14; 7,15). Dass es eine Antwort auf die Frage nach einer Ordnung des Lebensganzen nicht gibt, verbittert Kohelet zutiefst: »Da dachte ich in meinem Herzen: Wenn es denn mir geht wie dem Toren, warum habe ich dann nach Weisheit getrachtet? Da sprach ich in meinem Herzen: Auch das ist eitel. Denn man gedenkt des Weisen nicht für immer, ebenso wenig wie des Toren, und in künftigen Tagen ist alles vergessen. Wie stirbt doch der Weise samt dem Toren. Darum verdross es mich zu leben; denn es war mir zuwider, was unter der Sonne geschieht, dass alles eitel ist und Haschen nach Wind« (Koh 2,15ff.). Selbst den Tag seiner Geburt kann Kohelet verfluchen: »Wiederum sah ich alles Unrecht an, das unter der Sonne geschieht, und siehe, da waren Tränen derer, die Unrecht litten und keinen Tröster hatten. Und die ihnen Gewalt antaten, waren zu mächtig, so dass sie keinen Tröster hatten. Da pries ich die Toten, die schon gestorben waren, mehr als die Lebendigen, die noch das Leben haben. Und besser daran als beide ist, wer noch nicht geboren ist und des Bösen nicht innewird, das unter der Sonne geschieht« (Koh 4,1ff.).

Nach Kohelet ist es nicht möglich, die Strukturen der Erfahrungswelt zu durchschauen. Und daher können wir unser Leben auch nicht absichern, indem wir im Durchschauen der Zusammenhänge des Ganzen und unseres eigenen Teilseins die angemessene Rolle innerhalb der Erfahrungswelt einnehmen. Jeder Versuch einer (selbstmächtigen) Kontrolle ist bei Kohelet abgewiesen; denn jeder Versuch, den einzelnen Widerfahrnissen im Leben einen übergeordneten Sinn abzugewinnen, erscheint ihm als unmöglich: »Programme« zur Sicherung des Glücks werden abgewiesen (vgl. Koh 9,11). So kommt Kohelet zu der programmatischen Aussage, die den Anfang und das Ende des Buches zusammenhält: »Es ist alles eitel« (Koh 1,2; 12,8).

Nun darf allerdings die Aussage, dass alles eitel ist, nicht falsch verstanden werden. Falsch verstanden würde sie, wenn man denkt, die Abweisung eines erkennbaren Sinnes im Leben führe Kohelet dazu, die Güter, die das Dasein bietet, zu verachten oder gering zu schätzen. Mit der Aussage »Alles ist eitel!« behauptet daher Kohelet auch nicht, dass im Leben kein Glück zu finden sei, sondern sie trifft das »Unendlichkeitsgelüste des Menschen, seine Begierde, das Endliche unendlich zu sichern und festzuhalten oder in unendlichem Fortschritt vollkommen zu ma-

chen«[8]. Die Skepsis des Kohelet sorgt »für die Ausnüchterung solcher
Totalansprüche«[9], und gerade diese Ausnüchterung scheint nüchtern zu
machen für die Gegenwart. Kohelets Skepsis führt so zu einer Hinwendung zur Gegenwart: »Es ist eitel, was auf Erden geschieht: Es gibt
Gerechte, denen geht es, als hätten sie Werke der Gottlosen getan, und es
gibt Gottlose, denen geht es, als hätten sie Werke der Gerechten getan.
Ich sprach: Das ist auch eitel. Darum pries ich die Freude, dass der
Mensch nichts Besseres hat unter der Sonne, als zu essen und zu trinken
und fröhlich zu sein. Das bleibt ihm bei seinen Mühen sein Leben lang,
das Gott ihm gibt unter der Sonne« (Koh 8,14). Die Skepsis gegenüber
jeder Möglichkeit, das Leben abzusichern, und gegenüber jedem Versuch, in einem ordo der Güter alles auf ein Höheres hin zu bestimmen
und einem übergeordneten Zweck dienstbar zu machen, scheint dazu zu
befähigen, die Güter des Lebens in ihrer Eigentlichkeit wahrzunehmen.
Wer nicht alles »auffs ku(e)nfftig [...] meystern und regiren« will, »der
lesst begnu(e)gen an dem das fur handen gegenwertig ist«[10], der wird für
die Gegenwart aufgeschlossen. Wenn dieses Diktum Luthers an dieser
Stelle erneut zitiert wird, hat dies seinen guten Grund; denn Luther hat es
in seiner Auslegung von Kohelet formuliert. Es verdeutlicht, dass der
Skepsis Kohelets der Rat folgt, sich dem hinzugeben, was uns gegenwärtig in seiner Anmutungsqualität ergreift: »So geh hin und iss dein
Brot mit Freuden, trink deinen Wein mit gutem Mut; denn dies dein Tun
hat Gott schon längst gefallen. Lass deine Kleider immer weiß sein und
lass deinem Haupte Salbe nicht mangeln. Genieße das Leben mit deinem
Weibe, das du liebhast, solange du das eitle Leben hast, das dir Gott
unter der Sonne gegeben hat; denn das ist dein Teil am Leben und bei
deiner Mühe, mit der du dich mühst unter der Sonne« (Koh 9,7ff.). Wir
können Kohelets Rat auch so formulieren: Genieße, was »für handen
gegenwertig ist«, freue dich an der einen Schwalbe, die du siehst, sie ist
dein Sommer!
Kohelet würde Rüdiger Bittner darin zustimmen, wenn dieser darauf
verweist, dass es darauf ankommt, »Versuchungen zu unterliegen«. Vor
allem würde er Bittners Einsicht in die Unmöglichkeit einer »Kontrolle«
zustimmen. Allerdings besitzt Kohelets Fähigkeit, ohne jede Absiche-
rung loszulassen, um sich durch anderes bestimmen zu lassen und
dadurch Glück erleben zu können, eine Voraussetzung: Kohelets *carpe
diem* hält an Gott fest (vgl. Kohl 5,6; 3,14). Inwiefern aber befähigt der
Glaube, in der Gegenwart zu leben und sich den Dingen des Daseins
hinzugeben?

8 *Oswald Bayer*, Schöpfung als Anrede. Zu einer Hermeneutik der Schöpfung, Tübingen ²1990, 157f.
9 Ebd., 158.
10 WADB 10/II, 106, Z. 8f.

3 Gewährte Gegenwart: Jenseits von Vergötzung und Verachtung

Wenn ich im Folgenden der Frage nachgehe, inwiefern der Glaube befähigt, in der Gegenwart zu leben und sich den Dingen des Daseins hinzugeben, mag sich die Frage stellen, ob das Leben in der Gegenwart, das Ganz-bei-der-Sache-Sein nicht ein Widerspruch zu Gott, zum Ganz-bei-Gott-Sein ist. Werden die Dinge des Daseins nicht vergötzt, wenn es um die Dinge selbst geht, wenn wir sie nicht für einen höheren Zweck in Gebrauch nehmen? Luthers Auslegung des ersten Artikels von der Schöpfung im Kleinen Katechismus zeigt einen Umgang mit den Dingen des Daseins, die jenseits angstbesetzter Verachtung und selbstsüchtiger Vergötzung steht:

»Der erste Artikel von der Schepfung.
Ich gläube an Gott, den Vater allmächtigen, Schepfer Himmels und
der Erden.
Was ist das? Antwort.
Ich gläube, daß mich Gott geschaffen hat sampt allen Kreaturn, mit Leib und Seel, Augen, Ohren und alle Glieder, Vernunft und alle Sinne gegeben hat und noch erhält, dazu Kleider und Schuh, Essen und Trinken, Haus und Hofe, Weib und Kind, Acker, Viehe und alle Güter, mit aller Notdurft [gemeint: notwendigen Bedarf] und Nahrung dies Leibs und Lebens reichlich und täglich versorget, wider aller Fährlichkeit beschirmet und für allem Ubel behüt und bewahret, und das alles aus lauter väterlicher, göttlicher Güte und Barmherzigkeit ohn alle mein Verdienst und Wirdigkeit, des alles ich ihm zu danken und zu loben und dafür zu dienen und gehorsam zu sein schüldig bin; das ist gewißlich wahr.«[11]

Sehen wir den Text genauer an, so fällt zunächst auf, dass Luther die Gegenwart des Schöpfers und die Gegenwärtigkeit seines Handelns hervorhebt. Nach dem Einsatz mit dem Perfekt (›geschaffen hat‹) wird nur noch das Präsens gebraucht: »erhält«, »versorget«, »beschirmt«, »behütet und bewahrt«. So betont Oswald Bayer in seiner Auslegung des Schöpfungsglaubens im Kleinen Katechismus: »Der Wechsel des Tempus im Gefälle zum Präsens hin ist überaus aufschlussreich für Luthers Glauben an Gott den Schöpfer. Der ist ihm nämlich kein deus otiosus, kein müßiger, untätiger Gott, der seine Hände in den Schoß legt, wie es die Götter Epikurs tun, sondern der deus actuosissimus, der auch in seiner Ruhe lebendige und tätige.«[12] Jeder deistischen Vorstellung – einem Bestreiten jeglicher Beziehung Gottes zur Welt – ist damit durch Luther gewehrt: Für Luther ist entscheidend, dass der Schöpfer seine Schöpfung »noch erhält« und »täglich« für sie »sorgt«.

11 BSLK, 510f.
12 *Bayer*, Schöpfung (Anm. 8), 98f.

Die Betonung der Gegenwart des Schöpfers und der Gegenwärtigkeit
seines Handelns steht in engem Zusammenhang zu einer zweiten Auffälligkeit: Der in dieser Auslegung des Apostolischen Glaubensbekennt-
nisses Redende isoliert sich nicht, indem er distanziert über »etwas« redet, sondern er macht sich selbst zum Thema: »*Ich* gläube, daß *mich*
Gott geschaffen«, »*mir* Leib und Seel …«, »ohn alle *mein* Verdienst und
Wirdigkeit«, »des alles *ich* ihm zu danken …«. Kommt im Text des
Apostolischen Glaubenbekenntnisses der Glaubende nicht vor und werden nur die puren Fakten dargestellt (»Ich gläube an Gott, den Vater allmächtigen, Schepfer Himmels und der Erden«), so bezieht die Auslegung (eingeleitet mit »Was ist das?«) diese Fakten auf das Leben des
einzelnen Glaubenden: »Das ›Was ist das?‹ heißt soviel wie: ›Was macht
das mit dir?‹.«[13]
Man würde Luthers Auslegung verkürzen, wenn man hier Aussagen
über die Welt gemacht sieht, gar solche über den Anfang der Welt, von
denen derjenige, der das Bekenntnis spricht, bekundet, dass er sie für
wahr hält. Vielmehr bringt sich hier ein Lebensvollzug zur Sprache, der
die wahrgenommene Welt auf sich bezieht, um sich in ihr zu finden. Die
gesamten Lebensbereiche des Menschen, seine ihn konstituierenden
Sphären des Handelns, werden als *Gaben der Schöpfung* verstanden.
Dies wird auch deutlich an der – an die Listensprache der alttestamentlichen Weisheit erinnernde – Aufzählung der einzelnen Schöpfungsgaben.
Dabei ist durchaus an keine wissenschaftlich korrekte Benennung gedacht. Vielmehr ist »[e]ine klare Auswahl […] getroffen; die Begriffs-
reihen bieten Lücken und werden durch die Phantasie dessen, der den
Text spricht und hört, individuell ergänzt. […] Die Aufzählung beginnt
jeweils mit konkreten Begriffen; nachdem die Reihe begonnen und die
Phantasie in Bewegung gesetzt ist, kann, im Gebrauch abstrakter Begriffe, summarisch abgeschlossen werden, ist doch das eigene Weiterdenken eröffnet«[14]. Der in das Bekenntnis einstimmende Mensch ist eingeladen, sich in der wahrgenommenen Welt – je auf seine Weise, innerhalb seines konkreten Ortes – zum Ausdruck zu bringen.
Eine dritte Auffälligkeit will bedacht werden: die Formulierung »ohn
alle mein Verdienst und Wirdigkeit«. Diese Formulierung überrascht im
Kontext der Rede von der Welt als Schöpfung; sie hat ihren Ort in der
Rechtfertigungslehre, in der die Annahme des Menschen ohne seine
eigene Leistungen, Fähigkeiten und Qualitäten thematisiert wird. Es be-
sagt Entscheidendes für ein Schöpfungsverständnis, wenn es zu seiner
Artikulation ausdrücklich zur Sprache der Rechtfertigung greift: Meine
Herkunft und die Gewährung der Gegenwart sind ungeschuldet, freies
Geschenk. Auch die Gabe der Schöpfung ist nach Luther allein Gottes

---

13 *Notger Slenczka*, Der Tod Gottes und das Leben des Menschen, Göttingen 2003,
34.
14 *Bayer*, Schöpfung (Anm. 8), 96.

Werk, insofern auch die Gewährung von Leben von menschlichem Verhalten unabhängig gemacht wird.

An die Schöpfung glauben bedeutet nicht zu glauben, dass die Welt »von anderwärts her ist«[15], sondern auf die Welt als *mir* zugesagtem Lebensraum zu vertrauen und die Gegenwart als *für mich* gegeben wahrzunehmen. Der in dieser Weise von der Schöpfung sprechende Mensch versteht sich eben nicht (bloß) als Element innerhalb eines (von Gott in Gang gesetzten) Naturzusammenhanges[16], sondern begreift die Welt als ihm *persönlich* zugesagt und daher die Gegenwart als den ihm von Gott eröffneten Möglichkeitsraum des Handelns. Der Schöpfungsglaube ist das gelebte Vertrauen darauf, dass ich anerkannt und angenommen bin als der, dem das Leben »ohn all mein Verdienst und Wirdigkeit« zugesagt ist. Mit dem Glauben an die Welt als Schöpfung Gottes ist daher einer bestimmten Form der *Wahrnehmung der Gegenwart* Ausdruck gegeben. Das Wahrnehmen des Gewährten im Nehmen, Essen und Leben – das ist Glaube.

Ich komme auf die eingangs des Kapitels gestellte Frage zurück: Die Dinge des Daseins um ihrer selbst willen zu begehren und zu genießen ist aus dem Grund keine Absage an Gott, weil Gott die Dinge des Daseins genau zu diesem »Zweck« bestimmt hat. Es geht nicht darum, das Endliche in irgendeinem Unendlichkeitsgelüste dem Unendlichen dienstbar zu machen, sondern im Endlichen wird das Unendliche genossen, weil sich das Unendliche im Endlichen gibt: Nimm hin und iss! Die Ehre des Unendlichen findet nicht anders statt als so, dass das Endliche als Endliches und um seiner selbst willen genossen wird. Das Vertrauen auf Gottes Zusage lässt uns die Dinge um ihrer selbst willen annehmen.

Besonders eindrucksvoll kommt Luthers Auffassung des Vertrauens als Ermöglichung zur Hinwendung zur Welt zum Ausdruck, wenn er in seiner Schrift »Vom ehelichen Leben« davon spricht, dass Gott lacht, wenn der Mann für sein Kind die Windeln wäscht und dieser Tätigkeit ganz hingegeben ist[17]. Ein unglaubliches Bild! Gott schaut auf den Mann, der auf Grund seiner Liebe zu seinen Kindern die Windeln wäscht – und lacht! Hier ist kein Gott, der neidisch auf den Menschen, der ganz bei der Sache ist, blickt und sich in dieser selbstvergessenen Aktivität des Menschen um seine Ehre gebracht sieht, weil der Mensch nicht ganz bei Gott ist. Im Gegenteil: Gott lacht, wenn der Mensch ganz an das Dasein hingegeben ist, ganz hier aufgeht. Gott lacht, wenn der Mann ganz dem Wohl und der Freude an seine Kinder hingegeben ist und ihnen sogar die Windeln wäscht. Gott lacht, wenn der Mensch die Kinder um ihrer selbst willen liebt; er bedarf es nicht, dass sich der Mensch verlogen einredet,

---

15 *F.D.E. Schleiermacher*, Der christliche Glaube. Nach den Grundsätzen der evangelischen Kirche im Zusammenhange dargestellt Bd. 1, neu hg. u. mit Einl., Erläut. und Register versehen v. M. Redeker, Berlin [7]1960, § 4,3.
16 Gegen *Schleiermacher*, Der christliche Glaube, § 46,2; § 47.
17 WA 10/II, S. 296, Z. 27 – S. 297, Z. 4.

diese im Blick auf ein höchstes Gutes zu lieben, dass er seine Kinder
bloß »gebraucht« für die *fruitio dei*. Gott gibt sich selbst in den Kindern,
und daher fragt er sich bei seinem Blick auf den ganz der Sache hinge-
gebenen Mann nicht:»Wo komme ich hier eigentlich vor?« Jede heidnische Angst, die den Neid und die Eifersucht der Götter fürchtet, ist fehl
am Platz. Gott sieht, dass im Ja zu dem Kind, dem sich der Mensch hin-
gibt, das Ja der Wirklichkeit insgesamt erlebt wird, das in, mit und unter
den Dingen (und natürlich auch Menschen) des Daseins gegeben ist.
Der Schöpfungsglaube ist das Vertrauen auf die in, mit und unter den
Dingen des Daseins gegebene Zusage Gottes: Für dich gegeben! Die
Welt als Schöpfung zu preisen heißt, dieser Zusage zu vertrauen und im
Vertrauen auf diese Zusage befähigt zu sein, in der Gegenwart zu leben;
denn dieses Vertrauen lässt die in der jeweiligen Gegenwart eröffneten
Möglichkeiten des Daseins als zugesagt erleben – zugesagt zur lustvollen
Hingabe an sie.

4 Macht Glaube glücklich?

Eine Rechenschaft über den Glauben kann es nur situiert und kontext-
sensibel geben: nicht kontextfrei und abstrakt, nicht ein für alle Mal und
für jeden, sondern in bestimmten Zusammenhängen, auf bestimmte Fragen hin, in konkreten Lebenshorizonten. Um eine solche situierte Rechenschaft habe ich mich bemüht, indem ich den Lebensvollzug des
Glaubens, wie er sich in der Schöpfungslehre zur Sprache bringt, im Horizont allgemeiner Überlegungen zum Glück beleuchtet habe. Dabei ging
es nicht darum, durch eine »Welterklärungsformel« alle Fragen hinsichtlich des Glücks »aufzuklären«, sondern den Lebensvollzug des Glaubens
in einem konkreten Kontext für das Verstehen zu erschließen.
Die Frage, welche Glückspotentiale sich im Lebensvollzug des Glaubens
entdecken lassen, kann freilich nicht hinreichend in der Schöpfungslehre
thematisiert werden. Der Verlust der Erfahrung der zugesagten Gegenwart ist Gegenstand der Sündenlehre. In diesem *locus* nimmt die Dog-
matik das Überhören des Menschen der in der Schöpfung ergehenden
Zusage Gottes und damit die menschliche Verschlossenheit derjenigen
Erfahrung gegenüber, dass wir nicht von uns selbst leben[18], in den Blick,
kurz: das Misstrauen gegen die Zusage Gottes. Gerade diese Verschlossenheit provoziert die Urangst des Menschen, das Dasein nicht zu verdienen, sondern allererst die Berechtigung des Daseins unter Beweis
stellen zu müssen[19]. Der um sich selbst kreisende Mensch kann sich
nicht unmittelbar auf die ihm zugesagte Gegenwart einlassen, in der

---

18 So *Walter Mostert*, Erfahrung als Kriterium der Theologie, ZThK 72 (1975),
427–460, 456.
19 So *Chr. Gestrich*, Sündenvergebung als Problem und als Wirklichkeit der Kirche, in: *Ders.*, Peccatum – Studien zur Sündenlehre, Tübingen 2003, 45–71, 48ff.

Angst, sich zu verlieren, verpasst er durch sein permanentes Streben, sich zu sichern, die Anmutungsqualität der Gegenwart. Und schließlich bringt die Lehre von dem Versöhntsein mit Gott zur Sprache, inwiefern Gott in Christus den Menschen von einer verzerrten Wahrnehmung der Phänomene des Daseins und einem tiefen Misstrauen dem Dasein gegenüber befreit zur Wahrnehmung der in seiner Schöpfung gegebenen Zusage, menschliches Leben zu gewähren »ohn all mein Verdienst und Wirdigkeit«.

Eine Beschreibung der Glückspotentiale des Lebensvollzugs des Glaubens wird aber dann grundsätzlich schief, wenn die Unterscheidung zwischen Glauben und Glaubenden nivelliert wird. Der Glaubende ist keineswegs vom Glauben allein bestimmt, der Glaubende ist »*simul iustus et peccator*«, jemand, der Gottes Zusage nicht vertraut und sich in allem nur auf sich selbst ausrichtet. Der Glaube ist kein Gut, das der Mensch besitzt, sondern etwas, das immer wieder gewagt werden muss, weil es von Verdunklung und Zweifel bedroht ist. Wir sind immer auch die, die sich der Gegenwart nicht anvertrauen können, weil wir in Sorge und Angst um uns selbst kreisen und uns so den Phänomenen der Gegenwart verschließen. Freiheit und Gelassenheit in Bezug auf die Phänomene des Daseins sind kein Besitz des Glaubenden, kein dem Glaubenden inhärierender habitus, vielmehr wird die Person im Blick auf das Kreuz immer wieder zur Gegenwart befreit. Zu glauben heißt, der in den Dingen des Daseins gegebenen Zusage des Lebens »Nimm hin und iss!« vertrauen zu können, weil angesichts des Erlebens von Spannungen und Brüchen, von Widrigem und Schmerzvollem, angesichts des plagenden Zweifels und des immer wieder sich ereignenden Überhörens dieser Zusage des Lebens, der Ort geschenkt ist, an dem diese Zusage erneut und eindeutig zum Sprechen gebracht wird und von dem aus die Gegenwart vertrauensvoll ergriffen zu werden vermag – und zwar im »Hier und Jetzt«, immer wieder von Neuem.

Dr. *Michael Roth* ist apl. Professor für Systematische Theologie an der Evangelisch-Theologischen Fakultät der Universität Bonn.

2.3

Peter Müller

Viel Glück und viel Segen

Das Reden vom Glück in der Bibel

Was wünscht man, wenn man jemandem Glück wünscht? Vielerlei: Gesundheit wird oft an erster Stelle genannt, das Gelingen von Plänen, Erfolg, Chancen erkennen und wahrnehmen, gelingende Beziehungen, Anerkennung, Liebe, Lebensfülle. Das Wort Glück fasst das alles zusammen, in subjektiver Wendung als Wohlergehen oder eher objektiv im Sinne vielfältiger Lebenschancen. Wer Glück wünscht, weiß zugleich, dass es für all das keine Garantie gibt. Man kann planen und sich anstrengen – aber Pläne können misslingen; man kann gesund leben und wird trotzdem krank, kann dem Glück nachjagen und es gerade dabei verfehlen. So wünscht man mit dem Glück über all die angrenzenden Begriffe hinaus den unverfügbaren Überschuss, der das alles erst ermöglicht oder zumindest die Augen dafür öffnet.

Das mittelhochdeutsche *gelücke* bedeutet ursprünglich vermutlich die Art und Weise, wie etwas ausgeht und endet.[1] Wie etwas ausgeht, ist allerdings oft nicht absehbar, und so haftet dem Glück der Zug des schicksalhaft Zufallenden an. In der griechischen Antike war *Tyche*, eine Tochter des Zeus, die Personifikation von Zufall und Schicksal. Bei den Römern hieß sie *Fortuna*, und beider Attribut war das Füllhorn, mit dem sie allerdings recht launenhaft umgingen. Die Philosophie ging andere Wege.[2] Deren Leitwort ist die *Eudämonie* (wörtlich: einen guten Dämon haben). Nach Aristoteles gilt das vernünftige Denken als eigentlicher Zweck des Menschen in der Welt. Dies zu erreichen ist zugleich das höchste Gut und die Eudämonie oder, wie wir sagen würden, das (vollkommene) Glück. Wer glücklich leben will, muss deshalb die Vernunft zu immer größerer Vollkommenheit ausbilden. So verstanden ist Glück kein nur subjektiv zugänglicher Zustand, sondern ein objektiv nachvollziehbares sich-in-Beziehung-Setzen zur Welt und ihrer Ordnung.[3] Dem-

---

1 Vgl. Deutsches Wörterbuch von *Jakob* und *Wilhelm Grimm* zum Stichwort Glück, unter www.dwb.uni-trier.de am 19.9.2012. Außerdem die narrative Wortgeschichte bei *Luzia Sutter Rehmann,* Glückelchen. Reflexionen über Herkunft und Werdegang eine fremden Wortes, in: *dies.* und *Ursula Rapp* und *Ulrike Metternich*, (Hg.), Zum Leuchten bringen. Biblische Texte vom Glück, Gütersloh 2006, 180–200.

2 Vgl. *Malte Hossenfelder*, Philosophie als Lehre vom glücklichen Leben. Antiker und neuzeitlicher Glücksbegriff, in: *Alfred Bellebaum* (Hg.), Glück und Zufriedenheit. Ein Symposion, Opladen 1992, 13–31.

3 *Aristoteles*, Nikomachische Ethik 1097b–1098a.

gegenüber entdeckt die hellenistische Philosophie das Individuum als Ausgangspunkt des Philosophierens und verlegt die Eudämonie in das Erleben des Einzelnen. Nur das Individuum kann wirklich wissen, welche Wünsche und Zwecke es erstrebt. Dies führt im Hellenismus aber nicht zu einer Beliebigkeit des Glücksbegriffs, sondern zu einer Klärung dessen, worüber wir verfügen können und worüber nicht. Dinge zu erstreben, die wir nicht beeinflussen können, führt letzten Endes ins Unglück, weil Tyche und Fortuna eben launisch sind. Der Weg zum Glück verläuft umgekehrt:»Damit wir können, was wir wollen, müssen wir wollen, was wir können.«[4] Zwar unterscheiden sich die einzelnen hellenistischen Philosophenschulen mit ihren Glückvorstellungen voneinander, sie stimmen aber darin überein, dass es möglich ist, ein Glückskonzept zu formulieren, bei dem das Glück in der Erfüllung selbst gesteckter Ziele und Zwecke besteht und dass es durch deren Reduktion erreichbar ist.

Weder im hebräischen Alten noch im griechischen Neuen Testament gibt es ein zusammenfassendes Wort für Glück. Das griechische *eudaimonia* fehlt im Neuen Testament und in der Septuaginta, ebenso das Wort *tyche*.[5] Ein zusammenfassender Begriff ist auch in der hebräischen Bibel nicht zu finden. Das bedeutet aber nicht, dass in der Bibel das Glück nicht anzutreffen wäre, im Gegenteil; das gute, erfüllte Leben spielt in vielen Texten eine wichtige, in manchen sogar eine herausragende Rolle.[6] Vielfach ist vom Guten die Rede, von Freude und Dankbarkeit, von gelingenden Beziehungen oder umfassend von Leben; Menschen werden gesegnet und selig gepriesen; Bilder von Ernte oder Hochzeit sprechen von Lebensfülle und Fest. Warum fehlt dann aber die typisch griechische Glücksterminologie? Vermutlich weil Glück und Lebensfülle nach den Grundannahmen biblischen Glaubens weder durch Zufall noch durch eigene Anstrengung erklärbar sind, sondern weil von ihnen nur in Verbindung mit Gott gesprochen werden kann. Nur wer das eigene Leben an Gott orientiert, kann nach durchgängiger biblischer Überzeugung von Glück sagen.

In den deutschen Bibelübersetzungen kommt das Glück deshalb durchaus mit Recht vor (bei Luther 17 Mal im Alten Testament – im Neuen Testament fehlt es). Die Elberfelder Übersetzung verzeichnet Glück an 18, die Einheitsübersetzung an 69 alttestamentliche Stellen[7], auch hier fehlt der Begriff jeweils im Neuen Testament. Ist vom Glück nur im

---

4 *Hossenfelder*, Philosophie (Anm. 2), 23.
5 Eutychos – der Glückliche – kommt nur als Eigenname in Apg 20 vor.
6 Bei *Wilhelm Gesenius* und *Frants Buhl*, Hebräisches und Aramäisches Handwörterbuch über das Alte Testament, Berlin/Göttingen/Heidelberg 1962, 962, sind 13 hebräische Äquivalente für Glück verzeichnet.
7 Vgl. zu konfessionellen Unterschieden bei der Behandlung des Themas *Johann Hinrich Claussen*, Glück und Gegenglück. Philosophische und theologische Variationen über einen alltäglichen Begriff, Tübingen 2005, 23–33 (»Katholische Kontinuitäten«,»Protestantische Annäherungen«).

Alten Testament die Rede? Durchaus nicht, wenngleich hier »Glücksterminologie« tatsächlich häufiger zu finden ist als im Neuen Testament.
Der Grund ist darin zu suchen, dass die neutestamentlichen Autoren sich
selbst in Kontinuität zum Alten Testament sehen und es in Auswahl und
Zuspitzung als gültig verstehen. Sie deuten deshalb manches nur an, was
im Alten Testament breiter und vielschichtiger entfaltet ist, wie beispielsweise die Themen Schöpfung, Fest und Freude oder auch Weisheit
und Skepsis.[8] Wenn man aber die verschiedenen Begriffe im Umfeld des
Guten und des erfüllten Lebens insgesamt betrachtet, erschließen sich
verschiedene Erkenntnisse und Aussagen zum Glück, zum Teil quer
durch die beiden Testamente, zum Teil mit spezifischen Akzenten in
einzelnen biblischen Schriften.

1 Das dankbar angenommene Gute

In Ps 122,5f.»Wünschet Jerusalem Glück! Es möge wohl gehen denen,
die dich lieben! Es möge Friede sein in deinen Mauern und Glück in deinen Palästen!« (Luther) steht im hebräischen Text für Glück und Friede
das Wort *schalom*. Schalom umfasst mehr als Friede, es bezeichnet einen
umfassenden Zustand von Wohlergehen und Heil (Lev 26,3–6), für den
Einzelnen wie für das ganze Volk. Sicherheit gehört dazu, Unversehrt-
heit, genügend Nahrung, Gerechtigkeit und gelingende Sozialbeziehungen (Jes 60,17; Ps 85,11). Ein ähnlich umfassendes Wort ist *tob* (angenehm, gut), das substantiviert das Gute, das Glück bedeutet (z.B. Ps
25,13; Hi 21,13 – bei Luther jeweils »gut«, in der Einheitsübersetzung
»Glück« und auch Glücksgüter wie z.B. volle Scheunen einschließt (Hi
22,18). Licht kann zum Synonym für Glück werden (Esth 8,16), im
Namen *Gad* steckt das Glück (Gen 30,11) und *jeschua* bedeutet Hilfe
und Schutz ebenso wie Glück und Heil. In Jes 52,7 interpretieren sich
die drei Begriffe gegenseitig:»Wie lieblich sind auf den Bergen die Füße
der Freudenboten, die da Frieden (*schalom*) verkündigen, Gutes (*tob*)
predigen, Heil (*jeschua*) verkündigen, die da sagen zu Zion: Dein Gott
ist König!« Glück, das zeigt gerade die letzte Stelle, hängt mit Gott zusammen, es ereignet sich, wo Gott seinen Segen gibt. Und wo es sich
ereignet, zeigt sich das Leben in seiner ganzen Fülle:[9] Ps 29,11 parallelisiert kraftvolles Leben und Frieden mit dem Segen, und zu einem solchen Leben gehören Fruchtbarkeit (z.B. Gen 24,60), die Güter der Welt

8   Vgl. *Manfred Oeming*, Unitas Scripturae? Eine Problemskizze (JbTh 1), Neukirchen-Vluyn 1986, 48–70.
9   *Ralf Miggelbrink*, Können Christen vom Glück reden? Theologische Überlegungen im Anschluss an eine Wiederentdeckung der Kategorie der Lebensfülle, in:
Heinrich Bedford-Strohm (Hg.), Glück-Seligkeit. Theologische Rede vom Glück in
einer bedrohten Welt, Neukirchen-Vluyn 2011, 90–100, 95f.

(z.B. Gen 30,30), aber auch Gerechtigkeit (Ps 24,5) und Hilfe (Ps 28,8f.) konstitutiv hinzu. Der Dank ist die angemessene menschliche Reaktion auf Gottes Zuwendung und Hilfe, Dank für Rettung in der Schlacht (2Chr 20,21f.), für Reichtum, Kraft und Stärke (1Chr 29,12f.), für das eigene Leben (Ps 139) und die ganze Schöpfung (Ps 95,1–6), aber auch dafür, dass Gott den Armen zum Recht verhilft (Ps 109,30f.). Wenn Ps 103,2 auffordert »Lobe den Herrn, meine Seele«, so ist der Grund für die Dankbarkeit zugleich mit genannt: Das hebräische *näfäsch* bedeutet im Deutschen nicht nur die Seele, sondern auch das lebendige Wesen, dessen Kennzeichen der Atem ist (*n^{e}schamah*).[10] Im Danken kommen Leben, Glück und Freude zusammen (Ps 92.95.107). Die Törichten begreifen das nicht, sie rechnen sich, solange es ihnen gut geht, ihr Wohlergehen selbst zu und erweisen sich nicht zuletzt darin als gottlos (Ps 92,7–10); die Gerechten dagegen verkündigen, dass Gott es mit ihnen recht macht (Ps 92,16). Die Aufforderung »Danket dem Herrn, denn er ist freundlich und seine Güte währet ewiglich!« (1Chr 16,34; Ps 100 u.ö.) findet sich deshalb häufig im Alten Testament. Und im Neuen Testament ist der Dank an Gott ein wichtiger Grundton, der exemplarisch in Kol 3,17 (vgl. 1,3.12) zum Ausdruck kommt: Alles, was die Glaubenden sagen und tun, soll im Namen Jesu und in Dankbarkeit Gott gegenüber geschehen.

2 Glücklich der Mensch, der Weisheit erlangt (Spr 3,13)

Glück lässt sich zusprechen: »Glücklich ist der Mann« (der Mensch) ist die wörtliche Übersetzung der »Gratulationsformel«[11] *aschrej ha-isch* in Ps 1,1 (bei Luther »wohl dem«).[12] Es handelt sich um eine »anredende und gratulierende Behauptung, die dem anderen Glück zuspricht und gönnt«.[13] Die Formel findet sich mehrfach im Alten Testament (Ps 1,1; 2,12; 84; Spr 16,20; Jes 56,2 u.ö.) und gehört in den Zusammenhang der alttestamentlichen Weisheit. In Ps 1 lassen sich die hierfür typischen Elemente erkennen: Der Kontrast zwischen zwei gegensätzlichen Lebensweisen und die Notwendigkeit einer Entscheidung[14], der eine Gerechte

---

10 An einigen Stellen kann bei *näfäsch* die Bedeutung Kehle (als Organ des Atmens) mitschwingen, vgl. *Edmond Jacob*, ψυχή B. Die Anthropologie des Alten Testaments (ThWNT IX), 614–629, hier 614f.
11 *Hans-Joachim Kraus*, Psalmen, BK XV/1, Neukirchen-Vluyn 1958, 3.
12 In der Septuaginta wird die Wendung mit *makários* übersetzt, das im Neuen Testament vor allem in den Seligpreisungen Jesu begegnet; vgl. unten zur Paradoxie des Glücks.
13 *Thomas Naumann*, Glück in der Bibel – einige Aspekte, in: *Heinrich Bedford-Strohm*, Glück-Seligkeit (Anm. 9), 74.
14 Vgl. zur Problematik dieser Kontrastrhetorik *Ursula Rapp*, Das Glück in die Welt rufen. Die »Seligpreisungen« der Bibel als Glücksprache, in: *Luzia Sutter Reh-*

gegenüber vielen Gottlosen, der Baum als Beispiel aus der Natur.[15] Die Sprachform ist performativ, sie lädt ein zum Nachsprechen und Zustimmen und dient »der Ermutigung und Ermächtigung, sich auf einen bestimmten Weg des Lebens einzulassen.«[16] Die Metapher des Weges liegt nahe, weil der hebräische Wortstamm auch die Bedeutung »gehen, führen« hat. Dieser Weg ist kein Spaziergang; der Einsatz für Recht und Gerechtigkeit gehört dazu (Jes 56,1f.) und ein achtsamer Umgang mit den Mitmenschen, besonders den Schwachen (Ps 42,2; Spr 14,21); wer dabei fehl geht, braucht Zurechtweisung – glücklich, wer sich ihr nicht widersetzt (Hi 5,17). Die Zurechtweisung kommt von Gott, wie auch alles Glück von ihm kommt (Gen 39,2; 2Chr 31,21). Glücklich gepriesen wird nicht, wer sein eigenes Glück schmiedet, sondern es als von Gott gegeben erkennt und annimmt, wer sich an seine Gebote hält (Ps 1), wer im Tempel Gott lobt (Ps 84).

Dass es kein Glück ohne Gott gibt, tritt auch in der Formel »gesegnet der Mann« Jer 17,7 hervor, eine Parallele zur »Gratulationsformel«, die aber den Segensaspekt stärker betont. Vielfach ist im Alten Testament davon die Rede, dass Gott Menschen segnet oder segnen möge (Gen 28,3f.; Num 6,24–27; Dtn 14,29; Ps 115,12f.;147,13 u.ö.), und in diesem Segen sind Fruchtbarkeit für Mensch (Gen 24,60), Tier (Gen 30,29f.) und Acker (Gen 27,27f.), Leben, Frieden, Glück, Erfolg (Ps 29,11) und Gerechtigkeit (Ps 24,5) eingeschlossen. Dass der Segen von Menschen zugesprochen wird, hebt nicht auf, dass er an Gott als Urheber gebunden ist und bleibt (vgl. Gen 12,2f.). Wer diesen Zusammenhang erkennt, kann als weise bezeichnet werden (Ps 107,43; Spr 9,10 u.ö.).

Wenn es kein Glück ohne Gott gibt, so bedeutet die Abkehr von Gott Unglück. Wer gottlos lebt und handelt, muss mit Unglück rechnen: »Dem Menschen wird vergolten nach den Taten seiner Hände« (Spr 12,14). Mit Hilfe des Tun-Ergehen-Zusammenhangs erklären z.B. die Freunde Hiobs dessen Unglück (Hi 4,7 u.ö.). Weil Gott diesen Zusammenhang in Kraft gesetzt hat, kennt er auch alles Unglück (Am 3,6). Dementsprechend mahnen Jes 45,22; Hes 18,26f. zur Abkehr vom bösen Tun. In Frage gestellt wird der Zusammenhang aber durch Hiobs Überzeugung, sein Unglück nicht verdient zu haben (Hi 29). Das Glück der Gottlosen (Ps 73,1–12) und das Unglück der Gerechten (Hi 30 u.ö.) werden zur Anfrage an Gott selbst und sein gerechtes Handeln. Angesichts dieser Erfahrung empfiehlt Spr 20,22, die Vergeltung Gott zu überlassen, und Ps 73,23–28 verweist auf das Ende des Lebens, wenn Gott die Gerechten mit Ehren annimmt. Glück kann damit in eine eschatologische Perspektive eingerückt werden.

---

man, Ursula Rapp und *Ulrike Metternich* (Hg.), Zum Leuchten bringen. Biblische Texte vom Glück, Gütersloh 2006, 21–42, hier 28f.32f.
15 *Erich Zenger*, Psalmen. Auslegungen 1, Freiburg/Basel/Wien 2003, 42.
16 *Naumann*, Glück (Anm. 13), 74.

Im Neuen Testament wirkt der Tun-Ergehen-Zusammenhang nach, auch wenn der direkte Rückschluss vom Ergehen auf das Tun abgewehrt wird (Lk 13,4f.; Joh 9,3). Der Gerichtsgedanke unterstreicht die eschatologische Perspektive. Das Gericht Gottes am Ende der Tage ergeht über alle (Röm 2,1–16 u.ö.). Es kann in weisheitlicher Tradition als Begründung zu rechtem Wandel herangezogen werden (Mt, 3,2; Jak 4,12; 5,8f.) oder das Vertrauen auf Jesus und Gott zum Maßstab machen (Röm 5,6–9).

3 Im Vertrauen auf Gott im Hier und Jetzt leben

Wenn man von den Glücklich-Preisungen herkommt und das Buch Kohelet aufschlägt[17], scheint man in eine andere Welt einzutreten. »Alles ist flüchtig« steht schon in 1,2 und wird am Schluss in 12,8 wiederholt. Das hebräische *häbäl* ist ein Vorzugswort des Predigers. Es hebt die Vergänglichkeit alles Irdischen hervor[18], die mehrfach mit dem »Haschen nach dem Wind« parallelisiert wird (1,14.17; 2,11.17.26; 4,4.6.16; 6,9). Auf alles im Leben trifft dies zu. Um dies zu verdeutlichen, schlüpft Kohelet in den beiden ersten Kapiteln in die Rolle des Königs Salomo (1,1); denn wenn irgendeinem Menschen dauerhaftes Glück zuzutrauen ist, dann einem, dem alle irdischen Güter zu Gebote stehen, Besitz aller Art, Luxus, Kultur und ein großer Harem (2,4–9). Aber Salomo wird nicht als bloßer Hedonist gezeichnet, sondern als König, der nach Weisheit strebt (1,13), das Gute will, für das Recht eintritt und die religiösen Regeln achtet (3,16; 4,1f.; 4,17–5,6). Alles das ist jedoch ebenfalls vergänglich, die Weisheit wie der Einsatz für das Gute (8,10–13). Dabei ist keineswegs alles einerlei, die Weisheit übertrifft die Torheit durchaus, und das Recht steht über dem Unrecht (2,13; 4,1); aber dem Weisen geht es wie dem Toren, alle müssen sie dahin (2,15; 3,9). Auch was man sich herkömmlicherweise als Garant für ein gelingendes Leben oder wenigstens als Weg dorthin dachte, ist nichts als »Haschen nach

17 Vgl. *Ludger Schwienhorst-Schönberger*, Das Buch Kohelet, in: *Erich Zenger u.a.*, Einleitung in das Alte Testament, Kohlhammer Studienbücher Theologie 1,1, Stuttgart ⁵2004, 380–388; *Markus Witte*, Das Koheletbuch (Der Prediger Salomo), in: *Jan Christian Gertz* (Hg.), Grundinformation Altes Testament. Eine Einführung in Literatur, Religion und Geschichte des Alten Testamens, Göttingen 2006, 257–264. Das Buch ist wahrscheinlich zwischen 250 und 190 v. Chr. in Jerusalem entstanden. Seine theologische Ausrichtung wird kontrovers diskutiert; neben der Betonung eines pessimistischen Grundzuges (1,2 und 12,8 im Sinne von »alles ist absurd«) steht eine Deutung, die den Aufruf zur Freude (5,17–19 u.ö.) als Schlüssel zum Gesamtwerk ansieht. Ich folge hier diesem zweiten Ansatz.
18 Die Grundbedeutung »Windhauch« spielt auf die Flüchtigkeit an, nicht auf Eitelkeit oder Nichtigkeit, vgl. *Witte*, Koheletbuch (Anm. 17), 459, Anm. 97: »Je nach Übersetzung des Begriffs *hæbæl*, den Luther mit ›eitel‹, die Zürcher Bibel mit ›nichtig‹, die Einheitsübersetzung mit ›Windhauch‹ und D. Michel, Qohelet, mit ›absurd‹ wiedergeben, ändert sich die Interpretation des Buches.« In Anlehnung an *Schwienhorst-Schönberger* sehe ich vor allem den Aspekt der Vergänglichkeit betont.

dem Wind«. Diese Relativierung herkömmlicher weisheitlicher Vorstellungen vom Wohlergehen durchzieht die ganze Schrift.

Die Konsequenz Kohelets klingt irdisch-materiell: Der Mensch hat nichts Besseres,»als zu essen und zu trinken und fröhlich zu sein« (8,15; vgl. 2,24; 3,12.22). Schon der Hinweis auf die Freude weist aber darüber hinaus; denn sie ergibt sich nicht von selbst: Mühe und Arbeit (2,24; 3,22; 8,15) könnte man auch freudlos verrichten und das Essen als bloße Lebenserhaltungsmaßnahme verstehen. Die Freude daran kommt hinzu, nicht als aufgesetzte Fröhlichkeit angesichts aller Vergänglichkeiten, sondern als Gottesgabe für die Zeit des Lebens (5,17–19). Zwar sind die Wege Gottes dem Menschen verschlossen (5,1; 8,17). Aber er hat ihnen das Leben und die Freude ins Herz gegeben, und ohne ihn kann man nicht fröhlich essen und genießen (2,24f.).[19]
Hier kommt zur anthropologischen Grunderfahrung der Vergänglichkeit eine theologische Komponente hinzu.[20] Sie gründet im Verständnis der Welt als Gottes Schöpfung, die mit dem kreatürlichen Vorgang von Essen und Trinken angedeutet wird; sie ist bezogen auf Gott, ohne den die Geschöpfe und ihr Tun gar nicht sein können (2,24f.); und selbst ihre Erkenntnis und ihr Genuss werden von Gott geschenkt (2,25f.; vgl. 6,1f.). Zwar lässt sich das Glück durch menschliche Strategien nicht herbeizwingen; aber Gott, der alles »zu seiner Zeit« (3,1–9) geschaffen hat, macht alles zu seiner Zeit schön (3,11f.). In 9,7–10 zieht Kohelet daraus die Konsequenz: Essen und Trinken (9,7), Arbeit, Fest (9,8f.), Liebe (9,9) und alles, was zu tun in seiner Macht liegt, soll der Mensch mit Freude gestalten und genießen,»denn das ist dein Teil am Leben« (9,9). »Die alltäglichen Gesten von Essen und Trinken sind Merkzeichen der Gegenwärtigkeit Gottes, des geschenkten Lebens«[21], die man ergreifen soll. Dass das keine Flucht in das kleine, individuelle Glück ist, zeigt die Kritik an ungerechter Herrschaft und dem Anhäufen von Besitz in Kapitel 4–6. Was man zum Guten tun kann, das soll man auch tun; darum geht es in diesem Leben und nicht um den vergeblichen Versuch, sich dauerhaftes Glück zu schaffen. Der Reiche, der sich einen großen Vorrat

---

19 *Ludger Schwienhorst-Schönberger*,»Nicht im Menschen gründet das Glück« (Koh 2,24). Kohelet im Spannungsfeld jüdischer Weisheit und hellenistischer Philosophie, Herders Biblische Studien 2, Freiburg u.a. [2]1996, 306, interpretiert 5,17 vor dem Hintergrund des Guten und Schönen in der Stoa. Im Unterschied zu hellenistischen Glücksentwürfen, die das Glück von der Einstellung des Menschen abhängig machen, ist es für Kohelet eine Gabe Gottes, und die Aufgabe des Menschen ist es, ihrer gewahr zu werden und sie zu ergreifen. Dass man bei Kohelet von einer Darlegung zum Glück sprechen kann, zeigt sich auch daran, dass das Lexem *tob* (gut) hier in substantivierter Form vorkommt und als nomen abstractum dem Glück nahekommt (ebd., 122).
20 *Schwienhorst-Schönberger*,»Nicht im Menschen ...« (Anm. 19), 124: Die Überlegungen laufen in einer Bewegung »von der Anthropologie (1,12–2,23) über die Theologie (2,24–26) zur theologischen Anthropologie (3,1–22).«
21 *Naumann*, Glück (Anm. 13), 80.

für viele Jahre angelegt und vermeintlich dauerhaftes Glück erworben hat (»iss und trink und habe guten Mut«, Lk 12,16–21), ist das neutestamentliche Gegenbeispiel dazu.

4 Die Paradoxie des Glücks

Schon der erste Satz des 73. Psalms deutet einen Konflikt an: »Gott ist dennoch Israels Trost für alle, die reinen Herzens sind.« Mit »dennoch« sind Erfahrungen angedeutet, die diesem Satz widersprechen. Im ersten Teil des Psalms (73,1–12) sind sie zusammengefasst: Die Gottlosen sind glücklich, erfolgreich und mächtig; »im Himmel und auf Erden« (V. 9) führen sie das große Wort und scheren sich nicht um Gott: »Wie sollte der Höchste etwas merken?« (V. 11). Damit finden sie den Beifall der Masse (V. 10), und selbst der Psalmbeter ist davon beeindruckt und gerät in eine Krise (V. 13): Soll sein Vertrauen auf Gott umsonst gewesen sein? Den Umschwung bringt V. 15: Hätte er wie die Gottlosen geredet, so hätte er »das Geschlecht deiner Kinder« verraten. Weder die Orientierung an den Gottlosen noch sein Selbstmitleid führen ihn aus der Krise, sondern die Erinnerung an die Geschichte seines Volkes mit Gott. Erst vor diesem Hintergrund kann er sein »dennoch« sagen: »Dennoch bleibe ich stets an dir, denn du hältst mich bei meiner rechten Hand« (V.23). Das Glück der Gottlosen erkennt er als brüchig, weil sie es als ihren eigenen, selbst erworbenen Glücksbesitz ansehen, ohne Rücksicht auf Gott und die Gemeinschaft der Menschen. Sein »dennoch« verschließt nicht die Augen vor den verschiedenen Glücksangeboten, es erkennt aber, dass ein als Anrecht und bloß individuell verstandenes Glück weder Tiefe noch Bestand hat. Beides gewinnt das Glück durch die Gebrochenheit des »dennoch« hindurch.

Von dieser Paradoxie des Glücks in der Gebrochenheit der Existenz sprechen auch die Seligpreisungen Jesu (Mt 5,3–12; Lk 6,20–26), in denen das aus dem Alten Testament bekannte *makarios* wieder begegnet.[22] Denn Jesus preist gerade diejenigen glücklich im umfassenden Sinn[23], die nichts zu lachen haben, die Armen, die Hungernden, die Weinenden. Da bekommt man durchaus »Schwierigkeiten beim Jubeln«[24], denn frei von alltäglichen Sorgen wie die Götter[25] sind die Hungernden und Wei-

---

22 Vgl. Anm. 12. Im NT ist mit *makarios* meist der Heilsaspekt und besonders das künftige Heil angesprochen (vgl. Mt 16,17; Joh 13,17; 20,29; Jak 1,25; Offb 14,13).
23 *Friedrich Hauck*, μακάριος (ThWNT IV), 365–388. Zur Überlieferungsgeschichte der Seligpreisungen *Ulrich Luz*, Das Evangelium nach Matthäus, EKK I/1, Neukirchen-Vluyn u.a. 1985, 200f. Wahrscheinlich gehen die drei ersten Seligpreisungen der Q-Fassung (Lk 6,20b.21) auf Jesus zurück.
24 Vgl. die schöne Geschichte von der Schwierigkeit, *makarios* zu übersetzen: *Lothar Zenetti*, Schwierigkeiten beim Jubeln, in: *ders.*, Die wunderbare Zeitvermehrung. Variationen zum Evangelium, München ²1983, 164–167.
25 Das war der ursprüngliche Wortsinn, vgl. *Hauck*, μακάριος (Anm. 23), 365.

nenden keineswegs. Aber trotz und gerade angesichts schwieriger Umstände erwarten sie alles von Gott. Dieser weisheitliche Gedanke (vgl. Ps 2,12: Selig/glücklich alle, die auf Gott vertrauen) ist eine prägende Kraft hinter den Seligpreisungen Jesu. Eine andere ist die eschatologische Perspektive, wie sie schon in äthHen 58,2 zum Ausdruck kommt: »Selig seid ihr Gerechten und Auserwählten, denn herrlich wird euer Los sein.« Während die Sünder zwar ihr Leben lang Gutes gesehen haben (äthHen 103,5), aber in ihren Sünden sterben, gehen die Gerechten auf ein herrliches Ende zu. Aber weder die weisheitliche noch die eschatologische Traditionslinie erklären die Seligpreisungen Jesu vollständig. Er preist die Habenichtse und Elenden nicht unter Bedingungen glücklich, etwa wenn sie geduldig ihr Schicksal annehmen, sondern bedingungslos; und er holt das ihnen zugesagte Heil in den Umgang mit ihnen hinein und wendet sich ihnen konkret zu. Die Seligpreisungen sind Zuspruch der Gottesherrschaft[26], der die Existenz der Armen in ein neues Licht rückt. Das macht das Paradoxe der Seligpreisungen Jesu aus, dass sie nicht tausend Eventualitäten bedenken, sondern Armen konkret zuspricht: Ihr seid glücklich zu preisen, im Blick auf das Ziel, auf das ihr hinlebt, und deshalb schon in der Gegenwart.

5 Aussichten

Die eschatologische Perspektive, die sich im Alten Testament andeutet, wird im Neuen stärker entfaltet. Hier wirkt sich apokalyptisches Gedankengut aus, das im Alten Testament erst spät greifbar wird, während die Schriften des Neuen Testaments stark davon beeinflusst sind. Man kann dies z.B. am Wandel der Ernte- und Hochzeitsbilder erkennen. Im Alten Testament steht die Ernte für die Freude am geschenkten Leben (Jes 9,2); die ganze Feldarbeit zielt auf sie hin, und die Erntezeit ist Anlass für große Feste (Ex 23,16; Dtn 16,13). Eine geringe Ernte schränkt dagegen die Lebensmöglichkeiten ein (Jes 17,1–6), das Vernichten oder Wegführen der Ernte zeigt militärische Niederlagen an (Jes 16,9f.; Jer 5,17). In der Weisheitsliteratur wird die Ernte als Folge von Säen und Pflügen auf das Handeln der Menschen übertragen: »Wer Unrecht sät, wird Unglück ernten« (Spr 22,8; Hi 4,8). Und die Propheten beziehen das Bild auf das richtende und strafende Handeln Gottes an seinem Volk (Jes 18,4f.; Jer 9,21; Mi 6,15) oder allen Völkern (Jo 4,13). Im Neuen Testament spielt die Ernte auf das Endgericht an (Mt 13,30.39; Offb 14,15f.), dessen Ausgang noch offen ist. Die Hochzeit ist als Freudentag konnotiert (Hld 3,11), sie wird festlich begangen (Ri 14,10–12; Jes 49,18; Joh 2,1–11). Bei Jesus wird sie zum Bild für die Gottesherrschaft (Mt 22,1–10; 25,1–13), zu der eingeladen wird wie zu einem großen

---

26 In der Matthäusfassung bildet die Gottesherrschaft im Nachsatz der ersten und der achten Seligpreisung eine Klammer, die alles zusammenbindet.

Fest. Hier kommt es darauf an die Einladung anzunehmen und sich für sie bereitzuhalten.

Die eschatologische Perspektive kommt besonders in der Bildwelt der Offenbarung zum Ausdruck. Zwar hat, wer sie aufschlägt, zunächst kaum den Eindruck, dass es hier um Glück gehe; zu stark drängen die Katastrophenbilder in den Vordergrund. Wenn aber der Blick über die Katastrophen hinausgeht, kommen Bilder von Glück und Heil ins Spiel, vor allem in Offb 21. Dort ist das Bild vom himmlischen Jerusalem[27] mit der Nähe Gottes verbunden. Wenn Gott nach 21,4 in dieser Stadt alle Tränen abwischen wird und alles Leid und selbst der Tod vergehen werden, so ist damit umfassendes Heil ausgesagt, das in der Nähe Gottes zu den Menschen seinen Ursprung hat (siehe da, die Hütte Gottes bei den Menschen V. 3). Das himmlische Jerusalem steht stellvertretend für die neue Schöpfung (ein neuer Himmel und eine neue Erde V.1). Offb 21f. enthält etliche Anspielungen auf die alttestamentliche Paradieserzählung (Gen 2f.); das erwartete heilvolle Ende wird damit an den Anfang der Welt zurückgebunden.[28] Rein utopisch sind die Visionen der Offenbarung freilich nicht; in der bedrängenden Gegenwart zur Zeit ihrer Abfassung sollen ihre Bilder trösten und Hoffnung wecken. Sie vertrösten nicht, sondern richten den Blick über die Leiden der Gegenwart hinaus. Das erwartete Glück ist nicht lediglich »Opium für das Volk«, sondern deutet ein grundlegendes Vertrauen in die Zuverlässigkeit Gottes an. Glück ist so verstanden Geborgenheit und aktives Leben auf das zugesagte Heil hin.

6 Glück, in Geschichten eingewickelt

Auch das sogenannte »Gleichnis vom Schalksknecht« (Mt 18,23–25) hat auf den ersten Blick nichts von Glück an sich. Es erzählt von den ökonomischen Zwängen der Schuldknechtschaft, von Abhängigkeit, Unbarmherzigkeit und Gericht. Gleichwohl steckt Glück darin, auch wenn das Wort nicht vorkommt. Denn der »Schalksknecht« hat Glück, unverhofft und unter den damals herrschenden ökonomischen Strukturen unverdient. Ganz unerwartet wird ihm eine riesige Schuld nicht nur gestundet, sondern erlassen. Wie wird es ihm ergangen sein in dieser Situation? Kann er sein Glück fassen? Offenbar fasst er es sogar zu fest, als sein eigenes Glück. Abgeben will er davon nichts. Seinen Mitsklaven lässt er wegen eines vergleichsweise geringen Betrags ins Gefängnis werfen.

---

27 Ab der nachexilischen Zeit spielt die Vorstellung von der endzeitliche Erbauung der herrlichen Gottesstadt eine Rolle, vor allem bei Deuterojesaja und später u.a. in Tob 13f.
28 Anders als die Offenbarung deuten Hebr 11,16; 12,22–24 das himmlische Jerusalem als bereits im Himmel gegenwärtig an. In Gal 4,21–31 sind Hagar und Sara in Bezug gesetzt zum gegenwärtigen bzw. himmlischen Jerusalem.

Das geht nicht gut aus für ihn. Er verliert sein Glück wieder, weil er es
als Besitz begreift. Eingeordnet ist diese Erzählung in eine kleine Erörte-
rung zur Vergebung (V. 21f.35). Wie oft muss ich meinem Bruder, der
Unrecht an mir tut, vergeben? Die Antwort Jesu lautet sinngemäß: Hör
mit dem Zählen und Rechnen auf, sonst verfehlst du das Glück der Vergebung und des Neuanfangs.
Vom Glück der Begegnung erfahren wir etwas bei Bartimäus (Mk
10,46–52). Er führt ein armseliges Leben als blinder Bettler am Weg-
rand. Aber als Jesus vorbeikommt, ergreift er seine Chance, ruft nach
Jesus, lässt sich nicht abwimmeln und gewinnt schließlich nicht nur sein
Augenlicht, sondern auch eine Perspektive für sein Leben. Auch Zachäus
kann man nennen, den reichen Zöllner (Lk 19,1–10), dem mit dem un-
erwarteten Besuch Jesu in seinem Haus Heil widerfährt, das über das
Geld hinausgeht. Die »gekrümmte Frau« (Lk 13,11–13) richtet sich nach
ihrer Heilung auf und preist Gott. Der jüngere der beiden Söhne kommt
verarmt und zerlumpt zurück und wird vom Vater festlich empfangen
(Lk 15,11–32); ob freilich der ältere Sohn die Einladung zum Fest annimmt, bleibt offen. In diesen und ähnlichen Erzählungen kommt zwar
das Glück nicht als Begriff vor, aber es wird als Erfahrung greifbar, als
Einladung hörbar, und es ist gleichsam eingewickelt in Erfahrungen,
nicht auf den Begriff gebracht, sondern erzählt. Vielleicht ist das die an-
gemessenste Weise, vom Glück zu sprechen.

Dr. *Peter Müller* ist Professor für Neues Testament an der Pädagogischen Hochschule Karlsruhe.

2.4

Arnim Regenbogen

Glück als Wertmaßstab und als Lebensziel

»Glück« ist gegenwärtig ein häufig diskutiertes Thema. Ökonomen fragen, wie weit materieller Wohlstand überhaupt glücklich macht. Misst man Reichtum nicht nur in Geldmengen, sondern auch in Graden subjektiver Zufriedenheit, dann könnten sich auch andere Gesichtspunkte für wirtschaftlichen Erfolg ergeben (1). Einige von ihnen bilden heute ein häufiges Forschungsthema. Vor allem die physischen und psychischen Merkmale der Erlebnisfähigkeit für Glück werden mit modernen technischen Mitteln erforscht (2). Doch ist »Glück« immer nur subjektiv erlebbar und fühlbar? Können wir uns auch als vom Glück beschenkt verstehen, wenn wir uns gar nicht euphorisch fühlen, sondern uns nur als »zufrieden« bezeichnen? Ein Streifzug durch ethische Theorien und biblische Versprechen seit der Antike hilft uns zu verstehen, was gemeint sein kann, wenn Menschen »Glück haben« oder sich und andere als »glückselig« preisen (3). Durchgesetzt hat sich aber in der Neuzeit eine hedonistische Auffassung: Glücklich kann nur sein, wer selbst lustbetont und freudig genießt (4). Einige Philosophen und Psychologen des 20. Jahrhunderts bewähren sich als kluge Ratgeber für ein umfassenderes Verständnis von einem »glücklichen Leben« (5). Lebensberater und Pädagogen wecken und bewahren die Hoffnung auf erfüllbare Ziele bei der Selbstfindung des Menschen (6). Doch wo sie anderen Glück wünschen, verzichten sie darauf, Glück zu versprechen – mit vielen guten Gründen (7).

1 »Glück« als gesellschaftliches Gut

Seit einigen Jahren berichten Medien regelmäßig über empirische Erhebungen zu der Frage, in welchen Städten und Ländern die glücklichsten Menschen leben. Das Problem beginnt bereits mit der Suche nach solchen Indikatoren für Glück, die sich gemeinsam als Grundlage für vergleichende Untersuchungen eignen. Da es keinen globalen Konsens über Definitionsmerkmale für »Glück« geben kann, muss man sich damit begnügen, in der empirischen Sozialforschung diesen Wertmaßstab rein operational zu bestimmen. So könnte man ein Bündel objektiv quantifizierbarer Lebenschancen (z.B. Gesundheit, Sicherheit, Lebensstandard, Lebenserwartung, ökonomisches Wachstum) in Verbindung mit subjektiven Einstellungen ermitteln – z.B. mit dem Maß an Lebenszufriedenheit, mit der Zahl und der Intensität von Freundschaften und Liebesbeziehungen, mit dem Grad des Einverständnisses mit selbst erlebten Familienbeziehungen, mit der Einschätzung beruflicher Zukunftschancen und überhaupt mit der Selbstbejahung. In zahlreichen Untersuchungen konnte man der Frage nachgehen, ob das materielle Lebensniveau überhaupt einen Einfluss auf die subjektive Lebenszufriedenheit hat (»Geld macht nicht glücklich«). Noch interessanter zu überprüfen ist die verbreitete Deutung, dass steigender materieller Wohlstand die Unzufriedenheit verstärkt und sogar die echte Zielsuche nach einem glücklichen Leben verfehlt.

Eine vergleichende Länderstudie aus den 1990er Jahren belegt im Unterschied dazu einen vagen Zusammenhang zwischen dem Lebensstandard und dem Grad der Lebenszufriedenheit in mehreren europäischen und nordamerikanischen Staaten: Wohlstand erhöht überwiegend die Lebensfreude. In dieser Untersuchung stellte man aber auch fest, dass in vergleichbar hohem Maße sich Bürger in Staaten mit durchschnittlich niedrigem Lebensstandard weit überdurchschnittlich »glücklich« fühlen. Zu diesen Ländern gehören z.B. Nigeria, China, Indien, Bangladesh und Süd-Afrika.[1]

Um zu solchen Resultaten zu kommen, musste man allerdings die vermeintlich »objektiven« Indikatoren, wie z.B. Lebensstandard, und die damit verbundenen subjektiv geäußerten Einschätzungen zur Lebenszufriedenheit sowie zur Freude am Dasein getrennt voneinander ermitteln. Die Einzelergebnisse dieser Befragung wurden dann statistisch nach einem gemeinsamen Index verglichen. Das Interessante an den Resultaten dieser Forschungen war es, dass sie auch den bisher geltenden Konsens über die Zuverlässigkeit ökonomischer Messgrößen für wirtschaftliches Niveau (Bruttosozialprodukt, Bruttoinlandsprodukt) erschütterten. Falls der Standard »Geld allein macht nicht glücklich« eine Teilwahrheit enthält, ist es sinnvoll, in der Bilanz für den »Reichtum« einer Nation nicht nur die finanzielle Summe aller ökonomischen Tauschakte zu berücksichtigen. Vielmehr spielen auch Faktoren der subjektiven Zufriedenheit mit den materiellen und den sozialen Möglichkeiten der Lebensentfaltungen eine nicht zu unterschätzende Rolle.

Eine große internationale Diskussion hatte vor mehreren Jahren das an Indien grenzende autonome Territorium Bhutan ausgelöst: Der Herrscher des dortigen Staatsvolks ersetzte den sonst verwendeten Standard »Bruttoinlandsprodukt« durch das Maß des »Bruttoinlandsglücks« (Gross National Happiness: GNH)[2]. Die Regierung dieses Staates versuchte, ergänzend zu den ökonomischen Daten auch Messwerte über Gesundheit, über materielle Zufriedenheit und über soziale Beziehungen sowie über die in dem Land wichtigen Faktoren wie Zukunftshoffnungen

---

1 *Carl Graham*, The Economics of Happiness. Insights on globalization from a novel approach, in: Economics, Vol. 6 (2005), No. 3, 41–55 (vgl. Abb. p. 46).
2 Vgl. Werbeseite des Königreichs Bhutan: *www.grossnationalhappiness.com.*

als zusätzliche Rechengrößen einzuführen. Diese Aktion löste eine internationale Diskussion darüber aus, ob das Niveau subjektiver Zufriedenheit mit den Lebensbedingungen in einem Land nicht auch bei der Ermittlung des »Sozialprodukts« berücksichtigt werden sollte. Im Modell Bhutan hatte das Maß für die erlebten Akzeptanzen der eigenen Lebensbedingungen ein größeres Gewicht erhalten als die rein ökonomischen Faktoren. Die Diskussionen über erwartete Standards für »Reichtum« halten nach wie vor an.[3] Sie bleiben auch dann aktuell, wenn man darauf verzichtet, die Indikatoren für Lebenszufriedenheit mit materiellen Gütern und mit sozialen Erfahrungen hochgestochen »Glück« zu nennen. So ist zu vermuten, dass sich das »Glück« nicht grundsätzlich, vor allem nicht allein durch einen immer höheren Lebensstandard steigern lässt.

2 Ist die »Freude im Herzen« physisch messbar?

Ein weiteres Feld der wissenschaftlichen »Glücksforschung« ergab sich aus den Fortschritten bei der Suche nach physischen Merkmalen für Emotionen auf der Basis hirnphysiologischer und neuronaler Messung des menschlichen Körpers. Hirnaktivitäten und Nervenreizungen sind danach objektiv messbare Ereignisse, die empirisch nachweisbar eine positive Erregung entweder begleiten oder auch fördern und behindern – um nicht zu sagen »kausal« hervorrufen. Dass die physiologischen Zustände nicht selbst das Glück »sind«, wenn sie gemeinhin mit tatsächlichen Glücksgefühlen auftreten, dürfte einleuchten. Und doch haben diese Resultate dazu beigetragen, ein verbreitetes Glücksverständnis in einer wissenschaftlich-technischen Zivilisation zu verfestigen: Wird das Glücksempfinden als mit empirisch messbarem Hochgefühl verbunden feststellbar, so erscheint es so, als ob »Glück« vor allem durch physiologische Zustände leicht definierbar wird. Vergleichbares wird für Unzufriedenheit und Trauer unterstellt.
Mediziner und Humanbiologen entwickelten und empfahlen seit Jahrhunderten Medikamente zur Eindämmung von Unglücksgefühlen sowohl zur Beförderung von Ruhe und Zufriedenheit als auch zur begeisternden Ekstase. Auf naive Weise weiß auch der Konsument von normalen anerkannten Lebensmitteln (z.B. Aufputschmitteln, Alkohol, Tabak) und von verbotenen oder nur beschränkt erlaubten Drogen (z.B. Morphine, Opiate), dass es einen physiologischen Zusammenhang zwischen deren Konsum und Glücksgefühlen gibt.
Das weitgehend geteilte Verständnis von »Glück« in der modernen Zivilisation konzentriert sich auf subjektiv eindeutig erlebbare Zustände. Es geht hier in erster Linie um Glücksgefühle und Lusterfahrungen, aber auch um Erinnerungen, die als beglückend erlebt werden können, sowie um Hoffnungen auf freudig erlebbare Seelenregungen. »Glück« bezieht

---

3 Vgl.: The U.N. Happiness Project (aus: The New York Times vom 28.03.2012).

sich in dieser Hinsicht insgesamt auf Phänomene, die vor allem in hedonistischen Theorien beschrieben worden sind: »Glück« ist danach ein
psychischer Zustand, der nur dann eintritt, wenn er sich physiologisch in
einer Erregung oder in einer positiv erlebbaren psychischen Spannung
oder Entspannung zeigt. Ein Standard hedonistischer Welt- und Men-
schenbilder ist danach: Alles Handeln von Subjekten zielt darauf ab,
selbst eindeutige Gefühle der Annehmlichkeit, der Freude, der Lust, der
Selbstzufriedenheit zu erreichen. »Glück« in diesem Sinne ist danach ein
wichtiges Ziel allen menschlichen Strebens.

Diese Auffassung wird aber – wie noch zu zeigen ist – von vielen Vertretern philosophischer und religiöser Richtungen nicht durchgängig geteilt.

3 Zur Vielfalt in den Bedeutungen von »Glück«: Was bleibt von dem antiken Ideal der »Glückseligkeit«?

Der deutsche Begriff »Glück« deckt mehrere Bedeutungen ab. Spricht
man zum Beispiel von »Mutterglück«, dann legt man sich oft nicht fest,
ob man damit auf die »glücklichen Umstände« einer gelungenen Geburt
oder auf das direkt erlebbare Glücksgefühl von Eltern anspielt. Für solch
unterschiedliche Bedeutungen stehen in anderen Sprachen verschiedene
Begriffe zur Verfügung:
(1) Mit der Erwartung auf Glück im »Glücksspiel« setzt man auf zufälligen Gewinn von Vorteilen. Mit speziellen Ausdrücken für Zufallsglück
(lat. und ital. »fortuna«, engl. und franz. »fortune«, griech. *eutychia*)
kann man in anderen Sprachen ein unvorhersehbares Schicksal oder eine
günstige Fügung durch höhere Mächte bezeichnen. Das einem zufallende
Glück ist nicht Thema dieses Beitrags. Es ständig zu erwarten kann kein
dominantes Lebensziel sein. Als Wertmaßstab zur Beurteilung des Alltags wird es vor allem in der Werbung und in der Astrologie miss-
braucht.
(2) Als Ziel menschlichen Handelns und als erwartbarer Zustand voll-
kommener Erfüllung deckt der Glücksbegriff den größtmöglichen Be-
deutungsumfang ab. In der klassischen Antike und im neutestamentlichen Schrifttum kennzeichnet die »Glückseligkeit« einen vollkommenen
Zustand: Als »Glückselige« (griech.: *makarioi*) werden in den Seligpreisungen der Bergpredigt (Mt 5,3–11; Lk 6,20–23) die Empfänger der
himmlischen »Seligkeit« (*makaria*) gepriesen. Dieser Begriff bedeutet
völlige Sorglosigkeit, Zufriedenheit, zeitliche Unbegrenztheit einer
glücklichen Zukunft, nicht mehr überbietbare Befriedigung aller Wünsche oder gar »wunschlos glücklich« sein. Für die im Diesseits Benach-
teiligten kann die überlieferte »Verkündigung« in den Evangelien als
dramatischer Zwiespalt empfunden werden, wenn ihnen der Zuspruch
auf ein seliges Leben vermittelt wird. Mit den Wertmaßstäben eines damit angekündigten »Gottesreichs«, das erwartet wird, werden schon die

gegenwärtig Lebenden gepriesen. Das Glück des seligen Lebens wird auch dann bereits zugesprochen, wenn die Adressaten ihre Seligkeit noch gar nicht spüren können. Doch die neutestamentliche Sprache kennt »Glück« nicht nur als Versprechen künftig erlebbarer Euphorie, sondern auch als Anpreisungen. Den »Seligen« (*makarioi*) der Bergpredigt wird das Glück zugesprochen: sie werden des Glücks für würdig befunden. Die zitierten Formeln (Mt 5; Lk 6) werden überliefert als »Selig-Preisungen«. In der überlieferten Sprache dienen sie zunächst als Verkündigungen und noch nicht direkt als Prognosen oder als Prophezeiungen.

(3) »Glückseligkeit« ist auch eine häufig gewählte Übersetzung für »*eudaimonia*«, was in der griechischen Umgangssprache so viel wie »vom Wohl erfüllt sein« oder »vom Guten begeistert sein« bedeutet. Aristoteles hielt die Eudämonie für das Ziel allen menschlichen Strebens.[4] Damit ist nicht nur gemeint, dass sich alle subjektiven Wünsche auf deren Befriedigung richten, sondern auch, dass sich ein Zustand subjektiver Zufriedenheit mit den erstrebten Zielen eigenen Tuns einstellen kann. Für Aristoteles ist es entscheidend, dass es sich als Resultat aller guten Handlungen, also als erfolgreiche Praktik der gelebten Tugenden erweisen kann.

Damit erfährt »Eudämonie« eine wesentliche Erweiterung über den überlieferten vor-philosophischen Glücksbegriff der griechischen »eutychia«, des »guten Schicksals« hinaus. »Glück« wird nicht mehr allein durch Zufall und durch göttliche Fügung, sondern vor allem durch menschliches Handeln erreicht. Doch soll der Erfolg eigenen Tuns nicht selbst als dominanter Bewertungsmaßstab dienen: Gutes Handeln im Sinne eines jeden Maßstabs für Tugend erweist sich in der Güte der Zielsetzung, nicht allein des Resultats. Man handelt nicht immer direkt mit dem Ziel, Glück erleben zu müssen. Vielmehr stellt sich »Eudämonie« schon dann ein, wenn ein mit Tugend erreichbares Gut für sich als erstrebenswert beurteilbar ist. So ist z.B. das direkte Ziel »gerechten« Handelns das »Gerechte« allein, nicht etwa wegen des empfindbaren Glücksgefühls über das Gelingen eines Handlungsresultats. »Glück« dient damit als begleitender Maßstab zur Beurteilung eines sittlichen Handelns und kann nicht als dessen vorgängiges Motiv oder gar als dessen Ursache verstanden werden. Das »Glück« stellt sich nach dieser Auffassung als Merkmal sinnvollen Tuns ein.

Bei Aristoteles wird sogar erwogen, ob jemand auch dann als »glücklich« gepriesen werden kann, wenn sie/er das Glücksgefühl als Resultat seines Handelns gar nicht mehr erlebt. In der »Nikomachischen Ethik« werden ernsthaft Beispiele dafür diskutiert, ob Eltern nach dem Tode noch als glücklich gepriesen oder als unglücklich bedauert werden können, wenn man sie nach dem späteren Lebenserfolg ihrer Kinder oder

---

4 *Aristoteles*, Nikomachische Ethik, Buch I, Kap. 2, 3, 5, 6; Buch X, Kap. 6–9.

nach dem Scheitern im Nachhinein beurteilt.[5] »Glück« wäre also im
Extremfall ein Maßstab, mit dem Menschen gepriesen werden können –
z.b. nach den Redensarten »Wohl dem, der solche Kinder hat!« oder
»Wehe dem, dessen Kinder ihm keine Ehre mehr machen!«
(4) Ein anderer Glücksbegriff aus der griechischen Antike ist besonders
wirksam formuliert worden bei Aristipp von Kyrene[6] sowie noch ein-
dringlicher von Epikur. Dieser bezeichnet das höchste Gut des menschlichen Strebens mit dem griechischen Begriff »*hédoné*« im Sinne von erlebbarer Freude, Lust, selbst beurteilter Zufriedenheit.[7] Das »Glück« in
diesem Sinne tritt bereits hervor bei erlebter Befreiung von Schmerz,
Trauer, Bedrängnis, Angst. Spricht man in diesem Sinne von »Glück« im
Sinne eines »Hedonismus«, so kennzeichnet man damit ausschließlich
das Spektrum selbst empfundener Gefühle. Epikur konzentrierte das
menschliche Streben ausschließlich auf das diesseitige Leben. Er bestritt
sogar, dass das mögliche Nachleben im Jenseits und die diesseitigen
Folgen jenseits des erlebten Lebens im Heute ein Gegenstand der Sorge
sein könnte. Eine Zuschreibung von »eudaimonia« unabhängig von er-
lebbarem Glücksgefühl – etwa wie bei Aristoteles – liegt dem hedonistischen Glückskonzept fern: Niemand kann als glücklich gepriesen werden, der das Glück nicht selbstlos voll und mit freudigen Gefühlen selbst
erlebt.
Im christlich geprägten Schrifttum seit der Spätantike herrschen Glücksbegriffe vor, welche die himmlischen Mächte als Spender von Freude
und Seligkeit einschließen. Auch die als Glückzufall erlebte Lebensgunst
wird häufig als göttliches Geschenk, nicht nur als Schicksal gedeutet.

4 Neuzeit und Gegenwart – ein »hedonistisches Zeitalter«?

In der englischen und französischen Philosophie im Zeitalter der Aufklärung wurde erneut an Auffassungen des antiken Hedonismus angeknüpft.
Über die Annahme, dass das Glück im Sinne von Freude, Vergnügen,
Lustbefriedigung, Genuss das Ziel allen menschlichen Strebens sei, besteht ein großer Konsens schon in der britischen Moral-Sense-Philoso-
phy (Hutcheson, Shaftesbury) und im kontinentalen Materialismus des
18. Jahrhunderts (La Mettrie, Helvétius, Holbach, Condillac).[8] In diesen
Theorieansätzen suchte man nach einer Glückskonzeption, mit der man
die individuelle natürliche Glückssuche vom Verdacht des Egoismus befreien kann. Man nahm im 18. Jahrhundert überwiegend an, dass das

---

5   *Aristoteles*, ebd., Buch I, Kap. 11.
6   Vgl. *Diogenes Laertios*, Leben und Lehren der Philosophen, Buch 2, Kap. 85–88
(hg. von Fritz Jürß, Stuttgart 1998, 125f.).
7   Vgl. *Laertios*, ebd., Buch 10, Kap. 123–125.
8   *Robert Spaemann*, Art. »Glück, Glückseligkeit«, in: Historisches Wörterbuch der
Philosophie, hg. von Joachim Ritter und Karlfried Gründer, Basel 1971–2007, hier
Bd. 3 (1974), Sp. 691–707.

eigene Glücksstreben auf natürliche Weise mit sozialer Harmonie und den Interessen der Gemeinschaft und der benachbarten Anderen vereinbar sein kann. Dann wurde allerdings in der Ethik des Deutschen Idealismus, beginnend mit Kant, deutlich unterschieden zwischen den subjektiven Neigungen und den als objektiv zu setzenden Moralgrundsätzen.[9] Kant betonte, dass das spezifische Moralstreben nicht direkt der eigenen »Glückseligkeit« dienen kann. Wer moralisch handelt, stellt damit für sich selbst höchstens seine eigene »Glückswürdigkeit« unter Beweis.[10] Doch auch bei eigenem Glücksverzicht bleibt die »Glückseligkeit« bei Kant mindestens gegenüber den Mitmenschen zu fördern eine Pflicht. Er formuliert sie als die oberste »Pflicht gegenüber Anderen«.[11]

Zeitgleich schlug Jeremy Bentham vor, beim optimalen »Glück« (happiness) nicht von der subjektiven Gefühlsintensität, sondern von der Nutzenmenge für eine möglichst große Zahl von Menschen auszugehen.[12] Sein »Utilitarismus«, mit dem er und seine Nachfolger für umfassende Sozialreformen warben, versuchte das individuelle Glücksstreben mit dem Maximum an Glückserwartungen für möglichst viele in Einklang zu bringen. In der Erweiterung dieses Ansatzes für eine Sozialethik wurden die Kriterien für subjektiv erlebbare »Freude« (joy, delight, pleasure) mit dem intersubjektiv messbaren »Nutzen« (utility) vergleichbar gemacht. Auch im Sozial-Utilitarismus des 19. Jahrhunderts hielt man an einem hedonistischen Menschenbild fest: Das Glücksstreben aller ist nicht nur natürlich, es ist auch als universelles Menschenrecht anzuerkennen – so John Stuart Mill.[13]

Doch das Erfolgskriterium »Nutzen« und die Erfolgsbestätigung »Freude« müssen unterscheidbar bleiben. So wird in den bedeutenden philosophischen Beiträgen zur Glücksdiskussion im 20. Jahrhundert, welche überwiegend eine hedonistische Glücksdefinition voraussetzen, scharf unterschieden zwischen Handlungsergebnissen, aus denen auch Glücksgefühle resultieren können, und der positiven Beurteilung von Handlungserfolgen. Bertrand Russells Essay »Eroberung des Glücks« rehabilitiert sämtliche Formen des zielorientierten Strebens – auch solche, die er »animalisch« nennt – als Quellen des Glücks. Wichtig ist für ihn nur, dass das Handlungsziel als sinnvoll beurteilt werden kann. Insofern wäre die Abtötung von Unlustgefühlen durch übermäßiges Trinken kein Hinweis auf Glückserfüllung. Wohl aber seien z.B. Wissenschaftler

---

9 *Spaemann*, ebd., Spalte 703.
10 *Immanuel Kant*, Kritik der reinen Vernunft, A 805f; B 833f.
11 Zum Begriff »fremde Glückseligkeit«: *Immanuel Kant*, Metaphysik der Sitten: Metaphysische Anfangsgründe der Tugendlehre, Einl. V. B.; zu den »Tugendpflichten gegen Andere«: vgl. ebd. Teil II (inbes. §§ 23–35).
12 *Jeremy Bentham*, An Introduction to the Principles of Morals and Legislation (The Collected Works, ed. J. H. Burns et al., I) London 1968; vgl. *Arnim Regenbogen*, Chronik der philosophischen Werke, Hamburg 2012, 290f.
13 *John Stuart Mill*, Utilitarismus, Hamburg 2009; vgl. *Regenbogen*, Chronik (Anm. 12), 392.

in hohem Maße glücksfähig, weil bei ihrer Forschungstätigkeit positive Resultate zu erwarten sind, die zumindest Zufriedenheit versprechen. Sucht man nach einem Hobby, um durch zielgerichtetes Streben zu beglückenden Resultaten zu kommen – z.b. bei Sammlertätigkeiten – , so empfiehlt Russell nur solche Tätigkeiten zu wählen, die man um ihres Eigenwerts willen ausführt, nicht wegen der erwarteten Glücksbefriedigung. Die Orientierung am eigenen Interesse für eine Sache, die er eine zeitweilige »Abkehr von sich selbst« nennt[14], muss die direkte Suche nach eigener Glückserfüllung in den Schatten stellen. So folgt in dieser Hinsicht auch Russell eher einem eudämonistisch als einem rein hedonistisch geprägten Glücksanspruch.

5 Grenzen der Genussorientierung in der Gegenwart

Das Glücksstreben als natürliche Tendenz zur Lustbefriedigung bleibt auch in psychoanalytischen Konzepten des 20. Jahrhunderts nicht immer nur das zentrale Handlungsziel, wohl aber als das offene oder verdrängte Motiv aller Strebensrichtungen (»Triebe«). Die Grundannahmen der meisten psychotherapeutischen Richtungen bleiben zwar hedonistisch geprägt. Doch die Hoffnung, dass eine kulturelle Entwicklung möglich sei, in der das natürliche Streben nach Lustbefriedigung sozial gefördert werden kann, hatte Sigmund Freud schon 1930 in seinem berühmten Essay »Das Unbehagen in der Kultur« zerstört.[15] Auch er bewertete die künstlerisch und die wissenschaftlich produktiv tätigen Menschen als glücksfähig allein durch erlebbare Befriedigung in ihrem Tun – jedoch nur unter dem Verzicht auf unmittelbare Triebbefriedigung. Zufriedenheit durch intellektuelle Leistung konnte er nur als »Sublimation« ursprünglicher Triebenergie erklären. Den wirklich »produktiv« tätigen Menschen bleibt nach Freud nur die dann mögliche Zufriedenheit mit dem Erreichbaren, dem zentralen eudämonistischen Wertkriterium.

Mit seinen Forschungen zu psychologischen Rahmenbedingungen für das Erleben von Glück ist vor allem Mihály Csikszentmihályi bekannt geworden.[16] Er konzentrierte seine Untersuchungen auf Prozesse im Menschen (»flow«), welche das Glückserleben befördern können. Flow-Erlebnisse sind möglich bei konzentrierter Tätigkeit im Rahmen selbst gewählter und selbstbejahter Aktivität. Sinnvoll sind dabei Zielsetzungen, bei denen die akzeptierten Anforderungen und die eigene Fähigkeit in einem ausgewogenen Verhältnis zueinander stehen. Ebenso wird völ-

---

14 *Bertrand Russell*, Eroberung des Glücks, Frankfurt/M. 1978, 10. Kap., 108.

15 *Sigmund Freud*, Das Unbehagen in der Kultur (Ges. Werke, XIV), Frankfurt a.M. 1976; vgl. *Angelika Regenbogen-Brünink*, Freud, Sigmund, Das Unbehagen in der Kultur, in: Regenbogen, Chronik (Anm. 12), 499–502).

16 *Mihály Csikszentmihályi*, Flow im Beruf, Stuttgart 2000: *ders.*, Flow, Stuttgart 2008.

lige Kontrolle der eigenen Tätigkeit durch den Akteur selbst voraus gesetzt. Eigene Über- wie Unterforderung hemmt und zerstört den »Fluss« des Glücksstrebens. Die »Verschmelzung« von Handlung und Bewusstsein wird als »flow« (wörtlich: Fluss, Flut, fließen) erlebt und gewährleistet erlebbare Zufriedenheit. Sie bleibt nicht primär an ein erlebtes Hochgefühl gebunden, sondern schafft Befriedigung schon im Tätigkeitsprozess selbst, nicht erst im Erlebnis des Erfolgs. Insofern orientiert sich auch das Glückskonzept des Flow eher an einer eudämonistischen als an einer hedonistischen Sichtweise von Glück.

Zu vergleichbaren Resultaten kommen auch Autoren, die ihr Verständnis von »Glück« zunächst hedonistisch eingrenzen, ohne schon die Befriedigung durch eigene Tätigkeit – wie etwa bei Freud – als Sublimierung des Strebens nach Lust zu begreifen. Der Sozialphilosoph Robert Nozick prüft in seinem Essayband »Vom richtigen, guten und glücklichen Leben« die Frage, wie man ein solches Streben etwa im gehäuften Drogenkonsum von dem Interesse an reiner Glückserfüllung unterscheiden kann.[17] Nach seiner These hängt die Identifikation mit konkreten Wünschen bei jedem Menschen von den umfassenden Erfahrungen ab, die er mit seiner eigenen Glücksfähigkeit gemacht hat. Die wirkliche Lebenserfahrung könne durch keine künstliche »Erfahrungsmaschine« ersetzt werden. Man prüfe für sich selbst: »Stellen Sie sich eine Maschine vor, die Ihnen jede beliebige Erfahrung (oder Folge von Erfahrungen) vermitteln könnte, die Sie sich wünschen!«[18] Nozick führt damit ein Gedankenexperiment vor, das in vielerlei Hinsicht vor allem von gegenwärtigen Netzteilnehmern nachvollzogen werden kann, die sich z.B. in ihrer Freizeit dem Computerspiel »Second Life« widmen: Hier kann jeder in einer fiktiven idealen Kunstwelt des »Netzes« gewünschte Rollen spielen, deren Realisierung eine tiefe Befriedigung auslöst. Nach Nozick wird das Angebot der »Erfahrungsmaschine« aus guten Gründen als nicht glücksfähig ausgeschlagen: Es bedürfe vielmehr eines realen Lebenszusammenhangs, um feststellen zu können, welche Formen der echten Anerkennung durch Andere uns zufriedenstellen und welche uns in unserem Selbstgefühl beeinträchtigen: »Uns ist an mehr gelegen als nur daran, wie sich Dinge in uns von innen anfühlen; es gibt mehr im Leben als sich glücklich fühlen. Uns liegt an dem, was tatsächlich der Fall ist.«[19] Dazu gehört auch, ein Leben mit wirklichen Beziehungen mit Anderen zu teilen und nicht nur soziale Verhältnisse zu fingieren, die einem gefallen.

---

17 *Robert Nozick*, Vom richtigen, guten und glücklichen Leben, München 1991, Kap. 10.
18 *Nozick,* Leben (Anm. 17), 114; auch *ders.,* Anarchie, Staat, Utopia, München 1976, 52–54; vgl. auch die mit »ht« signierte Glosse »Die Glücksmaschine«, in: Hohe Luft. Philosophie-Zeitschrift 1/2013, 97.
19 *Nozick*, Leben (Anm. 17), 116.

6 »Glücklich leben« als Ergebnis sinnvoller Zielsetzungen:
Lebenskunst in der Beratung und im Unterricht

Nach einem Verständnis von erlernbarem Glück könnte man bereits
Menschen – sich selbst oder andere – als glücklich preisen, wenn das er-
strebte Ziel eines positiv bewerteten Lebens oder konkreten Handelns erreicht wird oder erreichbar ist. So tritt in der Ratgeberliteratur des 20.
Jahrhunderts immer wieder die Ermutigung zu einer Haltung auf, man
könne bei kritischer Lebensbilanzierung vor allem durch eigenes Tun
glücksfähig werden. Dabei nimmt die anspruchsvolle Literatur zur Lebensberatung das Selbstbedauern ihrer Leser über unerfüllte oder auch
sozial nicht einlösbare Lebenswünsche durchaus ernst. Sie setzt häufig,
wie in der eudämonistischen Tradition gelehrt wird, darauf, dass über
weite Strecken Menschen die Bedingungen für ihr Glück selbst schaffen
müssen – verbunden mit der Einsicht, dass sich ihre Glücksbilanz durch
Appelle an die erwartete eigene Befriedigung auch durch Glücksspenden
für andere erhöhen kann.
Und doch kann man, sollten solche sinnvollen Empfehlungen in der Rat-
geber-Literatur auftauchen, nicht annehmen, dass sie den Leser unmittelbar beglücken. Sie können ihn allenfalls als glücksfähig voraussetzen.
Literatur zur Lebenshilfe könnte ebenfalls den Glückssuchenden im
eudämonistischen Sinne glücklich preisen, so dass er auf seinem Wege
zum Glück sich suchend bewegt.
Die Philosophie der Lebenskunst berät nicht nur Menschen, die vor Ein-
zelentscheidungen stehen, sondern hilft auch, die Zielsetzungen und die
Bilanzierung eines gesamten Lebenslaufs unter das Kriterium des »Gelingens« zu stellen. Für Wilhelm Schmid[20] gehört zu einem erfüllten Leben nicht nur das Zufallsglück (vgl. oben III.1) und das »Wohlfühlglück« (ebd. III.4), sondern vor allem das »Glück der Fülle«. Im Unterschied zu Momenten des »episodischen Glücks« (III.1 und 4) bezieht
Schmid das Gesamtglück einer Lebensbilanz auf die »eudaimonia« (vgl.
oben III.3). Dazu gehört auch, sich etwas zu wünschen übrig zu behalten,
statt sofort nach Genuss zu streben. Ferner rechnet Schmid die
rückblickend bewerteten Erfahrungen mit Schmerz, Misserfolg, Unglück
und Trauer dann dem bilanzierbaren Lebensglück zu, wenn man die mit
sich selbst erlebte eigene Stärke als positiven Wert erfahren konnte.
Dieses setzt voraus, dass man selbst dazu beiträgt, frühere Phasen der
Leere und des Missvergnügens hinter sich zu lassen und sie als notwendige Schritte zu einer späteren Lebensbejahung zu verstehen.
Es gibt sogar Versuche mit »Glück« als Schulfach. Nach dem Modell
einer Londoner Schule mit Schulstunden in »well-being«[21] erprobt die
Willy-Hellpach-Schule in Heidelberg seit 2007 als erste im deutschspra-

---

20 *Wilhelm Schmid*, Mit sich selbst befreundet sein. Von der Lebenskunst im Umgang mit sich selbst, Frankfurt a.M. 2007, insbes. 394–413.
21 Vgl. SPIEGEL Online Schulspiegel v. 19.04.2006.

chigen Raum Schulstunden in einem Unterrichtsfach »Glück«.[22] Dazu liegen bereits jetzt umfangreiche Erfahrungsberichte vor, nach denen sich indes prüfen lässt, wie weit eine gesonderte Gruppenarbeit in Schulen, bei der Selbsterfahrung und Selbsteinschätzung im Zentrum der Kommunikation stehen, Erfolg versprechend ist. Es wurden vor allem erlebnisorientierte Projekte durchgeführt (gemeinsame Rollenspiele, Konzentrationsübungen, sportliche und musikalische Praxis), deren Prozesse und Resultate anschließend in Gruppengesprächen ausgewertet wurden. Fachvertreter des Schulfachs »Glück« rühmen die Stärkung des Selbstvertrauens durch anspruchsvolle Anforderungen und finden auch zahlreiche Belege für die zunehmende Bereitschaft, Verantwortung im sozialen Verhalten zu übernehmen.[23] Doch blieb die öffentliche Reaktion auf diesen Schulversuch geteilt. Der Titel des Fachs wird mitunter so beurteilt, als ob die Schule mit dem Anspruch auf »Glück« zu Unrecht einen vermeintlichen Lernerfolg verspricht, der im Leben kaum einlösbar ist und der im Extremfall auch zu Enttäuschungen führen kann.

6 Zuspruch für Künftiges: Glücksversprechen und Glückwünsche

Echte Ratgeber in Sachen Glück versprechen keine Glücksgefühle. Die eudämonistische Rede vom Glück als Dimension des menschlichen Erlebens könnte auch dann zum Tragen kommen, wenn nur die Sehnsucht nach Erfüllung geweckt oder gepflegt wird. Denken wir – anders als bei der Feiertagseuphorie – an Alltagssituationen: Der Zuspruch und die selbstlose Unterstützung für Leidende kann geprägt sein durch den Wunsch, dass Belastete ihre Hoffnung auf ihre eigene Glücksfähigkeit nicht aufgeben.

So ist es möglich – etwa durch religiöse Sprache oder philosophische Beratung –, die Sinnsuchenden in ihrem Leben darauf zu verweisen, dass Andere, die ihnen das Leben geschenkt haben oder die ihre Wohlfahrt aktiv befördern, sie mit echten guten Wünschen für Glück begleiten. Die eigene Erfahrung, dass man geneigt ist, Anteil nehmenden Mitmenschen oder auch höheren Mächten gegenüber Dankbarkeit zu zeigen, lässt sich als Indiz für die Gewissheit beurteilen, dass es Beglückung durch Andere

---

22   Vgl. SPIEGEL Online Schulspiegel v. 12.09.2007 u.d.T.: »Die fröhlichen Schüler von Heidelberg«. Vgl. *Ernst Fritz-Schubert,* Schulfach Glück, Freiburg i.Br. 2010 sowie ders.: Glück kann man lernen. Was Kinder stark fürs Leben macht. Berlin 2010.
23   Belege für solche Glücksansprüche finden sich in den Selbstdarstellungen von Agenturen für Lehrer-Weiterbildung (z.B. in der Werbeseite http://schulfach-glueck-stuttgart.de/). Zur Thematisierung von »Glück« als Unterrichtskonzept in der Lehrerausbildung vgl. auch *Ulrike Graf,* Glück als Thema von Unterricht und Lehrerbildung. Überlegungen zur »Wert«haftigkeit eines aktuellen Themas, in: *Elisabeth Naurath* u.a. (Hg.), Wie sich Werte bilden. Grundlagen und Konkretionen fachbezogener und fächerübergreifender Werte-Bildung, Göttingen 2013 (im Druck).

auch dann geben kann, wenn sie sich nicht sofort in eigenen Glücksgefühlen äußert. Der Zuspruch sollte indes nicht mit einer Botschaft von
der Art »sei froh, dass …« verbunden werden. Auch wo man in der
Sprache einer Predigt himmlische Verheißungen verkündigt, sollte man
die dankbare Annahme der göttlichen Güte nicht ultimativ fordern. Es
tauchen gerade in rituell verfestigten Formen – etwa in Trostreden bei
einem Begräbnis – häufig direkte Glücksversprechen auf, die auf viele
Hörer unglaubwürdig klingen müssen. Wer kennt nicht Trauergottes-
dienste, in denen so getan wird, als sei das Versprechen des ewigen
Lebens für Verstorbene, für Sterbende und für Hinterbliebene ein echter
Trost? Solche Reden wirken häufig so, als setze man sich über die Not
des aktuellen Leidens hinweg. Erwünscht wären in solchen Fällen Formen von Anteilnahme, die auch die Unglücklichen im Umgang mit ihrer
eigenen Trauer ernst nehmen und sie mit der Hoffnung begleiten, dass
sie glücksfähig bleiben. Das könnte der Sinn eines Zuspruchs von Glück
sein, der den Respekt vor denen bewahrt, die in ihrem eigenen Urteil frei
bleiben müssen, ob ein Glückwunsch für sie in Erfüllung gehen kann
oder nicht.

Arnim Regenbogen ist apl. Prof. i.R. am Fachbereich Humanwissenschaften, Fach-
gebiet Philosophie der Universität Osnabrück.

2.5

Anton A. Bucher

Glückliche Kinder und Jugendliche – Anachronismus oder Faktum?

Noch fast jede nachrückende Kindergeneration wurde bedauert, problematischere Lebensbedingungen vorzufinden. In einer Kindheitsautobiographie ist zu lesen: »Zu jener Zeit hatten die Kinder, besonders in den kleinen Städten, noch eine Jugend im wahrsten Sinne des Wortes; sie bildeten eine eigene Gesellschaft und waren unerschöpflich in Erfindung von Spielen.« Dem gegenüber seien heutige Kinder viel unfreier und weniger glücklich. Behauptet wurde dies von dem 1786 geborenen Maler Albrecht Adam.[1] Auch im Kindheitsdiskurs des zwanzigsten Jahrhunderts findet sich dieser Topos, etwa in den Erinnerungen einer 1910 geborenen Arbeitertochter: »Aber trotzdem hatten wir viel mehr Zeit und Platz zum Spielen«[2] – bis hin zu der populär gewordenen These von Neil Postman, Kindheit sei weitgehend verschwunden,[3] Jungen und Mädchen würden durch die Kindheit »gehetzt«[4] und seien – so Hartmut von Hentig – »weitgehend unfähig, anderen und sich selbst Freude zu bereiten«[5]. Dies ist umso bedrückender, als sich die meisten Eltern und ErzieherInnen glückliche Kinder wünschen und nur wenig tiefer betrüben kann als der Vorwurf, Kindheit sei versehrt gewesen, was keinem geringeren als Johann Heinrich Pestalozzi schwer zu schaffen machte, der seinem Sohn Jacques schrieb: »Ich bin ein armer Vater, ich habe dich auf der Welt nicht so glücklich gemacht, als ich wohl wünschte, dass du es wärst.«[6] Gemäß der Präambel der UN-Erklärung zu den Rechten der Kinder haben diese das Anrecht auf eine »glückliche Kindheit«.

Aber: Ist es um die heutigen Kinder (und Jugendlichen) wirklich so arg bestellt, wie dies von Erwachsenen behauptet wird, etwa von den von Englert und Güth befragten Religionslehrerinnen, die zu 95 Prozent der Meinung sind, Kinder seien weniger konzentrationsfähig, zu 88 Prozent,

---

1 Aus *Anita Meschendörfer*, Bürgerliche Kindheit im Deutschland des 18. Jahrhunderts anhand autobiographischer Zeugnisse, Frankfurt a.M. 1991, 133.
2 *K.G. Rückel*, Kindheit damals – heute. Briefe älterer Menschen, in: Kindheit 4 (1982), 1–27, hier 2.
3 *Neil Postman*, Das Verschwinden der Kindheit, Frankfurt a.M. 1983.
4 *David Elkind*, Das gehetzte Kind. Werden unsere Kleinen zu schnell groß?, Hamburg 1991.
5 *Hartmut von Hentig*, Vorwort zur deutschen Ausgabe, in: *Philippe Ariès*, Geschichte der Kindheit, München 1975, 7–44, hier 32.
6 *Johann Heinrich Pestalozzi*, Sämtliche Briefe III, Zürich 1946, 238.

sie seien weniger belastbar?[7] Knapp vierzig Prozent der Kinder seien zumeist zurückgezogen und traurig, so das Hamburger Abendblatt im Jahre 2006.[8] Waren Kinder früher wirklich glücklicher? Dem steht zunächst entgegen, dass sich in so kurzen Zeiträumen die physiologische Ausstattung von Menschen nicht ändert, ebenfalls nicht ihre evolutionär gewordenen, angeborenen Basisemotionen, wozu auch Glück gezählt wird, physiognomisch erkennbar, dass sich die Pupillen weiten, die Augenbrauen heben und die Mundwinkel seitwärts hochgezogen werden – auch im Antlitz von Kindern, die blind geboren wurden.[9] Anstatt in die so traditionsreiche und nach wie vor verbreitete »skandalisierende Rhetorik«[10] über neue Kindheit und Jugend einzustimmen, sind die wirklichen Experten von Kindheitsglück zu konsultieren, die Kinder selber, dies umso mehr, als gemäß der jüngeren, expandierenden Glücksforschung[11] diese »Sehnsucht, die nicht altert«[12], als »firstperson judgment« und damit als »subjektiv« aufgefasst wird.[13]
Im Folgenden werden empirische Studien, die auf das Glück von Heranwachsenden fokussiert sind, kurz beschrieben. Anschließend wird versucht, die überwiegend positiven Ergebnisse – viel mehr Kinder sind glücklich als unglücklich – glückspsychologisch zu deuten. Abgerundet wird der Beitrag mit Skizzen, wie religiös-spirituelle Erziehung Glück begünstigen kann – dies vor dem Hintergrund einer Tradition, die dem Glück oft misstraute und in den Katechismen festschrieb, wir seien auf Erden, um die Gebote zu halten und dereinst der himmlischen Glückseligkeit teilhaftig zu werden. »›Nein, nicht für irdische Glückseligkeit ist der Mensch geschaffen‹, merken wir uns das wohl.« – so der große Katechetiker Joseph Deharbe.[14]

7 *Rudolf Englert / Ralph Güth,* »Kinder zum Nachdenken bringen«. Eine empirische Untersuchung zu Situation und Profil des katholischen Religionsunterrichts an Grundschulen, Stuttgart 1999, 70.
8 *Günther Hörbst,* Jedes fünfte Kind ist stresskrank, in: http://www.abendblatt.de/ daten/2006/01/11/521920.html.
9 *Paul Ekman,* Gefühle lesen. Wie Sie Emotionen erkennen und richtig interpretieren, Heidelberg 2010.
10 *Andreas Lange,* Kindheitsrhetorik und die Befunde der empirischen Forschung, Konstanz 1996, in: http://d-nb.info/981150802/34 (Zugriff 11.11.2012).
11 Gesamtdarstellungen: *Anton A. Bucher,* Psychologie des Glücks, Weinheim 2009; *Alfred Bellebaum / Robert Hettlage,* Glück hat viele Gesichter, Wiesbaden 2010.
12 *Ludwig Marcuse,* Philosophie des Glücks, Zürich 1996, 11.
13 So der analytische Philosoph *Georg Henrik von Wright,* The varieties of goodness, London 1963, 99.
14 *Joseph Deharbe,* Gründliche und leichtfassliche Erklärung des katholischen Katechismus. 1. Band: Lehre von dem Glauben, Paderborn/Münster [5]1888, 6.

1 Die meisten Kinder: glücklich

Glücksforschung mit Kindern ist eine *junge* Domäne. »Ob Kinder ... traurig oder fröhlich sind, diese Frage wurde in wissenschaftlichen Studien nur selten gestellt.«[15] Ein möglicher Grund ist die Marginalisierung des Glücks in der Pädagogik, die diese »verschwundene« Kategorie wieder rehabilitieren müsse,[16] nachdem über die Portale deutscher Gymnasien noch in den ersten Jahrzehnten des 20. Jahrhunderts eingemeißelt war: »Du bist nicht auf Erden, um glücklich zu sein und froh, sondern um deine Pflicht zu tun.«[17] Hinzu kommt, dass die Psychologie bis vor wenigen Jahren primär auf die Kognitionen fokussierte, sodann auf die negativen Emotionen. Im Zeitraum 1887 bis 2000 wurden 86 767 Artikel zu Depression publiziert, aber gerade einmal 3938 zu Glück, und 1161 zu Freude.[18] Doch seit der Proklamation einer »Positiven Psychologie«[19] durch Martin Seligman floriert, ja expandiert die Erforschung positiver Emotionen.[20]

Eine pionierhafte Studie zur Befindlichkeit von Schulkindern führte Sabine Lang zu Beginn der achtziger Jahre durch.[21] Sie ›maß‹ das Wohlfühlen in den verschiedenen Lebensbereichen von Kindern mit Gesichterskalen (smileys) und fand, dass sie beim Spielen am glücklichsten sind (75% sehr), sodann bei ihren Freunden (69%), in ihren Familien (65%), deutlich seltener jedoch in der Schule (30%). Der entscheidendste Faktor sei die Familie, weniger deren wohnlichen Verhältnisse, sondern vielmehr klimatische Faktoren, bspw. wenn oft gelacht und gelobt wird. Dies bestätigte die soziologische Studie, die Wilk und Bacher mit 2745 Zehnjährigen in Österreich durchführten.[22] Zwei Drittel sind in ihren Familien sehr glücklich, weitere 20% sind es grundsätzlich, gut jedes siebte Kind ist tendenziell traurig, zumal aufgrund Armut und beengten Wohnverhältnissen, seltener jedoch aufgrund harscher Väter und Mütter.

Dass Kinder glücklicher sind als von der skandalisierenden Kindheitsrhetorik behauptet, bestätigte der Survey von Büchner, dem Angaben von 2663 SchülerInnen, durchschnittlich zwölf Jahre alt, zugrundelie-

---

15 *Lieselotte Wilk,* Kindsein in »postmodernen« Gesellschaften, in: *Dies. / Johann Bacher* (Hg.), Kindliche Lebenswelten. Eine sozialwissenschaftliche Annäherung. Opladen 1994, 1–32, hier 20.
16 *Jochen Riemen,* Die Suche nach dem Glück als Bildungsaufgabe. Zur Rehabilitierung einer verschwundenen pädagogischen Kategorie, Essen 1991.
17 Aus: *Peter Schulz-Hageleit,* Jugend, Glück, Gesellschaft, Heidelberg 1979, 37.
18 Aus: *Bucher* (Anm. 11), XI.
19 Für den deutschen Sprachraum: *Elisabeth Auhagen,* Positive Psychologie. Auf der Suche nach dem »besseren« Leben, Weinheim ²2008.
20 *Martin E.P. Seligman,* Der Glücks-Faktor. Warum Optimisten länger leben, Bergisch-Gladbach 2005.
21 *Sabine Lang,* Lebensbedingungen und Lebensqualität von Kindern, Frankfurt a.M. 1985.
22 *Lieselotte Wilk / Johann Bacher* (Hg.), Kindliche Lebenswelten. Eine sozialwissenschaftliche Annäherung, Opladen 1994.

gen.[23] Obschon an der Schwelle der Pubertät oder bereits mitten in dieser, fühlen sich die Jungen und Mädchen in ihren Familien »erstaunlich wohl«.[24] Anders als von der massenmedialen Kindheitskatastrophensemantik behauptet, sitzen Kinder nicht zumeist untätig und immer fetter werdend vor den Bildschirmen;[25] vielmehr sei Kindheit nach wie vor – und wie wohl schon eh und je – eine »hochaktive Phase«, in der Kinder spielen, explorieren, Freundschaften pflegen, streiten, ihre – auch beglückenden – Termine wahrnehmen, etwa Reitstunde, Ballett.

Eine explizite Glückstheorie legte Bucher seiner Studie mit 1319 Salzburger Kindern, zwischen neun und dreizehn Jahre alt, zugrunde,[26] nämlich eine aktivitätstheoretische Deutung, wie sie auch vom renommierten Glücksforscher Ed Diener von teleologischen Glückstheorien abgegrenzt wird.[27] Gemäß letzteren resultiere Glück aus der Befriedigung von Bedürfnissen und dem Erreichen von Zielen. Doch bereits Aristoteles legte in seiner »Nikomachischen Ethik« dar, dass Glück primär aus Tätigkeit resultiert, speziell aus der um ihrer selbst willen verrichteten, intrinsischen Aktivität.[28] Bucher nahm an, Glück bei Kindern werde primär durch ihre Tätigkeiten hervorgerufen, weswegen die SchülerInnen nicht nur nach ihrem Befinden in den verschiedensten Sektoren ihrer Lebenswelt gefragt wurden (Familie, Pausenplatz etc.), sondern auch nach ihrem Aktivitätsspektrum. Die Jungen und Mädchen bilanzierten ihr bisheriges Leben als erfreulich positiv: 54 Prozent »sehr glücklich«, 40 Prozent »glücklich«. Tatsächlich erklärten die Aktivitäten der Kinder in Familie, Schule und Freizeit viel Varianz des subjektiv eingeschätzten Glücks, immerhin 45 Prozent, was umso erstaunlicher ist, als gängige soziodemographische Variablen in Glücksstudien allenfalls zehn Prozent erklären.[29] Wie gemäß früheren Studien sind auch Salzburger Kinder in ihrer Familie besonders glücklich (auch wenn diese nicht vollständig ist), ebenso bei ihren Freunden, in besonderem Maße, wenn sie sich mit einem Haustier beschäftigen, deutlich geringer jedoch in der Schule; nur beim Zahnarzt oder im Krankheitsfall fühlen sie sich noch unglücklicher.

23   *Peter Büchner* u.a., Vom Teddybär zum ersten Kuss. Wege aus der Kindheit in Ost- und Westdeutschland, Opladen 1996.
24   Ebd. 40.
25   So auch, ausgesprochen pauschalisierend und tendenziös: *Manfred Spitzer,* Vorsicht Bildschirm. Elektronische Medien, Gehirnentwicklung, Gesundheit und Gesellschaft, München 2006.
26   *Anton A. Bucher,* Was Kinder glücklich macht. Historische, psychologische und empirische Annäherungen an Kindheitsglück, Weinheim 2001.
27   *Ed Diener*, Subjective well-being, in: Psychological Bulletin 95 (1984), 542–575.
28   *Aristoteles,* Nikomachische Ethik, München 1998.
29   *Michael Argyle,* The Psychology of Happiness, London / New York 2001.

Im Sommer 2007 wurde diese Studie vom ZDF, anlässlich Zehn Jahre tabaluga tivi, repräsentativ für die Bundesrepublik repliziert.[30] Die 1239 Kinder, zwischen sechs und dreizehn Jahre alt, bilanzierten ihr bisheriges Leben zu 41 Prozent als »total« glücklich, 44 Prozent sind glücklich, 15 Prozent tendenziell traurig.[31] Erfragt wurde auch, wie beglückend spezifische Bereiche in der Kindheit erlebt werden. Am positivsten: Freiraum, Spiel, Freunde, Aktivitäten wie Skaten, sodann die Familie und das Zuhause, Sport; deutlich negativer die Schule (speziell die Hauptschule), Kirche (von mehr als der Hälfte aufgrund mangelnden Bezugs nicht beurteilt), Mithilfe im Haushalt, Kranksein und Zahnarzt. Insgesamt bestätigten sich die Ergebnisse des Salzburger Surveys. Kindheitsglück hängt weniger von soziodemographischen Variablen ab: Wohnort, Anzahl Geschwister, Bildungsgrad der Eltern, Berufstätigkeit Mutter etc., sondern primär von Aktivitäten und klimatischen Variablen speziell in Familie und Freizeit.

Zusätzlich trat in der ZDF-Studie ein enormer Alterseffekt zu Tage: Sechsjährige sind zu 57 Prozent »total« glücklich, Dreizehnjährige hingegen, mitten im puberalen Wachstumsschub und in hormonellen Wechselbädern, noch zu 25 Prozent – ein Trend, der wiederholt festgestellt wurde. Die schottischen Psychologen Sweeting und West fanden in ihrer großen Stichprobe (N = 8000) bei den Elfjährigen 30 Prozent, die sich als wenig glücklich einschätzten,[32] von den Fünfzehnjährigen waren es 45 Prozent. Nebst den körperlichen Veränderungsprozessen, die ins Körperselbstbild integriert werden müssen, wird als Ursache für den Glücksschwund in der Jugend auch die Schule genannt – so von Opp auf der Basis des Gesundheitssurveys der WHO.[33] Und nicht zuletzt zeigte sich in dieser Studie, wie eng auch bei Kindern Glück mit einem gesunden Selbstwertgefühl zusammenhängt,[34] operationalisiert als: »Es gibt viele Dinge, die ich gut kann«, was 49 Prozent »eher richtig« fanden, 44 Prozent »total« – diese sind mit Abstand am glücklichsten. Analysiert wurde zudem, wie das Haushaltseinkommen mit dem subjektiv eingeschätzten Kindheitsglück zusammenhängt. Zwölf Prozent der befragten Kinder leben in einkommensschwachen Haushalten (unter 1200 €). Sie sind häufiger tendenziell traurig: 25 Prozent, Gesamtstichprobe: 14 Prozent. Aber: Wenn das Einkommen über dieser kritischen Schwelle liegt,

---

30 *Markus Schächter* (Hg.), Wunschlos glücklich? Konzepte und Rahmenbedingungen einer glücklichen Kindheit, Frankfurt a.M. 2009.
31 *Anton A. Bucher,* Was Kinder glücklich macht? Eine glückspsychologische Studie des ZDF, in: *Schächter* (Anm. 30), 94–195, hier 101.
32 *H. Sweeting / P. West,* Sex differences in health at age 11, 13 and 15, in: Social Science & Medicine 56 (2003), 31–39.
33 *G. Opp,* Wohlbefinden im Jugendalter. Widerstandskräfte entwickeln, in: *Renate Frank* (Hg.): Therapieziel Wohlbefinden, Heidelberg 2007, 239–247.
34 *Roy F. Baumeister* et al, Does high self-esteem cause better performance, interpersonal success, happiness, or healthier lifestyles, in: Psychological Science in the Public Interest 4 (2003), 1–44.

zeitigt es keinen Effekt mehr. In der Glücksforschung ist gut gesichert: Zu wenig Geld bereitet Stress und macht unglücklich, aber ob im Monat 3000 € oder 10 000 €, ist zweitrangig.[35]

Groß angelegt war das Projekt »Chancen und Risiken beim Aufwachsen von Kindern in Deutschland«. Die Forscher des Deutschen Jugendinstituts befragten eingehend 1000 Kinder im Alter von acht und neun Jahren, die eine überraschend hohe Zufriedenheit angaben, speziell in ihren Familien, auch wenn es gelegentlich zu Konflikten kommt, oft wegen dem Aufräumen des Zimmers.[36] Aber viel häufiger erleben sie Spaß, mit der Mutter öfter als mit dem Vater und den Geschwistern, mit denen gelegentlich zu streiten ist. Besonders glücklich sind die Grundschüler auch bei ihren Freunden, von denen sie im Schnitt vier »sehr gute« haben. Erfreulich hoch ist auch das Selbstwertgefühl: 79 Prozent finden sich selber »voll okay«, und immerhin zwei Drittel gehen (noch) sehr gerne in die Schule und haben das Gefühl, in dieser auch rege mitzumachen und viel zu lernen.

Gute Zensuren bezüglich des Wohlbefindens der Kinder stellte der Grundschule auch die erste World Vision Kinderstudie aus.[37] Von den 1592 befragten Sechs- bis Elfjährigen sind 70 Prozent im Klassenzimmer glücklich, in Ganztagesschulen noch häufiger. Doch noch glücksrelevanter ist die Familie, zumal dann, wenn die Eltern ausreichend Freiheit zugestehen – ein wiederholt nachgewiesenes Korrelat von Glück[38] –, sozialintegrativ erziehen, anerkennen und gelegentlich loben. Und nicht zuletzt wies die Studie nach, dass ein Viertel der Befragten in ihrer Freizeit »vielseitige Kids« sind, die nicht nur häufig Sport treiben, sondern auch lesen. Die Hälfte sind »normale Freizeitler«, und ein weiteres Viertel »Medienkonsumenten«, die zwar oft in Bewegung sind, speziell auf Skater- und Sportplätzen, aber überdurchschnittlich lange vor den Bildschirmen und Playstations sitzen.

Alles in allem: Entgegen der vielfachen Klagen über die zusehends unglücklicher werdenden Kinder – wenn man sie selber befragt, deklarieren sich viel mehr als glücklich denn als traurig.

35 *Robert Biswas-Diener,* Material wealth and subjective well-being, in: *Michael Eid / Randy J. Larsen* (Eds.), The science of subjective well-being, New York 2008, 307–322.
36 *Christian Alt,* Kinderleben – Aufwachsen zwischen Familie, Freunden und Institutionen, 2 Bände, Wiesbaden 2005.
37 *Klaus Hurrelmann / Sabine Andresen,* Kinder in Deutschland 2007. 1. World Vision Kinderstudie, Frankfurt a.M. 2007.
38 *Demoskopisches Institut Allensbach,* Der Wert der Freiheit. Ergebnisse einer Grundlagenstudie zum Freiheitsverständnis der Deutschen, Allensbach 2003.

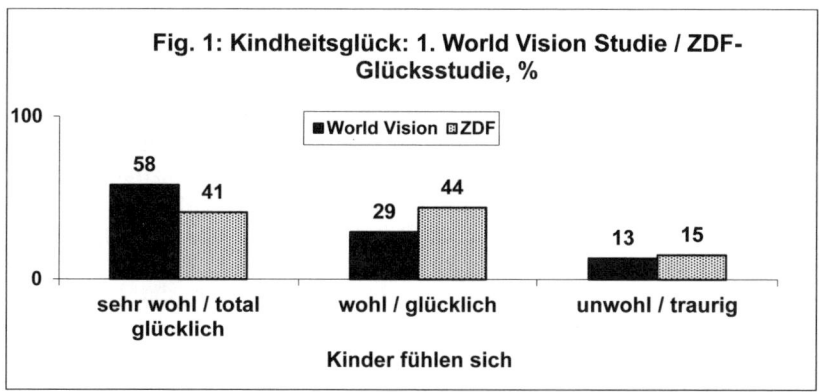

2 Glückspsychologische Deutungen

Nach dem Durchgang durch so viele Studien, die durchgängig die deutliche Mehrheit der Jungen und Mädchen als glücklich bis sehr glücklich auswiesen, stellt sich die Frage, ob dies wirklich der Fall ist, aber auch die, wie diese Befundlage erklärt werden könnte. Dies umso mehr, als redundant beklagt wird, Kinder würden zusehends stärker belastet und gestresst, durch Schule, Reizüberflutung, gestiegene Leistungserwartungen etc.[39] Aber zu den hinreichend gesicherten Ergebnissen der Glücksforschung zählt: »Most people are happy«.[40] Die israelischen Psychologen Klar und Giladi fragten Studierende, ob sie zu den 25 Prozent glücklichsten Personen gehören würden – dreimal so viele (77%) bejahten.[41] Der renommierte Glücksforscher Ruut Veenhoven zog auf der Basis tausender Studien den Schluss, Glück sei »die Regel«, und die Frage, ob die Menschen wirklich so glücklich seien, wie sie von sich behaupten, sei durchaus zu bejahen.[42]

Auch bei Kindern und Jugendlichen? Es gibt starke Argumente dafür. Gemäß der Glücksformel von Sonja Lyubomirsky ist der Glücksrichtwert eines Menschen zu gut 50 Prozent genetisch festgelegt[43] – dies

39 *Arnold Lohaus / Anke Beyer / Johannes Klein-Heßling,* Stresserleben und Stresssymptomatik bei Kindern und Jugendlichen, in: Zeitschrift für Entwicklungspsychologie und Pädagogische Psychologie 36 (2004), 38–46.
40 *Ed Diener / Carol Diener,* Most people are happy, in: Psychological Science 7 (1996), 181–185.
41 *Yechiel Klar / Eliath Giladi,* Are most people happier than their peers, or are they just happy?, in: Personality and Social Psychology Bulletin 25 (1999), 586–595.
42 *Ruut Veenhoven,* Questions on happiness. Classical topics, modern answers, blind spots, in: *Fritz Strack* et al. (Eds.): Subjective well-being, Oxford 1991, 7–26, hier 24.
43 *Sonja Lyubomirsky,* Glücklich sein. Warum Sie es in der Hand haben, zufrieden zu leben, Frankfurt a.M. 2008, 31.

belegen Studien mit monozygotischen Zwillingen, die getrennt und in teils sehr unterschiedlichen Milieus aufwuchsen, aber sich für nahezu gleich glücklich hielten, während bei gemeinsam aufgewachsenen bizygotischen Zwillingen die Einschätzungen stark variieren. Die Heritabilität von Glück geht auch damit einher, dass dieses stark mit Persönlichkeitseigenschaften korreliert, die in einem erheblichen Ausmaß (um die 50 Prozent) genetisch festgelegt sind.[44] Insbesondere gilt dies für Extraversion, die sich bei Kindern schon früh zeigt (oder auch nicht), und die in der ZDF-Kinderglücksstudie zu r = .45 mit Glück korreliert,[45] nicht jedoch mit dem Alter, was dafür spricht, dass es sich in der Tat um ein stabiles Persönlichkeitsmerkmal handelt. Kinder, die schnell Freunde finden und eine lahme Party in Schwung bringen können, sind glücklichere Kinder.

Darüber hinaus bilanzierte Lyubomirski, dass soziodemographische Variablen allenfalls zehn Prozent des subjektiv eingeschätzten Glücks erklären. Auch in den referierten Studien mit Kindern, teils Jugendlichen ist dies der Fall. Diese können gleich glücklich sein, egal ob sie auf dem Lande oder in der Stadt leben, Jungen oder Mädchen sind, viel oder gar kein Taschengeld bekommen, Geschwister haben oder Einzelkinder sind. Lyubomirsky zufolge können »wir 40 Prozent unseres Glücks mit unseren bewussten Handlungen beeinflussen«[46]. Um glücklicher zu werden, ist weniger zu raten, die Lebensumstände zu ändern oder sich ein neues Auto anzuschaffen – auch an einen Porsche gewöhnen wir uns schnell –, sondern vielmehr das Aktivitätsspektrum, beispielsweise regelmäßig joggen, oder meditieren, oder malen.[47] Gemäß dem mittlerweile popularisierten Flow-Konzept von Csziskszentmihalyi, der zu Recht eingestand, »was Glück ist, begreifen wir nicht besser als Aristoteles«,[48] weil dieser als erster eine aktivitätstheoretische Deutung des Glückes vertrat, resultiert Glück primär aus intrinsisch vollzogenen Aktivitäten. Solche streben Kinder »mit der Unvermeidlichkeit eines Naturgesetzes« an,[49] indem sie beispielsweise einen frisch aufgestellten Maibaum sogleich zu erkraxeln versuchen, mit dem Skateboard an die Grenzen gehen, beim Fußballtraining mit den Freunden um die Wette laufen. »Kinder –

---

44 *J.C. Loehlin* et al., Heritabilities of common and measure-specific components of the Big Five personality factors, in: Journal of Research in Personality 32 (1998), 431–453.
45 Erhoben wurde Extraversion nach: *F. Buggle / F. Baumgärtel,* HANES-KJ. Hamburger Neurotizismus- und Extraversionsskala für Kinder und Jugendliche, Göttingen 1975.
46 *Lyubomirski* (Anm. 43), 81.
47 *K.M. Sheldon / Sonja Lyubomirsky,* Achieving sustainable gains in happiness. Change your actions, not your circumstances, in: Journal of Happiness Studies 7 (2006), 55–86.
48 *Mihaly Csikszentmihalyi,* Flow. Das Geheimnis des Glücks, Stuttgart ⁶1998, 13.
49 *Mihaly Cszikszentmihalyi,* Das flow-Erlebnis. Jenseits von Angst und Langeweile: im Tun aufgehen, Stuttgart ⁶1996, 227.

vorausgesetzt sie sind gesund und werden nicht misshandelt – scheinen sich ständig im flow zu befinden.«[50] Leider werde flow in der Schule seltener, weil Kinder in Muster und Verhaltensweisen gezwängt würden, die sie nicht selber bestimmen können. Dies ist eine mögliche Erklärung dafür, dass sich Kinder in der Schule deutlich seltener und weniger glücklich fühlen als bei ihren Freunden und in ihrer Freizeit, aber auch dafür, dass die Quote der sehr glücklichen Kinder mit steigendem Alter signifikant geringer wird.

Ebenfalls Aristoteles war es, der Freunde für unverzichtbar hielt, um glücklich zu werden. So sehen es auch die Kinder, wenn sie *qualitativ* nach ihren Glückskonzepten gefragt werden.[51] »Wenn ich Freunde habe und dazu gehöre, ist das Glück.« Alle referierten Studien zeigten, wie wichtig Freunde für das Glück von Kindern und Jugendlichen sind und wie viel Zeit sie gemeinsam verbringen, nicht nur draußen, sondern auch vor dem PC.

Insgesamt: Dass sich eine deutliche Mehrheit der Kinder grundsätzlich für glücklich hält, lässt sich glückspsychologisch plausibel erklären. Sie befinden sich sehr oft in autotelischer Tätigkeit, dessen Inbegriff das zweckfreie Spiel ist. Auch wenn redundant behauptet wird, Kinder, mit Fastfood vollgestopft, seien träge geworden – allenthalben, und nach wie vor, sind sie in Bewegung zu sehen, auf Fahrrädern, in Turnschuhen, und vor allem zu hören, wenn sie lachen oder kreischen.

3 Religionspädagogische Implikationen

Für die Religionspädagogik, am Evangelium orientiert, muss das Glück der Kinder vorrangiges Ziel sein. Leider hat gerade die religiöse Erziehung unzählige Kindheiten versehrt, ganz im Sinne von Augustinus, für den zum »beweinenswerten Elend dieses Lebens [...] auch die mancherlei Schreckmittel (gehören), die man anwendet, den Unarten der Kleinen zu steuern. [...] Erzieher, Lehrer, Stecken, Riemen, Ruten.«[52] Glückszerstörerisch war aber nicht nur Schwarze Pädagogik, speziell körperliche Züchtigung, oft biblisch begründet – von vielen Fundamentalisten in den USA nach wie vor,[53] speziell wenn sie die Bibel wörtlich nehmen[54] –, sondern auch die Intrusion mit Schuldgefühlen und Sündenbewusstsein,

---

50 *Mihaly Cszikszentmihalyi,* Dem Sinn des Lebens eine Zukunft geben. Eine Psychologie für das 3. Jahrtausend, Stuttgart 1995, 252.
51 *G. Schumacher / S. Kayser,* Wie erleben Kinder Glück? Ergebnisse einer tiefenpsychologischen Studie des ZDF, in: *Schächter* (Anm. 30), 83–93.
52 *Aurelius Augustinus,* Vom Gottesstaat, München 1978, 803.
53 *S.S. Owen / K. Wagner,* Explaining school corporal punishment. Evangelical Protestantism and social capital in a path model, in: Social Justice Research 19 (2006), 471–499.
54 *V.R. Wiehe,* Religious influence on parental attitudes toward the use of corporal punishment, in: Journal of Family Violence 5 (1990), 173–186.

was dem Selbstwert – eines der stärksten Korrelate von Glück – besonders abträglich ist. Von so vielen Missbrauchsopfern ganz zu schweigen.
Eine jüngere Studie zu Kindheitsglück fordert Religionspädagogik heraus. Mark Holder und seine Mitarbeiter untersuchten, ob bei 320 Kindern, zwischen acht und zwölf Jahre alt, Religiosität oder Spiritualität
glücksbegünstigender ist.[55] Erstere operationalisierten sie als Häufigkeit
von Kirchgang und Gebet sowie als Glauben an eine höhere Macht,
letztere, im Anschluss an Gomez und Fisher,[56] als Verbundenheit mit
sich selbst (Sinn), der Mitwelt, Natur und Kosmos sowie Transzendenz –
»Verbundenheit« schälte sich als Kern von Spiritualität heraus.[57] Wenig
überraschend war, dass sich 90 Prozent der Kinder auf einer sieben-
punktigen Gesichterskala als grundsätzlich glücklich einschätzten, jedes
vierte sogar »sehr«. Aber besonders hoben die Forscher hervor, dass Religiosität in keinem Zusammenhang mit Glück steht, Spiritualität hingegen dieses enorm begünstigt (mehr als 20% erklärte Varianz). Holder et
al. ziehen den Schluss, die Konstrukte »Religiosität« und »Spiritualität«
seien zu differenzieren, und erklären sich die in ihrer Studie fehlende
Glücksrelevanz von Religiosität damit, dass den SchülerInnen entsprechende Praxis auferlegt werde.
Wie kann religiöse Erziehung zu mehr Kindheitsglück beitragen? Zum
einen, indem sie es tunlichst unterlässt, Kinder mit unnötigen Schuldgefühlen zu belasten und ihren Selbstwert zu mindern. Es ist höchst pro-
blematisch, jüngeren Kindern das Konzept der Sünde nahezubringen. An
der katholischen Kirche ist höchst befremdlich, dass in den letzten
Jahrzehnten Gruppierungen gefördert wurden, die extrem selbstwertmin-
dernde Botschaften verkünden, etwa das Opus Dei, dessen Begründer
Escrivá de Balaguer auch schrieb: »Ein klägliches Werkzeug bist du!«[58]
Zum anderen, indem sie mehr spirituelle Elemente integriert, insbesondere Verbundenheit, nicht nur mit dem Göttlichem, sondern ebenso sehr
mit Natur und sozialer Mitwelt.[59] Viele konkrete Anregungen finden
sich in dem Buch »Wurzeln und Flügel«.[60] Und: Indem entsprechende
Erziehung in Begeisterung (*spiritus* = Geist) geschieht, eine zu Unrecht
vernachlässigte (religions-)pädagogische Haltung, in der erwiesenerma-
ßen Glücksbotenstoffe wie Dopamin und Serotonin freigesetzt werden.
Glücksbegünstigend ist – auch in religionspädagogischen Kontexten –

---

55 *M. Holder* et al., Spirituality, religiousness, and happiness in children aged 8 –
12 years, in: Journal of Happiness Studies 11 (2010), 131–150.
56 *R. Gomez / J.W. Fisher,* Domains of spiritual well-being and development and
validation of the spiritual well-being questionnaire, in: Personality and Individual
Differences 35 (2003), 1975–1991.
57 *Anton A. Bucher,* Psychologie der Spiritualität. Handbuch, Weinheim 2007.
58 *J. Escrivá,* Der Weg, Köln [11]1984, 105.
59 *Nel Noddings,* Happiness and education, Cambridge 2003, 157–178.
60 *Anton A. Bucher,* Wurzeln und Flügel. Wie spirituelle Erziehung für das Leben
stärkt, Düsseldorf 2007.

eine Haltung der Zu-Mutung, des »Du kannst es!« Folgende von einer Elfjährigen erzählte Geschichte drückt dies unnachahmlich aus: »Als ich noch klein war, wollte ich Rad fahren lernen. Mein Vater setzte mich auf mein Rad, und ich fuhr los. Er hielt mich hinten. Bei einer Straße, die leicht bergab ging, ließ er mich los, und ich fuhr nichtsahnend weiter. Plötzlich schrie mein Vater: ›Du kannst es!‹ Erst jetzt merkte ich, dass ich alleine fuhr. Das war das glücklichste Erlebnis in meinem Leben.«[61]

Dr. *Anton A. Bucher* ist Professor für Religionspädagogik an der Katholisch-Theologischen Fakultät der Universität Salzburg.

61 *Bucher,* Kinder (Anm. 26), 89.

3
Mediale Spiegelungen

3.1

Uwe Böhm

Ist Werbung das Glück der Unzufriedenen?

Religionspädagogische Zugänge zur beglückenden Werbung

Wer könnte die (alten) Werbesprüche nicht aufsagen? »Wenn's um Geld geht«? Richtig: »Sparkasse«. Und: »Ich gehe meilenweit für ...«? Oder: »Wer wird denn gleich in die Luft gehen?« Sicherlich haben Sie die beiden Zigarettenmarken auch noch gewusst. So oder so ähnlich gab es früher und gibt es noch heute ein Werbe-Rate-Spiel unter Kindern und Jugendlichen. Werbung war und ist ein popkulturelles Massenmedium. Es besitzt vielfältige Formen und zeigt sich an unterschiedlichen Orten: z.b. als Printmedium auf Plakaten oder in Zeitschriften, als Werbespot in Radio, Kino oder Fernsehen und verstärkt im Internet (in der kostenlosen Werbeplattform wie z.b. Youtube eingestellt). Dabei spielt die Werbung damals und heute mit unserer Sehnsucht und verspricht Glück (z.b. verheißt Werbung oft explizit sogar das Paradies auf Erden).[1] Die Werbung versucht, dem Kunden zu suggerieren, dass er durch den Kauf, Besitz und Gebrauch eines Produktes erfüllt leben kann.

Andreas Mertin fragte noch 2001: Macht Werbung Sinn?[2] Dies war keine religionspädagogische, sondern eine ökonomische Fragestellung. An Werbeslogans können wir uns erinnern. Diese Werbungen erreichen Aufmerksamkeit und sind somit von den Werbeagenturen gut gemacht. Doch sind sie ökonomisch so gut, dass der Umsatz des Produkts gesteigert werden kann? Es kann einem Produkt passieren, dass die Werbung bekannt ist, doch das Produkt kaum gekauft wird.

Soll Werbung als religionsdidaktisches Medium im Religionsunterricht vorkommen? Welche Werbung ist dann für den Religionsunterricht gut genug? Worin zeigt sich die Güte einer Werbung, dass sie im Unterricht Gegenstand sein darf? Die Triologie »Macht – Werbung – Sinn« offenbart, dass Werbung sehr wohl etwas mit ökonomischer sowie psychischer Machtausübung und gesellschaftlicher sowie individueller Sinndeutung zu tun hat. Dieser Zusammenhang wird in diesem Beitrag zuerst erläutert. Daraus entspringt, dass der Umgang mit Werbung medien- und religionspädagogisch begründet einen Ort im Religionsunterricht benö-

---

1 Vgl. *Alfred Bellebaum / Detlef Herbers* (Hg.), Glücksangebote in der Alltagswelt, Münster 2006, 131–150.
2 Vgl. *Andreas Mertin / Hartmut Futterlieb*, Werbung als Thema des Religionsunterrichts, Göttingen 2001, 34f.

tigt. Dies wird dann abschließend durch religionsdidaktische Zugänge beispielhaft gezeigt.

1 Zusammenhang von Werbung und Glück

Der deutsche Mathematiker und Wirtschaftswissenschaftler Helmar Nahr konstatierte schon 1992 einen Zusammenhang von Glück und Werbung: »Werbung ist das Glück der Unzufriedenen; Zufriedene sind das Unglück der Werbung.«[3] Diesen Zusammenhang möchte ich entschlüsseln.
Viele Marketingexperten bedienen sich des Phänomens Glück, um profitable Geschäfte zu erzielen. Der Soziologe Norbert Bolz spricht bei der Werbung von Wünschen der zweiten Ordnung, die über die eigenen Wünsche hinausgehen und einen Glück versprechenden Mehrwert beinhalten. Der »Wellness-Sprudel« stillt eben nicht nur den Durst, sondern fördert auch unser generelles Wohlbefinden. Das Wort »Glück« kommt explizit in Werbungen selten vor.

Glück kann dreifach bestimmt werden als:
1. ein freudiges Ergebnis des Zusammentreffens besonders günstiger Umstände (Zufallsglück)
2. eine angenehme Gemütsverfassung, in der man sich befindet, wenn man in den Besitz von etwas kommt, welches man sich gewünscht hat (Wohlstandsglück)
3. ein personifiziert gedachtes Glück wie die Fortuna, römische Göttin des Glücks (andauerndes emotionales Glück)
In diesen drei Bestimmungen, die sich an den Duden anlehnen, werden die positive Konnotation sowie die Progression deutlich. Überraschende Erlebnisse (1.) können zu Glücksgefühlen werden, wenn ein Wunsch erfüllt wurde (2.). Hier sind wir im Bereich der Werbung und des Erwerbs des Produktes durch Kauf oder Geschenk. Ob jedoch daraus ein glücklicher Lebenscharakter (3.) entsteht, entzieht sich der Werbung. Hier ist der profane Unterschied zum Segen markiert: Glück zu haben ist nicht mit Segen gleich bedeutend. Ein gesegnetes Leben entzieht sich dem Menschen wie den Fortuna-Marketing-Strategen. Segen ist göttliches Geschenk und erfüllt das Leben mit Sein und nicht mit Haben.
Schon Erich Fromm hat festgestellt, dass der Hedonismus, den die Werbung verspricht, nicht zum »guten Leben« und »Wohl-Sein« führt, sondern einer »Jagd nach Glück« gleichkommt.[4] Fromm spricht von »Marketing-Charakter«, welcher zum Lebensprinzip »Haben« gehört und bei dem der Mensch einfach »funktionieren« muss. Er warnt sogar vor der

---

3 www.gutzitiert.de vom 15.08.12.
4 Vgl. *Erich Fromm*, Haben oder Sein. Die seelischen Grundlagen einer neuen Gesellschaft, Stuttgart 1983, 15.

kommerziellen Werbung: »Die in der Werbung … angewandten hypnoseähnlichen Methoden stellen eine ernste Gefahr für die geistige und psychische Gesundheit, speziell für das klare und kritische Denkvermögen und die emotionale Unabhängigkeit dar.«[5] Zahlreiche Werbungen sprechen das Bedürfnis des Habens an. Oftmals schwingt darin die Sehnsucht nach dem Sein mit. Somit verspricht der Besitz des Produktes das »Wohl-Sein«. Die aufklärende Entmythologisierung des Produktes ist eine wichtige religionspädagogische Aufgabe im Kontext von Werbung und Glück. Das Sein ist »die Bereitschaft zu teilen, zu geben und zu opfern, die ihre Stärke den spezifischen Bedingungen der menschlichen Existenz verdankt, speziell in dem eingeborenen Bedürfnis durch Einssein mit anderen die eigene Isolierung zu überwinden«[6]. Im Märchen von »Hans im Glück« wird das Teilen und Geben verdeutlicht, und er gelangt zunehmend in die Situation des Frohseins. Dass dies von den Vertretern des Habens belächelt werden kann, liegt in der Entwicklung des Seins.

Mihaly Csikszentmihalyi verbindet Glücklichsein mit dem Flow-Erlebnis. Es ist nicht »Fun« oder der »Kick«, es ist auch nicht Rausch oder Lust. »Es ist vor allem dieses ungeteilte innere Beteiligtsein am *flow*-Erlebnis und weniger das Empfinden von Glück, das zu einem exzellenten Leben führt. Erleben wir *flow*, so sind wir nicht glücklich; denn um Glück zu empfinden, müssen wir uns auf innere Zustände konzentrieren, und das würde die Aufmerksamkeit von der momentanen Aufgabe abziehen. Nähme ein Bergsteiger sich Zeit für Glücksgefühle, wenn er an eine schwierige Passage kommt, könnte er in die Tiefe stürzen. … Erst wenn die Aufgabe bis zum Ende durchgeführt ist, haben wir Zeit und Muße und können auf das Geschehene zurückblicken. Dann aber überwältigt uns ein Gefühl der Dankbarkeit für das herausragende Erlebnis – und wir sind im Nachhinein glücklich. Allerdings kann man auch ohne *flow*-Erlebnisse rundum zufrieden sein.«[7]

Glück sei nicht das Wichtigste, konstatiert unter anderem auch Eckart von Hirschhausen. »Wenn Sie Lust haben, setzen Sie bei allem, was Sie über Glück lesen, spaßeshalber das Wort Sinn ein.«[8] Der Sinn des Lebens ist mehr als Glücksgefühle. Die Ausschüttung von Serotonin, Dopamin oder Oxytocin wirkt bekanntlich nur kurz. Umgekehrt macht für den Philosophen Wilhelm Schmid zu viel Glück unglücklich. Davon kann erzählt werden, wenn jemand überraschend durch einen Lotto-Gewinn Millionär wird. Es geht für Schmid wie für von Hirschhausen um Sinn und Selbstzweifel und nicht um die Maximierung von Glück, son

---

5 *Fromm*, Haben, 186.
6 *Fromm*, Haben, 107.
7 *Mihaly Csikszentmihalyi*, Lebe gut! Wie Sie das Beste aus Ihrem Leben machen, Stuttgart 1999, 48f (kursiv im Original).
8 *Eckart von Hirschhausen*, Glück kommt selten allein …, Reinbek bei Hamburg 2009, 368.

dern um ihre Optimierung. »Zufalls-« und »Wohlfühlglück« seien nach
Schmid episodische Glückszustände, ähnlich der ersten und zweiten Be-
stimmung des Dudens. Im »Glück der Fülle« zeigt sich hingegen eine
reflektierte Balance in aller Polarität des Lebens, eine Balance, die die
Tragik von Welt und Leben in Gelassenheit erträgt.[9]
Die Werbung verspricht scheinbar durch die Ware das wahre Lebens-
glück. Hierdurch bindet sie das Subjekt als Objekt an das Produkt. Die
Sehnsucht macht süchtig nach diesem Produkt. Denn der Besitz der
Ware schüttet kurzzeitig Dopamin, das körpereigene Glückshormon, aus,
bietet jedoch selten eine längerfristige Basis für Alltag und Lebenswelt.
Sozialer Druck lastet zwischen den Welten von Haben und Sein auf vie-
len Kindern (und Eltern). Werbung verdrängt Selbstbestimmung durch
Fremdbestimmung. Werbung »funktioniert« (Hans-Martin Gutmann),
und damit gilt es sich religionspädagogisch auseinanderzusetzen.

2 Werbung mit Glück und als Glücksverheißung

In mindestens dreifacher Weise findet »Glück« in der Werbung Verwen-
dung:
1. *Direkte Zitation*: Werbung zitiert den Begriff »Glück«. Dabei spielt
Werbung mit dem dadurch entstehenden Witz. Beispiele sind die Werbung von Zalando oder von Spielcasinos.
2. *Verheißung von Glück*: Werbung möchte Glück erreichen, ohne das
Wort »Glück« direkt anzusprechen. Sie verheißt durch den Erwerb des
Produktes Glück und bewahrt dadurch den Mythos des Heilsbringers.
Viele Zigaretten- und Automarken verheißen Glücksempfindungen (z.B.
Stuyvesant, Porsche).
3. *Lebensglück durch Werbung*: Sinnsprüche und Lebenswahrheiten drü-
cken die Lebensphilosophie aus und sollen zugleich Sinnbotschaften und
Verheißungen erfüllten Lebensglücks mit dem Produkt koppeln.
Exemplarische Botschaften sind »Wir glauben an die neue Generation«
oder »Vertrauen ist der Anfang von allem«.[10]

In der Werbung zeigt sich die Sehnsucht nach einer heilen und heiligen
Welt und der Wunsch, dem Alltag eine Dimension des Außeralltäglichen
zu verleihen. Wird nun das Produkt mit der Aura des Göttlichen und
Heiligen umgeben, so wird mit dem Produkt auch die Verheißung erfüllten Lebens, also Glück verbunden (z.B. das Herren-Parfüm »Eter-

---

9 Vgl. *Wilhelm Schmid*, Glück. Alles, was Sie darüber wissen müssen, und warum
es nicht das Wichtigste im Leben ist, Frankfurt 2007.
10 Ob jemand Coca-Cola oder Pepsi-Cola trinkt, ist nicht nur eine Frage der Ge-
schmacksnerven, sondern auch des Weltbildes, das die weltumspannende Werbe-
kampagne entwirft. Vgl. *Norbert Bolz* und *David Bosshart*, Kult-Marketing: Die
Neuen Götter des Marktes, Düsseldorf 1995, 208.

nity« wird mit der tiefen Sehnsucht nach ewiger Liebe verbunden).
»Dinge der Welt umgeben sich mit religiöser Wertigkeit und religiösem
Schein; Unheiliges scheint heilig – scheinheilig. Design und Schein werden wichtiger als Sein und Konsum wird zur Konfession.«[11] Werbung
spricht elementare menschliche Fragen und Bedürfnisse an und bietet
dann umfassende Selbst- und Weltdeutungen. Einkaufszentren mutieren
zu Konsumtempeln, in denen Shopping Teilhabe an den Heilsverheißun-
gen des Marktes bedeutet. Jugendliche wie Erwachsene sind dem »Geiz
ist geil!«-Markt ausgeliefert. Die Architektur der Warenhäuser inszeniert
sakrale Räume und verspricht seit langem schon »paradise now«[12].
Schnäppchen sind in diesem »Sparadies« ebenso möglich wie das »Bekenntnis« zu teuren Marken-Labeln. Kaufen wird zum Kultakt, der Kontingenz bewältigen und Identität stiften kann. Werbung verheißt Erfolg
(z.b. Engel vom Himmel bei der Axe-Werbung) und Glück (z.b. »Schrei
vor Glück« bei der Zalando-Werbung). Wer möchte beides nicht?

Die Beispiele der genannten Werbungen finden sich in Google Bilder und Youtube
als Clip.

3 Religionspädagogische Aspekte des Umgangs mit Werbung

Jedes Kind weiß, dass Werbung nicht realistisch ist. Wer wird im Ernst
glauben, dass zum Beispiel Mineralwasser das »Wasser des Lebens« ist?
Dadurch, dass Werbung tiefe Sehnsüchte anspricht, trägt sie jedoch rea-
listische Züge. Werbung folgt meistens der AIDA-Formel: Attention
(Aufmerksamkeit) – Interest (Interesse) – Desire (Wünsche) – Action
(Produktkauf). Zunächst fordert beispielsweise das Werbeplakat die
Aufmerksamkeit mitten im Alltag. Durch Bild und Text möchten die
Werbeproduzenten Interesse am Produkt und Neugier wecken. Zugleich
sollen menschliche Bedürfnisse angesprochen und die Wünsche und
Sehnsüchte des Menschen geweckt werden. Das Ziel jeder Werbung ist
der Kauf des Produktes. Diese AIDA-Formel kann kurioserweise auch
auf den Unterricht bezogen werden: Die Lehrperson fordert zu Beginn
des Unterrichts die Aufmerksamkeit der Schülerinnen und Schüler ein.
Sie möchte Interesse an der Thematik des Unterrichts wecken. Zugleich
sollen die individuellen Bedürfnisse und Wünsche der Kinder und Jugendlichen sowie ihre Vorerfahrungen und ihr Vorwissen zum Zug
kommen. Wenn dies gelingt, dann sind die Schülerinnen und Schüler in
kognitiver Bewegung sowie Aktion und bearbeiten die Aufgaben zur
Thematik.

11 *Gerd Buschmann*, Werbung im Kontext einer lebensweltorientierten Religionspädagogik, in: *Ders.* und *Manfred L. Pirner*, Werbung, Religion, Bildung. Kulturhermeneutische, theologische, medienpädagogische und religionspädagogische Perspektiven, Frankfurt 2003, 39–53, 48.
12 Vgl. Otto Kern Katalog von 1993/94.

Mit Bezug auf die Werbung wachsen der Religionspädagogik insbesondere drei Aufgaben im Kontext von Werbung und Glück zu:[13]

1. *Wahrnehmen:* Die Wahrnehmungs- und Sprachfähigkeit der Schülerinnen und Schüler in Bezug auf Glücksphänomene. Dabei geht es
   auch um die Vermittlung von Theologie, die eine spezifische Sichtweise in die medienpädagogische Auseinandersetzung einbringt.
2. *Verstehen und Deuten:* Die Schülerinnen und Schüler üben sich im
   Verstehen und Sich-Einlassen auf die massenmediale ästhetische Erfahrung als Elemente der Welt- und Sinndeutung. Dabei geht es auch
   um die Reflexion persönlicher Glaubens-, Sinn- und Lebensfragen.
3. *Urteilen und Gestalten:* Die Schülerinnen und Schüler entwickeln eine
   kritische Urteils- und Handlungsfähigkeit im Sinne des befreienden
   Evangeliums und bilden dabei eine freiheitsstiftende Praxis zu solida-
   rischem Widerstand gegen alle entfremdenden Einflüsse, die Leben
   behindern, aus. Dabei geht es auch um die Handlungs- und Inter-
   aktionsfähigkeit angesichts gesellschaftlicher Instrumentalisierung
   durch Glücksangebote.

Für die unterrichtliche Konkretion ergeben sich somit folgende Ziele in
Anlehnung an die Symboldidaktik nach Biehl:[14]

a) Wahrnehmen einzelner Phänomene, Motive und Symbole in der Werbung;
b) Kommunikation über die subjektive Wahrnehmung und die Werbe-
   wirkung;
c) Entdecken der religionsspezifischen Aspekte in der Werbung;
d) Herausarbeiten der biblisch-christlichen Dimension als Quelle für die
   Werbung;
e) Religiöses und ethisches Urteil sowie Konsequenzen aufgrund von
   Werbung.

Es kommt darauf an, die religiösen Elemente und die mit ihnen verbundenen Fragen und Antworten in der Werbung zu erkennen, zu analysieren und sie (religions-)pädagogisch kritisch zu bearbeiten. Dabei geht es
nicht um eine affirmative, »kulturprotestantische« Betrachtung oder um
eine Ideologie-kritische, Konsum-, Kommerz- und Kapitalismus-feindli-
che Interpretation. Eine religionspädagogisch verantwortliche Zugangs-
weise wird hingegen eine kulturhermeneutische Sicht mit einer kultur-
kritischen Aufgabe konstruktiv verbinden. Die religionspädagogische
Werbeanalyse wird also auch Verständnis anbahnen für die Bedürfnisse,
die sich in popkulturellen Lebenswelten artikulieren. Nicht nur die ideo-
logie- und religionskritische Frage, wer denn in der Werbung als Gott
verehrt wird, sondern auch die Tatsache des bleibenden menschlichen

---

13 Vgl. in Anlehnung an *Gerd Buschmann* in *Uwe Böhm*, Religion im Alltag wahrnehmen und deuten. Popkulturelle und symboldidaktisch Bausteine für Schule,
Jugendarbeit und Gemeinde, Münster 2012, 141f.
14 Vgl. *Peter Biehl*, Festsymbole. Zum Beispiel: Ostern. Kreative Wahrnehmung
als Ort der Symboldidaktik, Neukirchen-Vluyn 1999.

Bedürfnisses nach Verehrung eines ›Gottes‹, der Lebensglück verheißt, sind religionspädagogisch gleichgewichtig zu thematisieren. Niemand sollte sich vorschnell über menschliche Sehnsüchte (der Schüler) erhaben fühlen! Es gilt,»Lernchancen zur kompetenten Auseinandersetzung mit Wahrheitskonkurrenzen zu eröffnen.«[15]

4 Religionsdidaktische Zugänge in der Sekundarstufe

Zur Entmachtung bzw. Entmythisierung der Werbung und ihrer beglückenden Wirkung sind der spielerische Umgang mit Werbung sowie die Verfremdung der Werbung im Unterricht notwendig. Gerade diese beiden Formen werden von der Werbung selbst praktiziert: Werbung spielt mit der jüdisch-christlichen Tradition und verfremdet diese. Manfred Pirner hat auf die religionspädagogische Aufgabe der »doppelten« Verfremdung hingewiesen. Die biblischen und kirchengeschichtlichen Motive und Symbole werden auf ihre ursprüngliche Bedeutung zurückgeführt (»ad fontes«) bzw. neu entdeckt. »Indem der Religionsunterricht die religiösen Symbole in der Werbung zum Thema macht, kann er im Sinne einer ›Didaktik der doppelten Verfremdung‹ die Chance nutzen, ihre kritische und expressive Lebenskraft und Wirksamkeit neu freizulegen.«[16] Dadurch wird im Religionsunterricht ein Kommunikationszusammenhang zwischen Werbung, Rezipient und Theologie hergestellt sowie zwischen Werbung, Macht und Sinn.
Im Folgenden zeige ich didaktische Zugänge, wie die Arbeit mit Werbung in Bezug auf das Thema Glück in der Sekundarstufe möglich ist. Die Interpretationsebenen sind dabei
a) das Bild,
b) der Text,
c) das Zusammenspiel von Bild und Text und
d) die Aspekte des Glücks.
Beispielhaft werde ich zunächst diese Interpretationsebenen anwenden und zeige danach exemplarische (religions-)didaktische Zugänge in der Sekundarstufe auf. Aus Platzgründen kann dies nur skizzierend geschehen.

---

15 *Thomas Klie*, Religionsunterricht in der Berufsschule: Verheißung vergegenwärtigen. Eine didaktisch-theologische Grundlegung, Leipzig 2000, 206.
16 Vgl. *Manfred L. Pirner*, »Nie waren sie so wertvoll wie heute«. Religiöse Symbole in der Werbung als religionspädagogische Herausforderung. Sieben Thesen, in: *Buschmann* und *ders.*, Werbung (Anm. 11), 56–70: 70.

4.1 Glücksrausch durch Balea –
Beispielhafte Anwendung der Interpretationsebenen[*]

a) Bildebene: Die farbliche Komposition betont die Dynamik und den Rausch des Wassers im Hintergrund. Warme Farbtöne versprechen eine angenehme Dusche.
b) Textebene: »Glücksrausch« und »angenehmes Duscherlebnis« stiftet »Energie«. Dabei wird auf ein exotisches »Blut-Orangen-Öl« zurück gegriffen.
c) Bild-Text-Kontext: Der Text erklärt das Bild: Der Gebrauch von Balea ist Glückserleben. Das Blut-Orangen-Öl ist farblich im Wasser sichtbar. Diese Rot-Tönung findet sich auch im Schriftzug »Glücksrausch« wieder.
d) Glücksbotschaft: Hier verspricht der Gebrauch ekstatisches Glücksempfinden und zugleich Energie für das Leben. Das Sein wird durch das Haben bestimmt. Leider hält der »Rausch« nur kurze Zeit an.
Diese Interpretationsebenen können bei allen Werbeprodukten angewandt werden. Sie zeigen den Zusammenhang von Bild und Text auf.

4.2 Baden im Glück – Haben oder Sein?

Sex, Geld und Erfolg befördern Glücksgefühle – vor allem, wenn alles zusammen-
kommt, wie hier in der Casino-Werbung.
Die linke Werbung zeigt das bunte Leben
mit einem erotischen Stil. Der aufgeblasene
Delphin unterstreicht diesen Stil. Wer badet eigentlich in Baden-Baden

---

* Die farbigen Abb. finden sich im Anhang, S. 216.

im Glück? Nach statistischer Erfahrung die Casino-Bank selbst. Das Haben von Gewinnen soll Glückshormone auslösen.
Erfreulicherweise integriert die rechte Werbung die soziale Ebene. Neben Life-Style, Partnerschaft und Lust auf Genuss ist das Zusammen-Sein fotografisch eingefangen. Glück benötigt auch den Anderen:»Die zweite Regel heißt: Sozial leben! ... Freundschaft, Partnerschaft und Familie können einen Rahmen schaffen, in dem wir uns aufgehoben fühlen. Etwas gemeinsam zu erleben, mit dem Partner, einem Freund oder mit Kindern, steigert das Glückserlebnis.«[17]
Der Unterschied von Haben und Sein kann durch diese Werbeplakate herausgearbeitet werden. Jugendliche erwarten oftmals das Glück im Reichtum und im Event.

4.3 Schrei vor Glück – Wirtschaftsethische Zalando-Kritik

Die Zalando-Werbungen eignen sich im Unterricht, da sie verschiedene Kontexte (z.B. Hippie-Kultur, Weihnachtsmann, Dämonenaustreibung, Banküberfall) bedienen. Die Werbespots der 2008 gegründeten deutschen Firma sind im Internet vorhanden. Der junge Online-Shop der Samwer-Brüder verkauft mittlerweile nicht nur Schuhe, sondern auch andere Modeartikel. Der Umsatz stieg 2012 auf eine Milliarde.
Schreit auch der Mitarbeiter vor Glück? Im Juli 2012 deutete das ZDF in einem TV-Bericht (»Gnadenlos billig«) an, dass der aufstrebende Online-Versandhändler sich möglicherweise billiger Arbeitskräfte bediene. Das ZDF berichtet über ein von der Bundesagentur für Arbeit vermitteltes, sechstägiges unbezahltes »Schnupperpraktikum«, das jedoch nicht zu einem Jobangebot durch Zalando führte. Vielmehr sei dem Praktikanten lediglich ein weiteres »Schnupperpraktikum« angeboten worden. Der Praktikant äußerte die Vermutung, dass hierin eine Sparstrategie zu sehen sei, da er bei weitem nicht der einzige Praktikant gewesen sei. Die Bundesagentur für Arbeit teilte gegenüber dem ZDF mit, es handle sich wohl um eine »Maßnahme zur Aktivierung und beruflichen Eingliederung bei einem Arbeitnehmer« (MAG nach § 45 I S. 1 Nr. 2 SGB III). Diese sei für beide Seiten eine Testphase, wobei der Arbeitgeber keine Lohnkosten tragen müsse. Zalando äußerte sich gegenüber dem ZDF dahin gehend, dass »Schnupperpraktika« in der Regel einen Tag dauerten. Ferner bedankt man sich für das »kritische Feedback« des Berichts.
Ebenfalls vom ZDF kritisiert wurden schlechte Arbeitsbedingungen und der geringe Stundenlohn, den die nicht als Praktikanten beschäftigten Arbeitskräfte erhielten. Aufgrund seiner Wachstumsstrategie macht Zalando zwar hohe Umsätze, aber vermutlich keine Gewinne (hierzu sind bisher keine Zahlen öffentlich bekannt). In Anbetracht dessen

---

17 *Richard David Precht*, Wer bin ich und wenn ja, wie viele? Eine philosophische Reise, München 2007, 363.

scheint eine Strategie naheliegend, bei der man versucht, wachstumsför-
dernde Werbeausgabe in Millionenhöhe durch Einsparungen bei den
Personalkosten zumindest teilweise auszugleichen.[18]
Mit diesen Hintergrundinformationen und einem Zalando-Werbespot
können gesellschaftliche Entwicklungen im Bereich Wirtschaftsethik
zusammen mit den Schülerinnen und Schülern aufgedeckt werden.

Dr. *Uwe Böhm* ist Bereichsleiter für Religion/Ethik am Staatlichen Seminar für
Didaktik und Lehrerbildung (Realschulen) und Lehrbeauftragter an der Pädagogischen Hochschule sowie an der Evangelischen Hochschule in Ludwigsburg.

---

18   Vgl. www.sozialleistungen.info vom 22.12.2012.

3.2

Bergit Peters

Buchstäblich im Glück

Wie reden zeitgenössische Schriftstellerinnen und Schriftsteller vom Glück? Wie verdichten sie menschliche Glückserfahrungen? Und welche Sprachbilder entwerfen sie buchstäblich vom Glück? Diese Fragen beleuchtet der nachstehende Artikel. Hierzu habe ich vier exemplarische Texte ausgewählt. Es sind: Das Gedicht »Rede vom Glück«[1] von Robert Gernhardt, das Textbilderbuch »Die vier Glückssucher«[2] von Maren Kiepsel (Text) und Barbara Rzepa-Leichsenring (Bilder), der Roman »Legende vom Glück des Menschen«[3] von Peggy Mädler sowie der Psalm »Glückwünsche«[4] von Kurt Marti. Wie lässt sich diese von mir getroffene Textauswahl im größeren Ganzen der gegenwärtig beobachtbaren literarischen Ansprache des Themas »Glück« begründen? Hierzu einige Anmerkungen: Bei meiner Textrecherche ist mir aufgefallen, dass die Glücksthematik in der Gegenwartsliteratur äußerst selten vorkommt. Es finden sich nur wenige Texte, die das Glück beschreiben. Vielleicht liegt einer der Gründe hierfür in dem vermeintlichen Tabu, dass gute Literatur keine Geschichte erzählen darf, die glücklich endet. Entsprechend diagnostiziert der Züricher Literaturwissenschaftler Peter von Matt in einem Rundfunkbeitrag[5], dass gute Literatur in der Vergangenheit oftmals mit strenger Avantgarde gleichgesetzt wurde. Erzählt ein Text hingegen vom Glück, dann setzt er sich schnell dem Vorwurf aus, oberflächlich zu sein und Kitsch zu produzieren.

Mit den von mir ausgewählten Texten meine ich jedoch zeigen zu können, dass die Literatur durchaus vom Glück reden und zugleich als anspruchsvoll gelten kann. Denn vom Glück zu reden bedeutet letztlich, das Leben in seiner Ganzheit wahrzunehmen und nicht nur in seinem schmerzvollen, gebrochenen Teil – eben in seinem Unglück.

---

1 *Robert Gernhardt,* Rede vom Glück, in: Im Glück und anderswo. Gedichte, Frankfurt a.m. ²2008, 9.
2 *Maren Kiepsel* (Text), *Barbara Rzepa-Leichsenring* (Bilder), Die vier Glückssucher, Zürich 2008.
3 *Peggy Mädler,* Legende vom Glück des Menschen, Berlin 2011.
4 *Kurt Marti,* Glückwünsche, in: Ungrund Liebe. Klagen, Wünsche, Lieder, Stuttgart 2011, 34.
5 Vgl. hierzu das Sendemanuskript »Endstation Glück – Das Happy End in der Literatur«, von Katharina Wilts, Sendetermin 22. Juli 2008 im Deutschlandradio Kultur.

Entsprechend thematisiert Robert Gernhardt in seiner »Rede vom Glück« eben diese Ganzheit des Lebens, indem er auf eine spielerische Weise menschliche Glücks- und Unglückserfahrungen aufs Engste miteinander verschränkt. Dass seine »Rede» dennoch »glücklich« endet, verdankt sie ihrer poetischen Botschaft vom Glück als einer anthropologischen Grundkonstante. Robert Gernhardt zählt zu den so genannten »Realpoeten«, deren zentrales Anliegen es ist, »*für* [H.v.m.] Leser zu schreiben« und eine »Erfahrung […] mit ihren Lesern [zu] teilen«[6]. Und gerade hierin liegt m. E. die besondere religionspädagogische Relevanz von Gernhardts Text, eben in seiner rezeptionsästhetischen Absicht.

Ähnliche Kriterien gelten auch für meine Wahl des Textbilderbuches »Die vier Glückssucher«. Von der Ganzheit des Lebens wird hier auf eine kindgemäße Weise erzählt. Sie ermöglicht es den jungen LeserInnen, die beschriebenen Glücks- und Schmerzerfahrungen des Lebens mitzuerleben bzw. zu teilen. Zudem regt die Präsentation des Buches – sie lässt Leerstellen in Bild und Text – zum Weiterdenken der Geschichte an, obwohl diese glücklich endet. Damit entgeht das Buch dem Vorwurf des Kitsches. Denn kitschig wird eine Geschichte erst dann, wenn sie kein Weiterdenken mehr erlaubt und in einem Übermaß an Gefühl, eben in einer vollkommenen Befriedigung endet.

Ein weiteres Anliegen bei der Textauswahl ist mir gewesen, unterschiedliche literarische Genre zu präsentieren. Daher habe ich mich neben einem Gedicht und einem Textbilderbuch auch für einen Roman und einen Psalm entschieden.

Zudem ist mein Interesse gewesen, Texte auszuwählen, die verschiedene LeserInnen und Zielgruppen / Altersgruppen (Kinder, Jugendliche, Erwachsene) ansprechen.

Die Auswahl der Texte erhebt keinen Anspruch auf Vollständigkeit, dennoch meine ich, dass diese Texte repräsentativ sind für die gegenwärtige literarische Ansprache der Glücksthematik. Zudem halte ich den Einsatz dieser Texte für geeignet in unterschiedlichen religionspädagogischen Kontexten.

Ein letzter Grund meiner Motivation für diese Textwahl ist im Zusammenhang mit der im Jahr 2007 erschienenen Dissertation »Das Glück – Literarische Sensorien und christlich-ethische Reaktionen«[7] von Kerstin Schlögl-Flierl wahrzunehmen. Im Rahmen ihrer umfangreichen Studie zur Glücksthematik schlägt Schlögl-Flierl im dritten Teil ihrer Arbeit eine Brücke zur zeitgenössischen Literatur. Hierzu analysiert sie jeweils ein Werk von Peter Handke, Christoph Hein, Botho Strauss, Alois

---

6   Vgl. hierzu das Editorial »Realpoesie« von *Matthias Politycki*, in: Das Gedicht, hg. von *Matthias Politycki* und *Anton G. Leitner,* Das Beste aus 20 Jahren … und für die nächsten 20 Jahre, 20. Jg., Bd. 20, Jubiläumsausgabe, Weßling 2012, 9.
7   *Kerstin Schlögl-Flierl,* Das Glück – Literarische Sensorien und theologisch-ethische Reaktionen. Eine historisch-systematische Annäherung an das Thema des Glücks, Berlin 2007.

Hotschnig, Martin Walser und Sybille Berg. Mit meinem Artikel verfolge ich die Absicht, weitere aktuelle Texte zur Glückserfahrung vorzustellen. Einen ersten Zugang zum Thema bietet das Gedicht »Rede vom Glück« des scharfzüngigen Schriftstellers Robert Gernhardt (1937–2006). Den Namen Robert Gernhardt bringt man vermutlich nicht zu allererst mit Religion in Verbindung. Dennoch bietet sein literarisches Werk Anlass zu »theologischen ›Querlektüren‹«[8]. Entsprechendes gilt auch für das Gedicht »Rede vom Glück«:

Rede vom Glück

1 Wie übers Glück reden?
Wenn das einmal glückte:
Wäre das nicht das Glück?

4 Mir glückte es nie,
das Glück zu beschwören
ohne Unglücksgrundierung.

7 Als ob das Glück,
um zu glücken, bedürfte
der Folie des Unglücks.

10 Braucht nicht das Unglück,
vielmehr das Glück,
das Missglücken das Glücken?

13 Der Wortstamm ist: Glücken.
Missglücken, Nichtglücken:
Verunglückte Zweige,

16 Glücklose Triebe
auf glückhaft wurzelndem
Grundglück.

19 Vor allem Unglück
war Glück. Vor allem
Missglücken glückte es.

22 Ihr glücklichen Tage!
Nur wen ihr beglückt,
der kennt glücklose Nächte.

25 Wir glücklichen Menschen!
Vor unserem Glück erst
erstrahlt hell euer Unglück.

---

8 Vgl. hierzu den anregenden Artikel von *Johannes Goldenstein,* »Ja und Amen ...« – ?. Theologische ›Querlektüren‹ in Robert Gernhardts Gedichten, in: ta katoptrizomena, Magazin für Theologie und Ästhetik, Heft 35, hg. von *Andreas Mertin* und *Karin Wendt.* www.theomag.de.

»Wie übers Glück reden?« (V. 1). Mit dieser anfänglichen Frage thematisiert das Gedicht die Schwierigkeit, über das Glück zu sprechen. Bei
der Lesenden zieht diese Frage eine weitere nach sich: Was macht es
schwer, über das Glück zu sprechen? Wo liegt die Ursache für diese
Problematisierung? Ist der Grund darin zu finden, dass das Glück »kein
guter Stoff für Dichter ist«, wie es der Schriftsteller Robert Walser
formuliert, weil es »zu selbstgenügsam ist« und »keinen Kommentar«
braucht; weil es »zusammengerollt schlafen [kann] wie ein Igel«[9]?
Offenbar lohnt es sich für Walser nicht, über das Glück zu schreiben,
weil in ihm keine innere Kraft wohnt.

Dies bedenkt auch Robert Gernhardt, wenn er im weiteren Verlauf seiner
»Rede vom Glück« davon spricht, dass er das Glück nur »beschwören«
(V. 5) könne, wenn er zugleich auch die »menschliche Kontrasterfah-
rung«[10] – eben das Unglück – mitthematisiere. Droht also jede Rede
vom Glück ins Triviale und Oberflächliche abzugleiten, wenn sie dessen
Kontrast-»Folie des Unglücks« (V. 9) verschweigt? Merkwürdig ist dies
schon, denn eigentlich bedürfen Menschen gerade im Erleben von unglücklichen, gescheiterten Situationen des Trostes und der Ermutigung
durch geglückte, gelungene Lebenserfahrungen (V. 10–12).

Möglicherweise ist die Antwort jedoch an einem ganz anderen Ort zu
finden: in der Sprache selbst. Denn beide Worte »Glück und Unglück«
haben einen gemeinsamen »Wortstamm« (V. 13): »glücken« (V. 13).
Diese bemerkenswerte Entdeckung markiert einen Wendepunkt in der
»Rede vom Glück«. Dies zeigt sich sowohl in formaler als auch in in-
haltlicher Hinsicht. Zur formalen Sicht: Die fünfte Strophe ist die *mitt-
lere* des insgesamt neunstrophigen Gedichts. Zur inhaltlichen Sicht:
Wurde in den ersten vier Strophen die Erfahrung des *Unglücks* zum
Ausgangspunkt der Rede vom Glück, wird in den Strophen sechs bis
neun zuerst das *Glück* thematisiert, das allem Unglück vorausgeht: »Vor
allem Unglück / war Glück. Vor allem / Missglücken glückte es« (V.
19–21).

Diese Beobachtung gibt Anlass zum Jubeln: »Ihr glücklichen Tage!« (V.
22). Und vor dieser beglückenden Erfahrung des Lebens wird überhaupt
erst der Schmerz verstehbar über das Fehlen des Glücks. Es ist der
Schmerz der schlaflosen, sorgenvollen Nächte (V. 23 – 24).

Ähnlich formulieren es die drei letzten Gedichtzeilen: »Vor unserem
Glück erst / erstrahlt hell euer Unglück« (V. 26–27). Erst das Erleben
des eigenen Glücks macht sensibel für das Unglück der anderen. Stimmt
dies? »Wir glücklichen Menschen!« (V. 25) Schwingt in diesem Ausruf

---

9   Zitiert nach *Schlögl-Flier*, Glück (Anm. 7), 218.
10   Diese Formulierung hat der flämische Theologe Edward Schillebeeckx geprägt.
Vgl. hierzu und auch zur Glücksthematik den Artikel von *Ulrich Engel*, Unglücks-
glück. Zur Beziehung zwischen Literatur, Ethik und Theologie, in: Schreiben ist To-
tenerweckung. Theologie und Literatur, hg. von *Erich Garhammer* und *Georg Lan-
genhorst*, Würzburg 2005, 168–171, hier 169.

ein ironischer Unterton mit? Dann würde die »Rede vom Glück« den frohen Ausruf »Wir glücklichen Menschen!« (V. 25) als einen geradezu zynischen Ruf entlarven angesichts des menschlichen Unglücks. Denn ironischerweise versteckt sich das Unglück nicht länger im Dunkeln. Es verbirgt sich nicht mehr, sondern »erstrahlt« unübersehbar »hell« (V. 27).

Robert Gernhardts »Rede vom Glück« bestimmt gleichsam das Glück als eine anthropologische Grundkonstante, die aller Unglückserfahrung vorausgeht. Zugleich entlarvt seine Rede die drohende Selbstgefälligkeit glücklicher Menschen, indem sie das Unglück der anderen aufscheinen lässt. In dieser Lesart könnte Gernhardts »Rede vom Glück« sogar als Appell verstanden werden für ein glückliches Leben *aller* Menschen.

Beschreibt Gernhardts »Rede« das Glück als den guten Anfang, der allem Unglück vorausgeht, so ist dieser Gedanke von (schöpfungs-) theologischer Relevanz. Zugleich wird die Sehnsucht nach dem Glück verstehbar, die gerade in unglücklichen Zeiten erwacht.

Hiervon erzählt das Textbilderbuch »Die vier Glückssucher« von Maren Kiepsel, mit Bildern von Barbara Rzepa-Leichsenring. Vier Tiere, eine Schildkröte, ein Igel, ein Maulwurf und ein Hase sind unglückliche Außenseiter. Die Gründe hierfür sind verschieden: Mit der Schildkröte will niemand spielen, weil sie zu langsam ist; der Igel ist einsam, weil sich alle an seinen Stacheln stechen; der Maulwurf ist blind und kann daher das Glück nicht allein suchen gehen, und der kugelrunde Hase stolpert ständig über seine eigenen Füße.

Den Ausgangspunkt nimmt die Geschichte bei der Schildkröte, die beschließt, ihr Glück selbst zu suchen. Auf ihrer Wanderung begegnet sie nacheinander dem Igel, dem Maulwurf und dem Hasen, die sich ihr anschließen. Gemeinsam suchen die vier Tiere das Glück, von welchem die Schildkröte weiß, dass es in einer Truhe im Wald versteckt ist. Und wer diese Truhe findet und sie öffnet, der wird sein ganzes Leben lang Glück haben. Als die Tiere die Schatztruhe nach einer mehrtägigen Wanderung tatsächlich finden, sind sie enttäuscht: Die Truhe ist leer. Und dennoch erkennt plötzlich jedes Tier, dass es das Glück gefunden hat. Diese Erfahrung fasst die Schildkröte auf ihre Weise zusammen: »Wenn man Freunde hat, ist es einfacher, langsam, stachelig, blind oder ungeschickt zu sein. Wir wissen zwar nicht, was in der Truhe war, oder ob je etwas drin gewesen ist, aber wir vier haben doch das Glück gefunden.«[11]

Das Glück wird in diesem Textbilderbuch beschrieben als eine Erfahrung gelebter Verbundenheit. Bei genauerem Hinsehen lässt sich in dieser Freundschaftserfahrung der Tiere sogar eine spirituelle Dimension erkennen: Nachdem die Tiere die Truhe im Wald gefunden und diese erwartungsvoll geöffnet haben, verliert sich der Erzähltext in drei Auslassungspunkten. Hierdurch bleibt zunächst im Unklaren, was genau sich in der Truhe befindet: Haben die Tiere das ersehnte Glück tatsächlich

---

11 *Kiepsel,* Glückssucher (Anm. 2), 27.

gefunden? Wie wird es aussehen? Erst die nächste Doppelseite des Buches gibt auf diese Fragen eine Antwort. Dies geschieht jedoch auf eine
ungewöhnliche Weise: Zu sehen ist lediglich eine große, gelb-weiße
Farbfläche, die – angedeutet durch wenige Striche – als das Innere der
Truhe bestimmt werden kann. Und diese gleißende Helligkeit – sie erinnert an Licht – spiegelt sich wider in den Gesichtern der Tiere, die in die
Truhe hineinschauen.

Bemerkenswert ist, dass auf dieser Doppelseite keine Textbotschaft abgedruckt ist, im Unterschied zu allen anderen Buchseiten. Das Glück
entzieht sich damit jeder sprachlichen Festlegung – so könnte man diese
Beobachtung deuten. Zudem verzichtet das Textbilderbuch auf eine ge-
genständliche Darstellung des Glücks, indem es eine leere Truhe zeigt,
die dennoch gefüllt ist – mit Licht. Und erst *im Widerschein dieses
Lichtes* (spirituelle Erfahrung) wird es den Tieren möglich, die bereits
gemeinsam erlebte Glückserfahrung als eine solche zu deuten. Entsprechend formuliert der Hase: »Ich hätte nie eine so glückliche Zeit erlebt,
wenn ich euch nicht vor die Füße gerollt wäre.«[12]

Erst im Nachhinein können die Tiere das Erleben ihrer Freundschaft bewusst wahrnehmen und als eine Erfahrung des Glücks deuten. Zugleich
haben die Tiere sich gleichsam selbst vergessen auf ihrer Wanderung –
sie haben einander Geschichten erzählt und gemeinsam Lieder gesungen
– und sich hierdurch paradoxerweise selbst gefunden. So gelingt es beispielsweise dem Igel, sich selbst zu bejahen: »Nie habe ich mich so wohl
gefühlt wie mit euch. Auch wenn ich stachelig bin, haltet ihr zu mir und
stört euch nicht daran.«[13]

Diese Erfahrung der Selbstvergessenheit spielt in der Glücksforschung
eine ebenso zentrale Rolle wie die Erfahrung der Verbundenheit. Hierauf
macht der Pastoraltheologe Anton Bucher aufmerksam. Zudem setzt er
die Erkenntnisse der Glücksforschung in Beziehung zur Spiritualitätsfor-
schung[14]. Entsprechend bestimmt er die Fähigkeit zur »Selbsttranszen-
denz« (Selbstvergessenheit) als eine Form der »Selbstverwirklichung«,
die gerade dann geschieht, wenn sie nicht unmittelbar angestrebt wird.[15]
Als eine weitere Kernkomponente des Glücks wie auch der Spiritualität
benennt er übrigens auch die Erfahrung der Verbundenheit.

Von einer ganz anderen Art der Glückssuche erzählt der lebenskluge
Debütroman »Legende vom Glück des Menschen« von Peggy Mädler.
Zum Inhalt: Knapp fünfzehn Jahre nach der Wende findet die 33-jährige
Historikerin Ina Endes im Nachlass der Großeltern ein Buch, das ihr
Großvater zu einem Betriebsjubiläum geschenkt bekommen hat. Es ist
ein Fotoband, der den viel versprechenden Titel trägt »Vom Glück des

---

12 *Kiepsel,* Glückssucher (Anm. 2), 26.
13 Ebd., 27.
14 Vgl. *Anton Bucher,* Psychologie des Glücks. Handbuch, Weinheim 2009.
15 *Anton Bucher,* Spirituelle Glücksorte von Jugendlichen, in: Katechetische Blätter 137 (2012), 320–324, hier 323.

Menschen«. Unterteilt in sechs Kapitel zeigen 450 Fotografien realso-
zialistische Glücksvorstellungen der 1960er Jahre. Überschrieben sind
die Kapitel u.a.: »Vom Glück der Freiheit«, »Vom Glück der Arbeit«,
»Vom Glück des Miteinanders«. Die Enkelin ist empört: Ist das hier
nicht nur ein politisch verordnetes Glück? Wie kann ein Staat auf die
Idee kommen, seinen Bürgern vorzuschreiben, wie sie glücklich werden?
»Alles Glück dem Volke, das Glück als politisches Programm, als Versprechen einer Zukunft, als ein Abschluss in der Tasche, als der Klum-
pen Gold im Arm, als ein Kind im Arm, als ein Haus mit Vorgarten, als
eine bestimmte Arbeit, als ein Mensch, dem man unversehens über den
Weg läuft oder für den man sich entscheidet. Dem einen Artikel voran-
zustellen, zu behaupten, das sei das Glück. Es ist einfach verlogen. (…)
Diese Vorgaben für das glückliche Leben wie auch das Streben nach der
glücklichen Menschengemeinschaft.«[16]
Den Fotoband, den die Erzählerin entdeckt, hat es übrigens wirklich gegeben. Die Autorin selbst wuchs in der DDR auf, 1976 in Dresden geboren. Und Peggy Mädler antwortet in ihrem Roman auf dieses staatlich
verordnete Glück mit dem Erzählen der Familiengeschichte ihrer Ro-
manfigur Ina Endes. Schnell wird deutlich, dass die eher unglücklichen
Lebensgeschichten der Großeltern-, Eltern- und Kindergeneration das
staatlich propagierte Glück in Frage stellen. Entsprechend tituliert die
Schriftstellerin ihre Romankapitel als Legenden. Was für ein Kontrast:
zwischen der Propaganda vom »*Glück der Freiheit*« und der »*Legende
vom Glück der Freiheit*«, die im Roman aufscheint. Da erfahren die Lesenden, wie sich Inas Großeltern Elsa und Erich kurz vor dem Zweiten
Weltkrieg kennen lernen, heiraten und sich nach dessen Ende fast wie
Fremde gegenüberstehen. Ihren Höhepunkt erreicht diese »Legende vom
Glück der Freiheit« in dem lapidaren Satz: »Es war ein Krieg, der Elsa
und Erich eine Freiheit versprach, von der sie gar nicht wussten, dass sie
diese nötig hatten.«[17]
»*Die Legende vom Glück der Arbeit*« erzählt von Wolfgang, dem einzigen Sohn von Elsa und Erich, der zunächst den Beruf des Elektromon-
teurs erlernt und dann entgegen seinem Willen »zum Studium delegiert«[18]
wird. Das »Glück der Arbeit«, so formuliert es zutreffend Sibylle Birrer
in der Neuen Zürcher Zeitung, »ist im Arbeiter-und-Bauern-Staat eine
Frage der Zuordnung, die das System mit dem Einzelnen vornimmt.«[19]
Dennoch findet Wolfgang das »*Glück des Miteinanders*« in der eher
durchschnittlichen Ehe mit Hannah, aus der zwei Kinder hervorgehen:
die Ich-Erzählerin Ina und ihr drei Jahre älterer Bruder Thomas. Beide
Kinder gehören zur letzten Generation, die noch nach den sozialistischen

16 *Mädler,* Legende (Anm. 3), 86.
17 Ebd., 30.
18 Ebd., 78.
19 *Sibylle Birrer,* Die andere Suche nach dem Glück. Peggy Mädlers Debütroman
aus der deutschen Zeitgeschichte, in: NZZ, 19. Juli 2011. www.nzz.ch.

Idealen erzogen werden. Hierbei erfahren sie vor allem ein »*Glück des Lernens*«, das sich oftmals in Widersprüchen verstrickt und insofern wenig zu einer reifen Persönlichkeitsbildung beiträgt.

Das Glück des Menschen – so zeigt es dieser Roman – ist eher in der eigenen Haltung zum Glück zu finden als in großen, gesellschaftlichen Rahmenbedingungen. Damit wird das Glück gebunden an die je eigene Biografie und Lebensführung. Das Glück trägt individuelle Züge, ereignet sich im Alltäglichen und ist flüchtig. Entsprechend sind es oftmals unspektakuläre Zufälle, persönliche Begegnungen mit Menschen sowie kleine Gesten, die die Figuren des Romans das Lebensglück finden lassen. Im Erzählen von deren Lebensgeschichten wird deutlich, dass letztlich nicht die große Geschichte die (Lebens-) geschichte schreibt, sondern das Leben selbst.

Woraus besteht also das (individuelle) Glück? Die Schriftstellerin Peggy Mädler beantwortet diese Frage eher mit leichtfüßigen Denkbewegungen als mit starren Erkenntnissen, indem sie ihre Protagonistin beispielsweise über die »Kluft zwischen Geschichtswissen und Familienwissen«[20] sinnieren lässt: »Als seien das zwei verschiedene Welten, die man nicht zusammenbekommt oder nicht zusammenbekommen will.«[21] In einem Interview – veröffentlicht in *Zeit Online* – erläutert die Autorin diesen Zusammenhang: »Die Leute wollen ja in der Regel nicht sagen, das repressive System war toll, sondern sich an ihr Leben erinnern. (…) Du kannst ihnen nicht sagen, ihr seid alle eingesperrt und unglücklich gewesen. Also ihnen eine Lebenserzählung aufdrücken, bei der sie immer unter Rechtfertigungszwang stehen, wenn sie sich anders erinnern als es die offizielle Geschichtskultur nahe legt.«[22]

Und es ist gerade diese Diskrepanz zwischen privatem Erinnern und kollektivem Gedächtnis, die im Roman im Zusammenhang mit der Glücksthematik auf eine originelle Weise sichtbar wird: Die Schriftstellerin nähert sich dem Erinnern über das Vergessen. »Es erscheint mir glaubwürdiger, vom Vergessen auszugehen«[23], so formuliert es die Ich-Erzählerin Ina Endes. Und an einer anderen Stelle im Roman vergleicht sie das Erinnern und das Vergessen als »zwei alte Schachspieler«[24]: »Der eine redet ununterbrochen, der andere schweigt und beides ist eine mögliche Strategie, um das Spiel für sich zu entscheiden.«[25] Im Misstrauen gegenüber der eigenen, subjektiven Erinnerung gelingt es Ina Endes, in Distanz zu treten zur offiziellen Erinnerungskultur. Und erst auf diese Weise wird es ihr möglich, eine eigene Identität zu finden und damit ihr individuelles Lebensglück. Diese Erfahrung des Glücks fasst die

20 *Mädler*, Legende (Anm. 3), 53ff.
21 Ebd.
22 *Peggy Mädler*, »Gerade in der älteren Generation sind die Klischees noch da«, Interview von Uli Müller in *Zeit Online* vom 28. Juni 2011.
23 *Mädler*, Legende (Anm. 3), 52.
24 *Mädler*, Legende (Anm. 3), 56.
25 Ebd.

Protagonistin des Romans in dem überaus zutreffenden Satz zusammen: »Das Zufriedensein ist etwas, das man nicht unterschätzen sollte.«[26] Das »ganz normale« menschliche Glück thematisiert auch der 1921 in Bern geborene evangelische Pfarrer und Schriftsteller Kurt Marti. Hierzu wählt er die Sprachform eines zeitgemäßen Psalms:

Glückwünsche

1
daß du dir
(hie und da)
glückst

5　2
daß Glück
dich nicht blende
für Unglück
anderer

10　3
daß Unglück
dich nicht verschlinge
für immer

4
15　daß dir
(ab und zu)
ein Glück für andere
glücke

5
20　daß dein Wunsch nicht sterbe
nach einer Welt,
wo viele (wo alle?)
sich glücken können

Kurt Marti formuliert fünf »Glückwünsche«, die gerade im Wahrnehmen der Gebrochenheit und Ambivalenz des menschlichen Lebens zu lebenstauglichen Ermutigungen werden: Ein menschliches Leben ist in seiner Halbheit bereits ein gelungenes (V3; V 16). Zugleich weckt insbesondere der fünfte und letzte Glückwunsch die Sehnsucht nach einer zweiten Welt, jenseits der realen, in welcher das Glück letztlich als ein unverfügbares Gottesgeschenk für alle Menschen erfahrbar wird – schon heute. In diesem Sinn kann das buchstäblich erfahrene Glück der Sprachkunst dieser vier exemplarisch ausgewählten Texte den Weg weisen hin zur höchsten Kunst, eben der Lebenskunst.

Dr. *Bergit Peters* ist Referentin für theologische Grundsatzfragen im Institut für Religionspädagogik und Medienarbeit des Erzbistums Paderborn.

26　*Mädler,* Legende (Anm. 3), 206.

3.3

Helga Kohler-Spiegel

»Glück« im Märchen

»Es war einmal ...«»und sie lebten in Glückseligkeit, sie lebten noch
lange glücklich und vergnügt, sie lebten glücklich zusammen bis an ihr
Ende, und wenn sie nicht gestorben sind, dann leben sie heute noch
...« Wir kennen diese Formeln, in denen Märchen Anfang und Ende formulieren, diese bilden den Bogen über die Geschichten, die in ihnen erzählt
werden. Es sind Entwicklungsgeschichten, die nicht in der Außenwelt,
sondern in der Innenwelt der persönlichen Entwicklung und der psychischen Tiefe stattfinden. Die Märchen drücken mit Worten aus, was der
Mensch in sich selbst an Gefühlen erlebt und an Krisen durchleidet.[1]

1 Märchen verstehen

1.1 Zum Begriff

Der Begriff »Märchen« ist eine Verkleinerungsbildung des Substantivs
»maere« (mittelhochdeutsch) und bedeutet ursprünglich »Nachricht,
Kunde, Erzählung«; die Verkleinerungsform »Märle«, die das oberdeut-
sche »Märlein« verdrängt hat, war bis ins 19. Jh. im Sinne von »Nachricht, Gerücht, kleine (unglaubhafte) Erzählung« gebräuchlich.[2]

1.2 Merkmale von Märchen

Märchen sind kürzere Prosaerzählungen, die wunderbare Begebenheiten
zum Gegenstand haben. Im Unterschied zu Sagen sind sie frei erfunden
und knüpfen nicht an tatsächlich Vorgefallenes bzw. wahre Begebenheiten an. Sie erzählen knapp und karg, aber alle Dinge, Personen und
Ereignisse sind bedeutungsgeladen. Die Sprache ist so einfach und ein-

---

1 Vgl. exemplarisch: *Verena Kast*, Vom gelingenden Leben. Märcheninterpretatio-
nen, Düsseldorf ²2000.
2 Vgl. exemplarisch: *Max Lüthi*, Das europäische Volksmärchen, Stuttgart ¹¹2005;
vgl. auch: *Katrin Pöge-Alder*, Märchenforschung. Theorien, Methoden, Interpretatio-
nen. Eine Einführung, Tübingen ²2011; *Siegfried Schödel* (Hg.), Märchenanalysen
(Texte und Materialien für den Unterricht), Stuttgart 1986.

leuchtend, dass sie ergreift und verwandelt. Märchen wollen nicht informieren, sondern die verborgenen Geschehnisse evozieren. Die Märchenhandlung ist weder zeitlich noch räumlich festgelegt. Das phantastische Element kommt in sprechenden Tieren und Gegenständen, Verwandlungen und Verzauberungen zum Ausdruck, dies sind helfende Figuren für den Helden. Die »Eindimensionalität« zeigt ein selbstverständliches Überschreiten von Raum und Zeit.

Grausame Elemente (wie harte Strafen) weisen auf die Verwandtschaft mit dem Mythos hin. Während im Mythos allerdings das Gute und das Böse noch unterschiedslos vereint ist, werden die verschiedenen Kräfte im Märchen in der Regel säuberlich getrennt, meist in Form von guten und bösen Figuren, die Polaritäten schärfen den Blick dafür, was richtig ist und was falsch. Diese klare Aufteilung und die relativ einfache Struktur prägen die Form des Märchens. Inhaltlich stehen ein Held bzw. eine Heldin oder mehrere Hauptfiguren im Mittelpunkt, die Isolierung der Hauptperson(en) ermöglicht eine leichtere Identifikation mit dieser. Herausforderung für sie ist, in Auseinandersetzung mit guten und bösen, natürlichen und übernatürlichen Kräften zu bestehen.

Im Märchen ist das »Achtergewicht« von Bedeutung, ein Begriff aus der Seefahrtsprache, wo »achtern« die Bedeutung von »hinten« hat. Diese Betonung des bzw. der Jüngsten, des Schwächsten ist im Märchen ein wiederkehrendes Motiv: Gerade die Person, der nichts zugetraut wird, ist aufgrund ihrer Haltungen (dies können Tugenden sein wie Achtsamkeit, Bescheidenheit, Rücksicht auf alle Lebewesen, aber auch Schlauheit und Durchhaltevermögen, Treue, Mut und Zuversicht) der Held oder die Heldin, die erfolgreich das Ziel erreichen wird.

Weitere Merkmale des Märchens sind

- Rhythmisierungen in der Sprache, die Formelhaftigkeit und Reime (»Knuper, knuper, kneischen, wer knupert an meinem Häuschen?« »Der Wind, der Wind, das himmlische Kind«; oder »Bäumchen, rüttel dich und schüttel dich, wirf Gold und Silber über mich«), die das mündliche Erzählen von Märchen erkennen lassen,
- die Dreizahl (oder Siebenzahl oder andere Symbolzahlen),
- und manchmal auch Assoziationen zu realen sozialen Situationen, wenn z. B. von Armut, Hunger und Not die Rede ist.

Im Mittelpunkt des Märchens steht der Weg, der Prozess der Entwicklung, wie über viele Herausforderungen und Gefährdungen hindurch die Hauptperson zum glücklichen Ziel kommt.

1.3 Volks- und Kunstmärchen

Die Unterscheidung zwischen Volks- und Kunstmärchen ist im deutschen Sprachraum üblich[3], bei Volksmärchen lässt sich kein Autor oder Urheber feststellen, sie wurden mündlich in zahlreichen Varianten weitergegeben und haben (meist) ein gutes Ende. Im deutschsprachigen Raum wird mit dem Begriff Volksmärchen in erster Linie die Grimm'sche Volksmärchensammlung »Kinder- und Hausmärchen« (1812) assoziiert, zahlreiche weitere Märchensammlungen in verschiedenen Kulturen sind vorhanden.

Kunstmärchen (vor allem ab der Frühromantik) sind bewusste Schöpfungen von Dichtern und Schriftstellern, Motive von Volksmärchen können sich mit neuartigen Geschichten verbinden, der Aspekt des Wunderbaren und Unwirklichen bleibt, das Kunstmärchen muss nicht mit gutem Ausgang enden. Bekannte Verfasser von Kunstmärchen sind z.b. Wilhelm Hauff (1802–1827) oder Hans Christian Andersen (1805–1875). Im weitesten Sinne zu den Kunstmärchen werden heute auch Fantasy-Geschichten, Science Fiction-Geschichten oder entsprechende Filme gezählt.

2 Zur Bedeutung von Märchen

2.1 Märchen bebildern menschliche Grunderfahrungen

In unzähligen Facetten kommen uns in den Märchen diese Formulierungen entgegen: »und sie lebten in Glückseligkeit, sie lebten noch lange glücklich und vergnügt, sie lebten glücklich zusammen bis an ihr Ende, und wenn sie nicht gestorben sind, dann leben sie heute noch …« Wer kennt sie nicht, diese Geschichten mit gutem Ausgang, sie erzählen von Herausforderungen und schwierigen Wegen, von Gefährdung und Angst, aber sie erzählen auch vom guten Ende. Sie wissen, dass Wege lang und mühsam und gefährlich sein können, sie wissen aber auch darum, dass solche Wege, solche Entwicklungen gelingen (können). Märchen beinhalten Erfahrungen darüber, was wichtig ist, um solche Herausforderungen im Leben bestehen zu können, sie bringen erzählend ins Gedächtnis, woran »Glück« hangen kann, was hilft, das »Glück« zu finden, was dies behindert oder gar verunmöglicht …

Märchen bebildern Erfahrungen und Entwicklungen des Menschen, sie beschreiben Prozesse, die nicht in der Außenwelt, aber in der Innenwelt einer Person ablaufen. Psychische Kernthemen des Menschen werden in Märchen in Bildern aufgenommen, die Frage von Geborgenheit und Abhängigkeit, von Bindung und Autonomie, von Loslösung und Erwach-

---

3 Ich werde mich im folgenden Beitrag auf Volksmärchen, v.a. in der Grimm'schen Überlieferung, konzentrieren. Eine gut lesbare Einführung findet sich in: Die Brüder Grimm, ZEIT Geschichte 4 (2012).

senwerden. Aber auch Haltungen werden sichtbar, Hören auf feine Stimmen, Achtsamsein auf sich selbst und vor allem auf diejenigen, die wenig gelten. Tugenden wie Bescheidenheit, Freundlichkeit, Hilfsbereitschaft u.ä. werden belohnt.

Märchen sind Beschreibungen von Situationen, die seit jeher zum Menschen gehören. Sie sind Anleitung zur Bewältigung der andrängenden Probleme existentieller Art, die unumgehbar sind, die nur im Hindurchgehen (Durchstehen) bewältigt werden können. So schildert das Märchen den notwendigen Prozess der Selbstwerdung und Selbstfindung, der mit Krisen und Ängsten verbunden ist. Derartige Situationen im Leben des Einzelnen sind vor allem jene des Übergangs von einem Lebensabschnitt in einen neuen. In solchen Lebenskrisen machen sich zwei Tendenzen bemerkbar: die Tendenz, in einer gewohnten Situation zu verbleiben, und die Tendenz, die in das Neue drängt. In diesem Zwiespalt ist die Angst beheimatet. Im Märchen wird nun dieses Überschreiten, Hintersich-Lassen eines Lebensabschnittes als ein Sterben bebildert. Es gilt: Stirb und werde, Bedrohung und Erlösung, Lähmung und neues Erblühen, Tod und Auferstehung. Oder anders formuliert: Zwei Grundbotschaften, zwei Lebensweisheiten sind im Märchen dominant: »(1) Du musst dein Leben in die Hand nehmen, und (2) vertraue darauf, dass bei aller Dunkelheit in der Welt doch auch mehr hilfreiche Kräfte am Werk sind, als du ahnst.«[4] Dieser innere Aufruf zum Handeln, der den Märchen innewohnt, gibt auch die Kraft, der Sehnsucht mehr zu trauen als der Angst oder Verzweiflung. Und in diesem Vertrauen liegt wieder umgekehrt die Kraft zum Handeln. Man könnte von einem »positiven Kreislauf« reden ...

2.2 Märchen bebildern Entwicklungsgeschichten

Wie sind Märchen zu verstehen, wie verarbeiten Märchen die wichtigen Themen, die Lebensthemen? Märchen bebildern Entwicklungsprozesse, die nach außen erzählt werden und sich im Inneren des Menschen abspielen.[5]

»Hänsel und Gretel«[6], zum Beispiel, kann als Geschichte, als »story« behandelt werden, Schritt für Schritt können die Stationen und die Bewährungsproben des Helden oder der Heldin beschrieben werden. Dieses

---

4 *Heinrich Dickerhoff*, Mit Märchen nach Gott fragen, in: KatBl 138 (2013) 298–301, 298; vgl. *ders.*, Die Suche nach dem verborgenen Schatz. Mit Märchen nach Gott fragen, München 2009.
5 Die Märchen der Gebrüder Grimm können den verschiedenen Textausgaben entnommen werden. Hier jeweils: *Heinz Rölleke* (Hg.), Kinder- und Hausmärchen. 3 Bände. Ausgabe letzter Hand mit den Originalanmerkungen der Brüder Grimm, Stuttgart 2010. Im Textverlauf ist die jeweilige Nummer des Märchens bei Jacob und Wilhelm Grimm, Kinder- und Hausmärchen KHM genannt.
6 *Jacob und Wilhelm Grimm*, Kinder- und Hausmärchen KHM 15.

Märchen kann aber auch als Bebilderung eines inneren Prozesses verstanden werden, der in Bildern ein »Lebensgefühl« beschreibt, dass man zu zweit (fast) alles, was einem im Leben widerfährt, bestehen kann: Das Zuhause von Hänsel und Gretel ist, so die Erzählung, allmählich kein Zuhause mehr, das Zuhause ist ein Hunger-Ort, da ist die »Nahrung« ausgegangen, was früher Heimat war, ist verloren gegangen. Noch wollen die beiden nicht auf den Weg, es ist doch das Zuhause, Hänsel versucht aktiv, den Weg zurück zu schaffen – bis dies nicht mehr gelingt. Die beiden scheinen »Glück« zu haben, aus der kargen Welt heraus kommen sie in die Fülle, doch diese ist trügerisch, was nach Erfüllung aussieht, wird zur Falle. Hänsel ist gefangen, passiv, von ihm kann keine Lösung kommen. Nun muss Gretel aktiv werden, nun ist Gretel gefragt zu handeln, »Lösung«, »Erlösung« zu schaffen, auch wenn sie dafür einen aggressiven Impuls braucht. Und auch der Weg zurück bedarf der Aufmerksamkeit, geht es doch nicht um eine Rückkehr ins »traute Heim«, sondern um ein Zurückkehren auf einer anderen Ebene. Die beiden, die ihren Weg so gemeinsam gemeistert haben, müssen sich gegen Ende des Märchens trennen, um über einen See zu kommen. Eine Ente kann sie nur einzeln hinübersetzen – ein wunderbares Bild, wissend, dass es auch in intensiven Beziehungen Schritte gibt, die man alleine machen muss, dass es Punkte im Leben gibt, an denen Menschen auf sich selbst zurückgeworfen sind. Mit den Schätzen der Hexe kehren sie zurück. Nicht mehr die beiden Kinder mit Brotbröseln und Kieselsteinen werden sichtbar, sondern eine erwachsene Frau, ein erwachsener Mann – mit den Schätzen aus der schwierigen Zeit bei der »Hexe«, mit Schätzen, die sie auf ihrem Weg nicht verloren haben.

Immer wieder machen Menschen solche Erfahrungen, im Hexenhaus, im Hexenkessel nicht unterzugehen, sich aus dem Käfig, aus dem Drama zu befreien und aus dieser Bedrohung sogar noch Schätze mitzunehmen. Solche Wege sind es wert, erzählt zu werden, nicht bewertend, nicht beschönigend oder dramatisierend – Märchen und damit verbunden die jeweils eigenen Geschichten.

»Das Märchen vom Froschkönig«[7] bebildert, wie aus einem Frosch ein beziehungsfähiger Mann wird, wie aus einer verwöhnten Prinzessin eine beziehungsfähige Frau wird. Oder es geht darum, wie Aschenputtel[8] zu lernen, nicht bescheiden und zuhause zu bleiben, sondern sich sichtbar zu machen, sich zu zeigen, es zu wagen, »nach vorne auf die Tanzfläche zu treten«. Das Märchen vom Dornröschen[9] erzählt nicht nur die Geschichte von dem erstarrten Mädchen und der erstarrten Familie, sondern auch von den vielen jungen Männern, die – wohl unerfahren – sich in den Dornen verheddern und die junge Frau nicht berühren können. Dieses Märchen erzählt auch von einem jungen Mann, der – geschult und

---

7 *Jacob und Wilhelm Grimm*, Kinder- und Hausmärchen KHM 1.
8 *Jacob und Wilhelm Grimm*, Kinder- und Hausmärchen KHM 21.
9 *Jacob und Wilhelm Grimm*, Kinder- und Hausmärchen KHM 50.

begleitet von einem weisen Mann, wie es im Märchen heißt – die Dor-
nenhecke überwindet und die junge Frau »küssen« kann, ihren Körper
und wohl auch ihre Seele berühren kann ...[10]

3 Glücksmärchen

Einzelne Volksmärchen sprechen das Thema ausdrücklich an: Wie finde
ich Glück, wie werde ich glücklich? In ihnen kreist das Lebens- und
Entwicklungsthema um das Glück der Heldin, des Helden – und darum,
wie dieses Glück zu finden ist.

3.1 Hans im Glück

Vermutlich ist das Märchen bekannt. Nach siebenjähriger Lehrzeit will
Hans zurück zu seiner Mutter, verlangt seinen Lohn, der in einem Stück
Gold so groß wie sein Kopf besteht, und macht sich auf den Weg. Bei
pointiertem Lesen kann das Märchen

»geradezu als Anti-Märchen bezeichnet werden: Der Held zieht nicht in die Welt,
sondern heim zur Mama; er gewinnt nichts, sondern verliert nur, er gibt sein Gut
nicht aus Mitleid, sondern aus Dummheit. Dass er sich dennoch glücklich wähnt, ist
der Gipfel der Ironie. Alle Tauschgeschäfte fallen zu Hansens Ungunsten aus. Zum
Tausch animiert ist Hans jeweils durch banale Motive: Er ist zu träge, zu Fuß zu gehen; er fürchtet sich vor dem Pferd; er möchte Milch und Butter; er mag lieber
Schweinefleisch als das der Kuh usw., bis er beim Trinken am Brunnen noch das
Letzte verliert, was ihm blieb. Solcherart von momentanen Lüsten getrieben gibt
Hans jedes Mal frohgemut wieder her, was er kurz zuvor gerade noch unbedingt ha-
ben wollte.«[11]

Er merkt gar nicht, dass er jedes Mal über's Ohr gehauen wurde, er nennt
es »Glück« – auch wenn er einfach seine Bedürfnisse oder seine Angst
befriedigen wollte und dabei nicht merkte, dass er objektiv gesehen bei
jedem Handel verlor. Die Ironie dieser Erzählung lebt von dieser Spannung, dass Hans nichts merkt und das noch als »Glück« erlebt.
Braucht »Glück« so viel Naivität, könnte man fragen, will das Märchen
tatsächlich dies vorstellen? Es sind ja Verführungen, die dazu führen,
dass Hans das, was er hat, eintauscht. Oder ist es die Erfahrung, dass die
Wahrnehmungen auf der Basis unserer Deutungen geschehen? Dies
würde wohl heute »konstruktivistisch« genannt werden. Zugleich – Hans
erhält seinen redlich erworbenen Lohn, ein Stück Gold so groß wie sein
Kopf – und je länger das Märchen erzählt wird und je weiter die Tausch-

---

10 Vgl. zu den Deutungen insgesamt: *Helga Kohler-Spiegel*, Erfahrungen des Heiligen. Religion lernen und lehren, München 2008, 41 ff.
11 *Moni Egger*, Was ist genug? Ilsebills Streben und Hansens Glück, in: fama 29
(2013) H.1, 12f.

und Verlust-Geschichte von Hans voranschreitet, desto deutlicher wird der Verlust, den Hans glücklich vollzieht. Mit dieser Haltung geht Hans nicht in die Welt hinaus, sondern heim zu Mama, und kommt wieder mit leeren Händen an, wie er vor Jahren von ihr weggegangen ist. Die Szene kann auch an den Verlauf des Lebens erinnern, dass sich Menschen am Beginn und am Ende des Lebens nicht über Besitz und Erworbenes definieren können.

Dennoch: Ironie ist in diesem Märchen nicht zu verleugnen: Vom Scherenschleifer bekommt Hans einen Wetzstein – und einen gewöhnlichen schweren Feldstein, den zu tragen und zu hüten ihm der Scherenschleifer aufträgt. Hans dankt überschwenglich – jede andere Person würde sagen: Ich werde doch nicht einen gewöhnlichen Feldstein mit mir herumschleppen, und schon gar nicht würde ich einen gewöhnlichen Stein als Zahlungsmittel akzeptieren. Hans ist nicht direkt »Vorbild« – oder doch? Als Hans die Steine schleppt, kann er sagen: »Ich muss in einer Glückshaut geboren sein. Alles, was ich wünsche, trifft mir ein, wie einem Sonntagskind.« Und als er dann am Schluss auch noch den Stein verliert, springt er auf vor Freude, »kniete dann nieder und dankte Gott mit Tränen in den Augen, dass er ihm auch diese Gnade noch erwiesen und ihm auf eine so gute Art und ohne dass er sich einen Vorwurf zu machen brauchte, von den schweren Steinen befreit hätte. (…) ›So glücklich wie ich‹, rief er aus, ›gibt es keinen Menschen unter der Sonne.‹ Mit leichtem Herzen und frei von aller Last sprang er nun fort, bis er daheim bei seiner Mutter war.«[12] Irritierend und schön zugleich: »Ich muss in einer Glückshaut geboren sein. Alles, was ich wünsche, trifft mir ein, wie einem Sonntagskind.«

3.2 Der Teufel und die drei goldenen Haare

»Es war einmal eine arme Frau, die gebar ein Söhnlein, und weil es eine Glückshaut um hatte, als es zur Welt kam, so ward ihm geweissagt, es werde im vierzehnten Jahr die Tochter des Königs zur Frau haben. (…) Was so einer unternimmt, das schlägt ihm zum Glück aus.«[13] Es ist wert, das Märchen zu lesen. Es ist eine Geschichte vom Überleben, von Gefährdung und Schutz, von List und von Hilfe und von »Behütetsein«. Denn: »Wer eine Glückshaut hat, dem schlägt alles, was er unternimmt, zum Glück aus.« Die Herausforderungen, die das Leben an den Knaben stellt, sind riesig: Bis an die Haare des Teufels muss er, in die höchste denkbare Gefährdung, das kann niemand überleben.[14] Aber: Sicher gebundene, resiliente Kinder – so würde der Knabe heute vermutlich be-

12 *Jacob und Wilhelm Grimm*, Kinder- und Hausmärchen KHM 83.
13 *Jacob und Wilhelm Grimm*, Kinder- und Hausmärchen KHM 29.
14 Vgl. *Verena Kast*, Glückskinder. Wie man das Schicksal überlisten kann, Stuttgart 1993, 9–105.

zeichnet – sind »Glückskinder«. Das Bild des Märchens lässt zahlreiche Assoziationen zu: ein Kind mit einer Glückshaut. Nicht nur etwas Äußerliches, sondern die Haut selbst, das größte Kontaktorgan des Menschen, schützt das Kind. Ein Glückskind.

4 Märchen aus (religions-)pädagogischer Sicht

4.1 Pädagogisch-religionspädagogische Aspekte von Märchen

»Durch seine Narrationen konstituiert das menschliche Subjekt seine Welt, seine Beziehungen zu sich selbst und zu anderen, seine Gefühle und Empfindungen.«[15] Sich selbst zu entdecken, sich seiner selbst gewiss zu sein, ist ohne Erzählen nicht möglich, Identität wird erzählend konstruiert, indem wir erinnern, was in die Konstruktion unserer Identität passt, und vergessen, was diese narrative Identität stört. Im Erzählen bebildern Märchen und lehren, dass im Lösen von Lebensthemen Glück steckt. Am Ende ist es gut … Die Lebenskunst besteht darin, sich den jeweils eigenen Lebensthemen zu stellen. Märchen stellen Verhaltensmodelle zur Verfügung, sie zeigen Reifungsvorgänge, Problembewältigung, Ablösungs- und Emanzipationsprozesse, sie zeigen Identitätsfindung und ethische Orientierung; Haltungen und Tugenden unterschiedlichster Art sind dabei zentral.

Märchen zeigen Wege zum »Glück«, indem der Held oder die Heldin Vertrauen und Mut braucht, um sich auf den Weg zu machen, Neues zu wagen, Irrwege zu akzeptieren. Märchen lehren, dass es Lebenskunst ist, sich beschenken zu lassen, nicht alles selbst leisten zu müssen, mit »Helfern« zu rechnen und darauf zu vertrauen. Märchen lehren, dass Lebewesen aufeinander angewiesen sind, dass der Weg zum Glück nicht in der Flucht oder im Rückzug vor den Herausforderungen des Lebens besteht, sondern indem sich der Held, die Heldin den Aufgaben des Lebens stellt und durch die Herausforderungen hindurch zum »Glück« findet. Denn Märchen sind Mutgeschichten: Das Gute wird siegen, die Offenheit, die Ehrlichkeit, die Gutherzigkeit, die Achtsamkeit, die Treue, die Liebe. Natürlich auch zeitbedingt erzählt, stärken Märchen die Zusage: Das Gute siegt gegen das Böse, die Liebe gegen den Hass, das Leben gegen den Tod: »Und wenn sie nicht gestorben sind, dann leben sie heute noch.«

---

15 *Jürgen Reeder*, Die Narration als hermeneutische Beziehung zum Unbewußten, in: Psyche 59 (Beiheft 2005) 22–34, 24.

4.2 Didaktische Impulse mit Märchen als Hilfen für gelungenes Leben

Die Bewältigung von Lebensthemen führt im Märchen zum Glück, zum Lebensglück. Der Held, die Heldin schafft den eigenen Weg mit den Lebensaufgaben, die auf diesem Weg zu lösen sind – und darin wird Glück erlebbar, darin wird Glück konkret. Dies kann didaktisch in der Arbeit mit Märchen eingeholt werden. Manchmal ist lebendiges Märchenerzählen etwas, was Schülerinnen und Schüler kaum mehr kennen; um die Faszination zu erleben, an »Fremdgeschichten« eigene Erfahrungen zu entdecken, braucht es das Erzählen.

Mit Jugendlichen ist es gut möglich, die Lebensthemen der Märchen zu entdecken: Welche Erfahrung, welche Schwierigkeit, welche Not zeigt sich im Weg der Heldin, des Helden? Märchen spielen, zeichnerisch darstellen, weiterschreiben, oder ein Kinderbuch für jüngere Kinder dazu entwickeln – hier sind den kreativen Möglichkeiten kaum Grenzen gesetzt.[16]

Religionspädagogisch bietet sich die Ermutigung der Märchen an, den eigenen Weg zu gehen, auch wenn er unsicher und gefährlich ist, sich den Lebensthemen und damit den eigenen Herausforderungen zu stellen. Religionspädagogisch bietet sich an: vom Beginn des Lebens an mit einer Glückshaut gesegnet ...

5 Schluss

Märchen zeigen einen Weg zum »Glück«, indem das Glück nicht direkt angezielt wird, sondern der Held, die Heldin sich auf den Weg der eigenen Entwicklung macht – und darin das Glück findet. Dies ist ein zutiefst christlicher Gedanke, dies ist ein zutiefst religionspädagogisches Anliegen.

Hermann Perrar sagt über das Märchen: »Vielleicht können die in den Fremdgeschichten überlieferten ›Wahrheiten‹ ihm [dem Menschen – HKS] helfen, mit ›Wahrheiten‹ des eigenen Lebens in Berührung zu kommen, auf sie hinzuhören, aus ihnen zu sprechen, mit ihnen Leben zu bewältigen.«[17] Lebenskunst ist das Kernthema von Märchen – dem eigenen Leben folgen, dem Bedeutung geben, was im jeweiligen Moment, im Hier und Jetzt zu tun ansteht, sich von der jeweiligen Gegenwart herausfordern zu lassen – und entsprechend zu antworten. In der Erzähltra-

---

16 Vgl. *Stephanie zu Guttenberg* (Hg.), Die Märchenapotheke. Grimms Märchen als Heilmittel für Kinderseelen, München [2]2011; *Susanne Stöcklin-Meier*, Von der Weisheit der Märchen. Kinder entdecken Werte mit Märchen und Geschichten, München [2]2009; *Helga Zitzlsperger*, Kinder spielen Märchen. Schöpferisches Gestalten und Nacherleben, Weinheim 1994; *Gabriele Keller*, Es war einmal? Umgang mit Märchen im Jugendalter. Erfahrungen im Schulbereich, Freiburg 1996.
17 *Hermann Josef Perrar*, Mit Märchen dem Leben zuhören. Anleitung zur Arbeit mit Märchen im Religionsunterricht, Düsseldorf 1979.

dition des Neuen Testaments ist dies in der Beispielerzählung vom
»Barmherzigen Samariter« (Lk 10,25–37) erzählt: Indem Menschen sich
auf das einlassen, was jetzt das Leben von ihnen fordert, indem Menschen sich auf das einlassen, was die Situation zu tun erfordert, können
Menschen »Heil«, vielleicht auch »Glück« finden.

4
Perspektivische Annäherungen

Cornelius Hennings

Glück und Lebenskunst im Buddhismus

Buddha als Navigation zum Glück

Shakyamuni Buddha, der Begründer des Buddhismus, war streng genommen mehr ein Wissenschaftler als ein Religionsgründer. Er widmete sich den größten Teil seines Lebens der Glücksforschung, also der Frage danach, was Glück genau ist und auf welche Art es zu erreichen ist. Mit modernen Worten gesprochen: Er hat eine Art inneres Navigationssystem zum *Glücklichsein* entwickelt.
Was tun Navigationsgeräte als erstes? Sie lokalisieren die Person in dem Sinne:»Wo stehst du gerade? Wo befindest du dich in diesem Moment?« Buddha erkannte, dass sich alle Menschen zunächst am gleichen Ort befinden. Dieser Ort heißt *Leiden*.

›Alles Leben ist Leiden‹ – diese Erkenntnis ist bis heute sehr provokativ und erregt Widerstände gegen diese These: Ist das nicht eine zu negative Weltsicht? Gut, vielleicht leidet jeder manchmal, aber es gibt doch auch schöne Momente im Leben, oder etwa nicht? Buddha wusste natürlich, dass es Momente gibt, die sich gut anfühlen: Er war Sohn eines Königs gewesen, hatte in einem Palast in vollkommenem Überfluss gelebt. Kurz: Alles war zu schön gewesen, um wahr zu sein.
Aus diesem Grund hat er tiefer geschaut. Er hatte das Gefühl, dass die Jagd nach Glück – selbst wenn sie zeitweilig Erfolg verspricht – nicht dauerhaft glücklich macht.
Er begann unter die Oberfläche zu schauen, d.h. der Wahrheit ins Auge zu sehen: Alles Glück ist vergänglich. Materielles Glück und auch innere Glücksgefühle. Spätestens durch Alter, Krankheit und Tod wird auch das größte Glück vergehen. Das Glück, wie jeder es kennt, ist also immer *abhängig* von besonderen Umständen. Diese Erkenntnis erscheint nicht sehr glücksfördernd, sondern eher pessimistisch.
Buddha begann wie ein Wissenschaftler, wie ein Erfinder, nach einer Art Glück zu suchen, die vollkommen unabhängig von äußeren und inneren Umständen ist. Ein Glück, das selbst gegen Alter, Krankheit und Tod bestehen könnte.

Bei der Überprüfung dieser Erkenntnis, ob es möglich ist, ohne eine Voraussetzung glücklich zu sein, lässt sich entdecken, dass alles Glück letztlich von etwas abhängig ist: zum Beispiel dass man keine unerträg-

lichen Schmerzen und auch keine schwere Krankheit hat. Zum Beispiel, dass man genügend zu essen hat ...
Und was tust du als nächstes? Du sagst – wie man es oft als Redewendung hören kann: ›Das Leben ist kein Ponyhof!‹ –, und die größte Weisheit besteht darin, sich mit *kleinen* Glücksmomenten zufriedenzugeben.
Nachdem du das große immerwährende Glück als nicht realisierbar abgetan hast, versuchst du herauszufinden, wovon *genau* dein *kleines* Glücklichsein abhängt. Du gehst ins Detail und gibst nun eine breitere Palette mit verschiedenen Zielen auf der Suche nach Glück ein.
Zum Beispiel:
Ich möchte ein Einfamilienhaus.
Ich möchte Liebe.
Ich möchte Geld.
Ich möchte Gesundheit.
Ich möchte soziale Gerechtigkeit in der Welt.

Und du gibst ebenso ein, was du *nicht* möchtest, wohin du *nicht* willst.

Zum Beispiel:
Ich möchte keinen Liebeskummer.
Ich möchte keine Krankheit.
Ich möchte keinen Krieg.
Ich möchte keinen Streit.
Ich möchte keine Umweltzerstörung.

Wenn du besonders schlau bist, versuchst du mit allen dir zur Verfügung stehenden Mitteln die Ziele zu erreichen und die negativen Orte zu umfahren.
Du bist damit – wie alle anderen – zum Glücksjäger geworden.
Auf der ständigen Jagd nach deinem persönlichen Glück, nach angenehmen Situationen und Zuständen, die deiner Vorstellung von Glück entsprechen.
Vielleicht gehst du gerade noch so weit, auch unangenehme Dinge freiwillig zu tun, um längerfristig an ein noch größeres Glücksgefühl zu kommen. Das nennst du dann Weitsicht:
Vielleicht machst du eine Diät.
Vielleicht sparst du Geld.
Vielleicht gehst du freiwillig zum Zahnarzt und lässt dir dort Schmerzen zufügen, damit auf lange Sicht kein Zahnschmerz mehr da ist.
Ob du kurzfristig oder langfristig denkst: Du bist und bleibst ein Glücksjäger. Du jagst Deiner persönlichen Vorstellung von Glück hinterher.

Buddha hat genau diese Glücksjagd als *Leiden* bezeichnet – nicht als Möglichkeit, inneren Frieden und höchstes Glück zu erlangen. Es kommt nicht darauf an, wie gut du jagst! Es kommt nicht drauf an, in Zukunft besser nach deinem Glück jagen zu können. Dein absolutes, größtes Glück lässt sich nicht einfangen und nicht ›erlegen‹.

Nachdem Buddha diese Erkenntnis durchdrungen hatte, hörte er jedoch nicht auf mit der Suche nach Glück. Er sagte nicht: ›Tja, machen wir halt das Beste aus dieser Glücksjagd. Versuchen wir wenigstens ein bisschen glücklich zu sein, so lange es geht.‹ Die Illusion von Glück – das war ihm nicht genug.

Es musste doch einen Weg geben! Einen Weg, *wirklich* glücklich zu sein. Unabhängig von allen Dingen, unabhängig von materiellen Gütern, von Schmerzen, von Liebe, von lustvollem Sex, von Einsamkeit, von Krieg, von Traurigkeit, von Erfolg, von Schönheit, von Umweltzerstörung, sozialer Ungerechtigkeit und köstlicher Eiscreme!

Eine seiner wichtigsten Erkenntnisse bestand zunächst darin, dass dieses Glück – wenn überhaupt! – nur im Innern zu finden sei. In dir selbst. Er gab also in sein Glückssuchgerät den Ort ein »In mir selbst!«

Die nächste Frage, die sich ihm stellte, war: Mit welcher Methode kann ich diese leidvolle Glücksjagd in mir beenden? Was muss ich denn anstelle der Glücksjagd tun, um zum wahren und tiefsten Glücklichsein zu gelangen?

1 Auf der Suche nach der genauen Glücksadresse

Zur Zeit des Buddhas gab es bereits viele Formen und Methoden von Meditation – der tiefen Schau nach Innen. Buddha verließ den Königspalast, ließ allen Luxus hinter sich. Nicht, weil er Luxus verabscheute, sondern weil er unabhängig von materiellen Gütern Glück finden wollte. Er traf viele Meditations-Lehrer, die Spezialisten auf dem Gebiet der inneren Navigation waren. Die meisten dieser Methoden drehten sich vor allem darum, Verzicht zu üben, nichts mehr zu wollen, das Ego, die eigenen Wünsche und Bedürfnisse zu überwinden.
›Befriedige nicht dein Ego, löse dich von deinem Ego!‹ hieß das Motto. Das hörte sich für Buddha erst einmal vernünftig an. Es erschien logisch: Wenn die Glücksjagd die Wurzel des Leidens ist, dann muss die Wurzel des Glücks offensichtlich im Gegenteil der Glücksjagd zu finden sein. Das hieß für ihn:
– Herumsitzen und Nichtstun, anstatt geschäftig zu sein und irgendetwas ›machen‹ oder ›erreichen‹ zu wollen
– Askese, Fasten und Besitzlosigkeit
– sich freiwillig körperlichen Qualen auszusetzen, um zu trainieren, dass Schmerzen im Grunde egal sind, dass es sinnvoll ist, sich vom Körper

und allem Körperlichen zu lösen – sich von den körperlichen Bedürfnissen (nach Nahrung, Wärme, Kühlung in der Hitze und so weiter) und den Bedürfnissen des Herzens (Liebe, Freude, Intimität, Unterhaltung und so weiter) zu befreien.

Um das alles auszuhalten, gab es zu Buddhas Zeit bereits anerkannte Meditations-Techniken. Anhand dieser Atem- und Konzentrationsübungen gelang es ihm tatsächlich, sich völlig von sich selbst zu lösen. Er konnte die Gedanken in seinem Kopf abstellen, sein Ich-Bewusstsein (Ego) verabschieden, sogar seinen Überlebenstrieb beherrschen. Augenscheinlich tat er nun das genaue Gegenteil von Glücksjagd.

Das führte dazu, dass er eines Tages durch die radikale Askese kurz vor dem Verhungern war, am Rande des Todes. Und, siehe da: Buddha war noch immer nicht glücklich!
Er hatte alles getan und alles gelassen.
Er hatte alles besessen und alles weggegeben. Und war immer noch nicht im Glück angekommen. Er erkannte, dass selbst die Abkehr von der Glücksjagd ein Teil der Glücksjagd war. Wie zwei Seiten derselben Münze.
Im Grunde war er immer noch auf der Jagd nach Glück, denn auch die Abwendung von der Glücksjagd (Askese, Verzicht) bedeutet eine Form der Glücksjagd!

Es ist nicht schwer sich vorzustellen, wie sich so etwas anfühlen muss: Pure Verzweiflung. Müdigkeit. Erschöpfung. Hoffnungslosigkeit. Lustlosigkeit. ›Glückssucher-Burnout‹.
In diesem Moment gab er auf.

2 ›Sie haben das Ziel erreicht‹

Die Suche nach dem Glück war für ihn beendet.
Und in diesem Moment, wo alles Suchen in ihm aufhörte, weil einfach keine Suchkraft mehr da war, kein Antrieb, um wieder neue innere Orte anzusteuern, ist er im absoluten Glück angekommen.
Die Glücksjagd hatte endlich ein Ende gefunden.
Kein Weg und kein Ziel führten zur Vollkommenheit des Glücks.

Da war nur noch Bewusstsein.
Pure Wahrnehmung.
Freiheit.
EINFACH GLÜCK.

Wie kann man sich den Geisteszustand des erleuchteten, absolut glücklichen Buddhas am ehesten vorstellen?

Zum Beispiel wie eine weiße Kinoleinwand. Diese Leinwand dient als Projektionsfläche für Filme, für Dramen, für Komödien, für ein gutes oder schlechtes Ende, für Höhepunkte und Tiefpunkte. Leidet die Leinwand?
Nein. Sie erlebt all diese menschlichen Dinge, bildet all diese menschlichen Gefühle ab, aber leidet nicht darunter, weil sie eben einfach Projektionsfläche ist.
Sie versucht nicht, den Film abzustellen (Askese, Loslösung vom Ego) oder die Handlung zu verändern (klassische Glücksjagd).
Das, was geschieht, geschieht. Wunderbar!

Dieser Bewusstseinszustand: ganz einfach Projektionsfläche für Leben und Erlebnisse jeder Art zu sein, das macht absolut und dauerhaft glücklich.
Bei allen buddhistischen Meditationsmethoden (die sehr unterschiedlich sein können!) geht es letztendlich darum, zur reinen Projektionsfläche des Lebens zu werden. Das bedeutet:
Zu denken, wie ein Mensch denkt.
Zu fühlen, wie ein Mensch fühlt.
Zu handeln, wie ein Mensch handelt.
Zu wünschen, wie ein Mensch wünscht.
Zu sehnen, wie ein Mensch sehnt.
Vielleicht ein anderes Leben haben zu wollen, einen Moment genießen zu können, gestresst zu sein, eine bessere Welt zu wollen oder auch keine bessere Welt zu wollen.

Was unterscheidet einen echten Buddhisten dann überhaupt von einem normalen Glücksjäger? Antwort: Er weiß in jedem Moment (!) darum, dass er eine Projektionsfläche für sein eigenes Leben ist – und dieses Wissen lässt ihn lächeln wie ein Buddha.
An diesem Ort, in diesem Wissen angekommen, herrscht absolutes Glücklichsein.
An diesem Ort herrscht Mitgefühl mit anderen Menschen und mit Tieren – ohne Gesetze und Regeln, ganz natürlich.

Wenn man sich nun fragt: Das ist ja schön für die Buddhisten – aber wie komme *ich* denn nun zum absoluten Glück? Muss ich in ein Kloster gehen, muss ich mir die Haare abrasieren, muss ich eine Mönchskutte tragen oder mir das Wort ›Buddhist‹ auf den Arm tätowieren lassen?

Nein. Das hat alles nicht viel mit Buddhismus zu tun.
Der einfachste und direkteste Weg zu absolutem Glück ist die *Selbstbeobachtung*.
Am besten beginnt man mit der Selbstbeobachtung in der stillen Meditation:
Beobachte deine Gedanken und Gefühle.

Beobachte genau, was sich auf deiner Leinwand gerade abspielt.

Beobachte deine Gedanken, deine Emotionen, dein Körpergefühl, deine Meinung.

Wenn du willst, kannst du das jetzt einmal praktisch ausprobieren:

Du setzt dich aufrecht auf einen Stuhl, der Rücken ist nicht angelehnt. Du hebst dreimal langsam die Schultern (einatmen) und lässt sie fallen (ausatmen). Deine Hände liegen auf den Oberschenkeln oder im Schoß. Es ist nicht einmal eine besondere Meditationshaltung nötig und du brauchst auch keine besondere Kleidung. Wenn du magst, kannst du die Augen schließen.

Jetzt beginnst du damit, für fünf Minuten deine Sinneswahrnehmungen und Gedanken zu beobachten.

Dein linker Fuß juckt. Du beobachtest das Jucken – ohne einzugreifen.

Du denkst an die Sonne – und beobachtest dabei deine Gedanken an die Sonne. Nicht ›Ich‹ denke an die Sonne, sondern da sind auf meiner inneren Projektionsfläche Gedanken an die Sonne.

Nicht ›Ich‹ bin traurig. Da ist das Gefühl von Traurigkeit (z.B. Schmerz in der Brust, traurige Gedanken, Schwere) auf meiner inneren Projektionsfläche.

Du beobachtest bei dieser Übung zehn Minuten lang, was auf deiner persönlichen Kinoleinwand erscheint. Du machst dir immer wieder bewusst: Diese Gefühle und Gedanken sind nicht ›Ich‹, sie spielen sich nur in mir ab wie auf einer Leinwand.

Diese Selbstbeobachtung macht dich gelassen.

Diese Selbstbeobachtung schenkt dir nach und nach immer mehr Lebensfreude. Vielleicht nicht gleich nach dem ersten Versuch, aber bereits nach ein wenig Übung.

Genau diese Selbstbeobachtung lässt in dir das berühmte Lächeln des Buddha entstehen.

Fazit: Wenn du diese Übung häufig ausführst (ruhig auch länger als fünf Minuten), geschieht mit der Zeit Folgendes:

1. Du beobachtest dich dabei, wie du versuchst, glücklich zu werden.

Du nimmst deine eigene Glücksjagd unter die Lupe.

Du siehst jeden Tag in dich hinein: Was glaubst du, würde dich jetzt glücklich machen? Welche Methode benutzt du gerade auf deiner Glücksjagd? Wem oder was jagst du in diesem Moment hinterher?

Je genauer und länger du dir dabei über die Schulter siehst, umso mehr ermüdest du und verlierst die Lust an dieser Art des Jagens.

Du gelangst zur nächsten Phase:

2. Du beobachtest dich in der Lustlosigkeit. Du beobachtest als Glücks-Wissenschaftler(in), wie sich in dir folgende Gedanken und Gefühle formen: ›Das hat doch alles keinen Sinn, die Jagd nach dem Glück ist so

unbedeutend und vergänglich. Ob ich glücklich werde oder nicht – wen kümmert's?‹

Beobachte auch diese Gedanken und Gefühle aus der Distanz. Als sei es nicht deine Müdigkeit, nicht dein Gefühl von Sinnlosigkeit, sondern etwas Unpersönliches. Etwas, das da ist und von dir wahrgenommen wird.

Genau wie bei einem Kinofilm. Da sagst du auch nicht: Ich bin der Film. Du kannst unterscheiden, dass du diesen Film zwar miterlebst, aber nicht bist. Du bist der Beobachter, du bist nicht der Schauspieler oder die Schauspielerin.

Damit es dir leichter fällt, dauerhaft auf dem Weg des Selbstbeobachtens zu bleiben, kannst du dich anderen Buddhisten anschließen und mit ihnen zusammen diesen Bewusstseins-Weg gehen. Das ist nicht zwingend nötig, kann aber sehr hilfreich sein.

Theoretisch musst du das Ganze nicht einmal Buddhismus nennen. Echter Buddhismus ist namenlos.

3. Schließlich wachst du morgens auf, öffnest dein Fenster, hörst einen Vogel zwitschern oder einen LKW vor deinem Fenster vorbeifahren und ein besonderes Lächeln erscheint in deinem Gesicht. Alle Fragen nach Glück sind von selbst von dir abgefallen. Was bleibt, ist reines, freudvolles Bewusstsein.

Echtes Glück.

Das Lächeln des Buddha – es ist jetzt deins.

Christian Hennings ist ausgebildeter Qi-Gong-Lehrer und Dozent.

4.2

Claus Eurich

Sein und Werden

Über die Notwendigkeit und das Glück zu scheitern

Wenn wir über ein Thema mit Gewissheit sprechen können, dann darüber, wie universal uns die Endlichkeit gegenübertritt. Leben, wie Menschen es auf der gegenwärtigen Evolutionsstufe für sich erfahren, erhält die Koordinaten der Orientierung und des Handelns aus seinen Grenzen. In sie hinein betreten wir die Welt, verlassen wir den beschützten Raum des Einsseins mit der Mutter. Dieses erste Verlassen wird zu unserer ersten Erfahrung des Vergehens, das von nun an jedem Schritt innewohnt. Zunächst bleibt es bloßes Vergehen. Später dann, wenn mit der Lebenserfahrung Erkenntnis hinzutritt und das Beziehen des Vergehens auf die gesamte Existenz, mag es sich wandeln in die Erfahrung zu scheitern. Kaum eine Ebene des Seins kann sich ihr von nun an entziehen.

Ein Problem, das sich vor uns aufbaut, können wir überwinden, aus dem Weg räumen, gelegentlich schlichtweg negieren. Krisen, derer wir teilhaftig werden, provozieren normalerweise ihr konstruktives Durchleben und ihre Bewältigung. Das Wesen des Scheiterns jedoch liegt in seiner Unwiderrufbarkeit. Mächtig setzt es seinen Grenzstein in die Existenz. Das Gescheiterte in meinem Leben, eine berufliche Karriere, eine Beziehung oder Ehe, die soziale Anerkennung einer Leistung, der Entwurf einer Seinsweise – ihr Zerbrechen ist nicht mehr umkehrbar, auf der Ebene des Bruchs nicht heilbar. Im Gegenüber der Verzweiflung scheitern in der Folge auch die gängigen Antworten und Lösungswege mit. Eine gewisse Ratlosigkeit der Philosophie inbegriffen. Es sei denn, wir beginnen auch das Desaströse vom Standpunkt der Vollendung, der Erlösung und der existentiellen Heilung her zu betrachten. Es sei denn also, wir begännen endlich, den Makel abzustreifen, der am Scheitern und der folgenden Verzweiflung klebt. Der Kampf ist ganz gewiss kein leichter, denn er muss vor allem gegen die zensierten Gefühle bestanden werden, die in unserer Kultur auch dann noch nach Coolness rufen, wenn das Herz nur noch aus Tränen besteht.[1]

---

1 Vgl. *Claus Eurich, Die heilende Kraft des Scheiterns*, Petersberg 2006.

1 Scheitern als Dunkel und Licht

Im Makrokosmos des Universums, im Mesokosmos der Kulturen und im Mikrokosmos des einzelnen Menschen lebt das Scheitern, lebt der Untergang, leben der kleine und der große Bruch in Notwendigkeit und Gleichberechtigung neben dem Glanz und der Größe des Gelingens. Teil des Ganzen sind sie und Voraussetzung. Dies anzuerkennen und zu integrieren wird zur Basis dafür, sich dem Leben gestaltend und es selbst entwerfend zu stellen. Was uns eigentlich niederschmettern und dramatisch mindern müsste, wächst nun zur Voraussetzung dafür, dass das Leben sich selbst gerecht wird, indem es sich steigert. Leben will Steigerung, will Entwicklung. Existentielle Herausforderungen und Prüfungen sind der Motor dafür.

Im Scheitern tritt die Grundambivalenz des Menschen zu Tage. Ihm wird es zur dauerhaften Prüfung, und doch liegt Gnade darin, es als dem Gesetz des Seins und Werdens zugehörig erkennen zu können und an mir selber spüren zu dürfen, dass das Werden des Vergehens bedarf. Wie sonst entstünde Bewegung? Wenn der biblische Prediger, Kohelet, selbst die uns als Ewigkeit erscheinende Verfasstheit des Universums als Windhauch, als Vorübergehendes offenbart, und ja kein Argument bekannt ist, das als Widerspruch ernst genommen werden könnte, dann liegt wohl im Durchleben des Vergehens mit das Tiefste, das wir überhaupt erfahren können, ein ganz eigener Ursprung von Lebendigkeit. Im Durchleben des Vergehens als Keimquelle der Lebendigkeit zeigt sich die Polarität des Seins und hebt sich diese zugleich auf. Jede Position ist an ihre Verneinung gebunden, jedes Negative an das Positive, keine Eigenschaft wird ohne ihr Gegenteil. Die ganze Kostbarkeit der Bindung erstrahlt nur angesichts des drohenden Verlusts. Vielleicht nimmt ja das dem Schrecklichen ein wenig das Schreckliche, wenn wir es auch als Daseinsgrund des Schönen erkennen, wie Nietzsche in seinem Vorwort zur »Geburt der Tragödie« so inständig betont[2] und wenn wir es in der Folge in dieser Sinnhaftigkeit bejahen. Nur dann ja auch kann Trost sein. Und es kann die Erfahrung von Ganzheit erwachsen, selbst in dieser zerrissenen Welt.

In der Annahme und im Durchleben des Scheiterns wird das Sein offenbar. Die Enthüllung der Daseinstäuschungen geben den Blick frei auf die Tiefe des Seins.[3] Jetzt wird es erfahrbar, im Durchschreiten der existentiellen Räume, im Wagnis dieses Durchschreitens. Es wird erfahrbar in seinen Gebrochenheiten und der Dynamik des Vergehens, in der ungeschminkten Offenheit, mit der jede Zerstörung mir begegnet, wenn ich sie vorbehaltlos anschaue. Was als Unfähigkeit zu vollenden gesehen wurde, zeigt sich nun als Voraussetzung, um zu vollenden. Die Jahre, die ich als die sieben Jahre der Dürre sah, wandeln ihr Antlitz. Ich erkenne

---

2 *Friedrich Nietzsche,* Die Geburt der Tragödie, in: Das Hauptwerk, Band III, München 1990, 367–369.
3 *Karl Jaspers,* Philosophie. III. Metaphysik, Berlin u.a. 1956, 232–236.

sie nun auch als die sieben Jahre der Fülle. Der Mensch, der das durch-
lebend und durchleidend erfuhr, weiß. Er weiß nicht in den Kategorien
des Fach- und Sach- und Leistungswissens; dieses wurde mit den anderen Täuschungen von der Welle des Bewusstseins weitgehend fortge-
spült. Er weiß auf der Ebene metaphysischen Heilswissens. Im Widerstehen aller Fluchtrufe, im Verbleiben und Aushalten hat er sich scheiternd
überwunden und an seinen wahrgenommenen und akzeptierten Grenzen
bewahrheitet.
Das erfüllte Scheitern sollte also nicht mit passiver Hinnahme verwechselt werden. Man könnte eher von einem aktiven, wachen Dulden sprechen und einer Gelassenheit, die aus der Zeugenschaft mir selber gegenüber resultiert. Gleichwohl sind dieses Dulden und das damit verbundene
Durchhalten existentiell. Sie halten uns im und am Sein. Und das nicht
nur auf mich bezogen. In der durchhaltenden Annahme des Scheiterns
und des damit verbundenen Leides werde ich überhaupt erst leidensfä-
hig, stelle ich mich in eine Beziehung zum Leiden. Der Beziehungs-
aspekt lässt es mich betrachten und erkennen und fühlen zugleich. Und
er lässt mich eine spezifische Sensibilität entwickeln, die mich Leid auch
bei anderen Menschen spüren lässt; und zwar schon dann, wenn sie sich
noch in der Bemühung halten, es zu maskieren. Nur wer das Scheitern
kennt und sich fühlend und wissend mit ihm vertraut gemacht hat, kann
dem von ihm erkannten scheiternden Mitmenschen helfen. Und dieser
wird seine Hilfe eher annehmen als die Worte derer, die in einer Mischung aus Mitleid und Angst davor, selbst erfasst zu werden, sich darin
üben, billigen Trost zu spenden.

2 Offenheit und Wagnis

Im Prozess des Scheiterns stehen wir in der Begegnung mit dem, was
schon seit jeher als die dunkle Seite Gottes bezeichnet wird. Es ist jene
Zeit, in der das Göttliche sich uns zu entziehen scheint, es sind die Jahre
des Zweifels und des Ringens um Licht, wie es das biblische Buch Ijob
so wunderbar tief und beeindruckend beschreibt. Hier gibt es nichts mehr
zu beschönigen, warten keine einfachen Lösungen, ist die Nacht wahrhaft dunkel. In dieser Nacht aber findet das Unvollendete der Schöpfung,
finden ihre oft tragischen Brüche einen Platz. In der Begegnung werden
sie zu Korrekturzeichen für eine notwendige Lebensänderung und zum
dramatischen Hinweis, nicht an der Ganzheit des Lebens und nicht an
sich vorbeizuleben. So bereitet sich das Neue vor. So verwandelt sich
das Gebrochene in der Schöpfung, verwandelt sich das jederzeit mögliche Tragische als Evolution und Fortschritt, als die Fruchtbarkeit bewäl-
tigter und überlebter Niederlagen. So führt die Verzweiflung, in der ja
»zwei« steckt und damit Spaltung, in die Einsicht und Erfahrung der
Ganzheit, der im Letzten immer vorhandenen Einheit als dem Unge-
trennten.

»Das Sein kann sich nur im Werden erfahren, das Werden ist nichts ohne
das Sein.«[4] Dieser Grundsatz der existentialistischen Philosophie weist
darauf hin, dass die Flügel der Möglichkeiten nicht ohne die Ketten der
Erdanziehungskraft gesehen werden können. Sein bleibt in diesem Bild
immer unvollendetes Sein, und Freiheit bleibt neben dem Ausdehnungs-
drang eine immer auch verwiesene. Das Vorwärts kommt aus der Man-
gelhaftigkeit und führt in eine neue. Nicht Vollkommenheit heißt somit
das Ziel, sondern Vollendung in der mir möglichen Vollständigkeit.[5] Auf
sie zubewegen kann sich wohl nur der, der an den Weggabelungen des
Lebens nicht voreilig den Ausschluss von Möglichkeiten wählt, sondern
zunächst den Versuch der Integration. Ausschluss kappt Potentialität da
ab, wo noch gar nicht erkannt werden kann, welches Land hinter der Ab-
zweigung liegt; ein Land, von dem mir bislang nicht mehr bekannt ist als
sein Name und jedes Urteil sich doch allenfalls auf bereits Bekanntes zu
stützen in der Lage sieht. Sein zum Werden also wird nicht ausschlie-
ßend sein; vielmehr verbindet es den Werdens- und Verwirklichungs-
drang mit Offenheit, Experiment, Wagnis und Abenteuer – und vielleicht
ein wenig auch der Hoffnung, als der Tugend des Noch-Nicht.
Auf dem Weg des Werdens bleibt der Mensch ein Grenzgänger. Verwirklichung und Vergehen, Daseinsglück und Leiden gehen immer mit.
Mit allen Sinnen lebend werden sie als gegeben wahrgenommen und als
veränderbar durch fortwährendes Erkennen. In der Arbeit an diesem
Selbstentwurf als kontinuierlicher Veränderung und Weitergestaltung
entfaltet sich die schöpferische Produktivität des Menschen auf höchs-
tem Niveau. Er wird sich als lebenslange Herausforderung selbst zu
einem »Kunstwerk«, das sich in jedem Augenblick aus anderer Perspektive zu betrachten vermag. Jetzt erkennt er endlich seine Masken, die ihn
oft so starr erscheinen ließen und dadurch erstarren machten. Nun durchschaut er vieles Wollen als nicht aus einem flexiblen Seinsentwurf entstanden, sondern der blinden Projektion eines verhärteten Egos.
In der Selbstgestaltung als schöpferischem Prozess nehmen wir unsere
Wesenheit und unsere Berufung an, bewusster Teil eines schöpferischen
Universums zu sein. In der Formung des Selbst verändert sich das Ganze
mit. Ermöglichung des Selbst dient so auch der Ermöglichung des Ganzen, aus dem es sich wiederum nährt. Der Schönheit und Größe dieser
Anforderung, unser Stück Verantwortung für Himmel und Erde mitzu-
tragen, können wir uns, wenn sie einmal erkannt ist, begründet nicht
mehr entziehen. Die Wahl, die der Mensch im Sinne dieser Verantwortung in Freiheit trifft, und die Entscheidungen, die daraus folgen, nennen
wir Tugend. In ihr bestätigt eine Person ihre Einzigkeit bei aller wech-
selseitigen Verbundenheit und allen Verflechtungen in eine individuale,
soziale und kulturelle Geschichte. In ihr erkennt sie an, dass sie für den
schöpferischen Beitrag zur Verfeinerung des Universums unersetzlich

---

4 *Albert Camus,* Der Mensch in der Revolte. Essays, Reinbek 2001 (1953), 333.
5 *Carl Gustav Jung,* Von Gut und Böse, Olten 1990, 138ff.

ist. In ihr teilt sie mit und drückt sie aus, dass Denken in Erkennen münden kann und Erkennen in Freiheit und Freiheit letztlich in den Entwurf und der Praxis universaler Verantwortung.
Selbstgestaltung demnach meint, beharrlich den eigenen Weg zu gehen, wenn auch ohne programmiertes Navigationssystem. Beharrlichkeit sollte nicht mit Unbeirrbarkeit verwechselt werden. Beirrt – das darf schon sein, damit der Andere und das Andere Zeichen am Weg zu sein vermögen. Beirrt sein lässt sich nicht vermeiden, wenn wir den Weg zu unserem möglichen Selbst in rückhaltloser Ehrlichkeit und Wahrhaftigkeit gehen und der großen Versuchung, die in der Verdrängung liegt, im täglich neuen Kampf zu widerstehen versuchen. Kein bewusstes Leben erscheint denkbar, das an dem Unangenehmen und Schrecklichen in der eigenen Existenz vorbeisieht oder es gar zu verschleiern trachtet; das vorbeisieht am Vergehen alles Äußeren, vor allem auch an der eigenen Vergänglichkeit und den täglichen Vorstufen, die sich im biologischen Alterungsprozess zeigen. Rückhaltlose Ehrlichkeit und die aus ihr erwachsende Redlichkeit werden im lebenslangen Prozess der Selbstgestaltung zur höchsten und zur letzten Tugend. Ohne sie scheitern wir daran, uns immer wieder mit uns selbst zu versöhnen und uns auch selbst zu vergeben.

3 Wir leben inmitten des Mysteriums

Kein bewusster Mensch liebt die Ohnmacht oder sucht das Scheitern. In beides gelangen wir ungeplant, wenn auch gelegentlich durch Vorahnungen geführt, ja einer untrüglichen inneren Gewissheit. Die Signatur des Scheiterns lässt sich mit dem Code des vernunftbegabten Geistes allein nicht dechiffrieren. Immer bleibt ein unverfügbarer Rest, der zum Verstehen hin sich erst in späteren Lebensphasen öffnet, vorausgesetzt, das Scheitern wurde ins Wachsen und Werden gewollt integriert. Abspaltungen halten im Nichterkennen und Verkennen.
Kein Mensch sucht das Scheitern. Aber er muss es wagen, wenn er mit den Möglichkeiten seines jetzigen Lebens seine Grenzen berührt. Im vorzeitigen sich Ergeben bleiben die Türen eines sich im Fluss und der Ermöglichung bewegenden Lebens verschlossen. Und die Wahrheiten, die die Existenz in das Universum des Ewigen stellen, gelangen nicht ans Licht.
Würde die göttliche Begleitung im Scheitern nicht immer wieder zu entschwinden scheinen und ganz in Leere, Dunkelheit und Unmut stellen, würden wir vermutlich Kompromisse an dem notwendigen Absterben des Überlebten vorbei suchen und uns der Neugeburt verweigern. Im Entstehen aus den zerbrochenen Hüllen des Alten aber überschreitet ein Mensch, wenn er dies als unbegrenzten Prozess ansieht, seine Endlichkeit. Er hält den Zauber am Leben, der im sich Ergeben ganz verflöge. Er stellt sich seiner wahren Sehnsuchtstiefe, die doch immer schon

Ewigkeit im Hier und Jetzt sucht und damit das gegebene Leben auch einbeziehen muss.

Oft spricht man bezogen auf Menschen, die sich wahrnehmbar für ihre Mitwelt in einem Prozess grundlegender Veränderungen befinden, von Häutungen, die sie durchleben. Doch die Erfahrung von Integration, Synthese und Einssein meint mehr als Abstreifen des Verbrauchten und eine äußere Erneuerung, die das Innere nicht berühren muss. Diese Erfahrung verweist auf tief greifende Erschütterung, Öffnung und innere Wandlung. Die existentielle Synthese, in die diese Wandlung führt, macht die Szenen des Scheiterns in unserem Leben zu kostbaren Schritten. Sie stehen nun nicht mehr für ein unheilbares Zerbrechen, sondern für Entfesselung, die der Ermöglichung den Weg bereitet. Die Tränen des Scheiterns führen so ins Lächeln der Erkenntnis und des Werdens.

Die Alten sagten, Leben sei beginnendes Sterben. Aus der Integration des Scheiterns in die Dynamik der Ermöglichung lässt sich nun sagen: Leben ist beginnendes Leben. Leben heißt anfangen und nicht enden.

Im Menschen und durch ihn hindurch nimmt die Ursprungskraft des Seins sichtbare und vor allem bewusste Gestalt an. Sie zeigt sich in der von ihm frei gewählten transformatorischen Entfaltung. Mit dem Erkennen, Zulassen und Gestalten seiner Wandlungen erhalten zugleich vorausgegangene Ereignisse und Erfahrungen ihren tieferen Sinn. Schon immer leben wir nicht nur am Rande, sondern inmitten des Mysteriums. Eigenliebe, Eigensucht und Eigenbestätigung bezogen auf alte Muster blockieren diese Erfahrung, die gleichwohl jederzeit erstehen kann, wenn Menschen bereit sind zu hören, sich dem stillen Klang des kosmischen Wunders ganz und in Hingabe anzuvertrauen.[6]

In der Hingabe brechen wir mit der Fehlsicht, unser Leben ganz aus unseren Kräften heraus bewältigen und gestalten zu können. Die Leidenschaft, die in der Hingabe als momenthafte Selbstvergessenheit lebt, hebt für Blitze der Empfindung und Erfahrung jene Grenzlinien auf, die der Geist längst als konstruiert durchschaut hat – es sind die Grenzlinien zwischen Liebe, Leid und Vergänglichkeit. Die Hingabe macht uns dessen, was wir Erlösung nennen, würdig. In der Hingabe sind wir für das da, was uns als Sehnsucht erwählte und durch die Sehnsucht erst erweckte. Der Mensch in der Hingabe lebt in der schutzlosen Offenheit für das Göttliche und fühlt sich doch allein in ihr getragen und geborgen. Sein Leben hat dadurch noch keine letzte Erfüllung erlangt, aber an den Wegstationen seines Lebens scheinen die Möglichkeiten auf, schon im Hier und Jetzt seine Existenz von Gott her zu entwerfen. So verbindet und integriert der Mensch »Noch-Nicht« und »Schon-Jetzt«, Ewigkeit und Zeit, Transzendenz und Immanenz.

Die Hingabe und das Vertrauen verbinden

6 *Joshua Abraham Heschel,* Der Mensch fragt nach Gott, Neukirchen-Vluyn 1982, 1ff.

den Fluss unseres Seins mit der unerschöpflichen Quelle, verbinden unsere Seele mit der Welt- und mit der Allseele und unser Herz mit der Schöpfungs- und Eroskraft. Sie erheben Schönheit aus dem Rang des Zufälligen in das Wesenhafte des Universums. Durch sie nimmt im Menschen das Göttliche seine befreiende Gestalt an. Wir brauchen uns nichts Neues zu erdenken. Alles ist da.

Literatur

Buber, Martin: Gottesfinsternis, Gerlingen 1994
Camus, Albert: Der Mensch in der Revolte. Essays, Reinbek 2001 (1953)
Eurich, Claus: Die heilende Kraft des Scheiterns, Petersberg 2006
Guardini, Roman: Vom Sinn der Schwermut, Mainz 1983
Heschel, Joshua Abraham: Der Mensch fragt nach Gott, Neukirchen-Vluyn 1982
Jaspers, Karl: Philosophie. III. Metaphysik, Berlin u.a. 1956
Jung, Carl Gustav: Von Gut und Böse, Olten 1990
Nietzsche, Friedrich: Also sprach Zarathustra, in: Das Hauptwerk, Band III, München 1990, 5–363
Teilhard de Chardin, Pierre: Der göttliche Bereich, Olten/Freiburg 1962

Dr. *Claus Eurich* ist Professor für Philosophie an der Technischen Universität Dortmund und Leiter der Akademie für Führungskompetenz am Benediktushof Holzkirchen.

4.3

Joachim Kunstmann

Christliche Lebenskunst

Eine Anforderung

1 Schon wieder eine neue Mode?

Die *ars vivendi* ist als Thema zurückgekehrt; ein Modethema, das Aufmerksamkeit auf sich zieht. Allzu oft steht sie im Zusammenhang mit einer übersteigerten Glückssuche. An die Stelle der großen Transzendenzen sind Fragen der Selbstsorge gerückt. Darf man das theologisch ernst nehmen – als Hinweis auf neue Fragestellungen, gar als Symptom eines veränderten Lebensgefühls?

Die Moderne ist in die Jahre gekommen. Fortschritt, Technisierung, Wohlstandssättigung und permanente Steigerungen werfen immer längere Schlagschatten. Wir erleben die Rückkehr des Verdrängten: Naturzerstörung, Gehetztheit, innere Leere. »Die Selbstverständlichkeit in der Lebensführung scheint abhanden gekommen zu sein.«[1] Das moderne Leben ist interessant, aber auch anstrengend und kompliziert. Der soziale Zusammenhalt wird brüchiger. Wir haben alle Freiheiten, aber niemand sagt uns mehr, wie wir leben sollen.

Das moderne Optimierungsideal – schneller, effektiver, praktischer, schöner – zeigt eine Rückseite, mit der niemand gerechnet hat: Wenn nur noch die zugerichteten, effektiv gemachten, stilisierten Dinge zählen, nur das *intensive* Leben, der *gestylte* Körper, dann ist das Leben *an sich* nicht mehr bejahenswert. Unsere Kultur hat »an die Stelle der Liebe zum Leben die Liebe zum Genuss« treten lassen, einen regelrechten »Genussfundamentalismus«[2], der das Leben als Mittel zum Zweck benutzt.

Mit den Parolen »Mach was aus deinem Leben!« und »Jeder ist seines Glückes Schmied!« gerät das Leben unter das Diktat von Wunsch, Bedürfnis und Projekt – und wird zugleich ganz unbemerkt in eine ungewisse Zukunft verschoben. Verlust der Lebensfreude, Sinnlosigkeitsgefühle und Erschöpfungszustände sind die erwartbaren Folgen.

Die Frage nach der Lebenskunst muss man also ernst nehmen. Kann man das Leben aber denn üben, lernen, beherrschen wie eine Kunst?

---

1 *Isolde Karle,* Auf der Suche nach Rat. Paradoxien, Herausforderungen und Perspektiven, in: *Dies.* (Hg.), Lebensberatung – Weisheit – Lebenskunst, Leipzig 2011, 168.
2 *Peter Strasser,* Die einfachen Dinge des Lebens, München 2009, 12.16.

Populär gemacht hat das Thema Wilhelm Schmid. Seine Philosophie der Lebenskunst versteht den Menschen als ein »Wesen der Wahl«,[3] das zur Entscheidung über die eigene Lebensführung aufgerufen ist. Es gibt nichts, worauf sich der Mensch wirklich verlassen könnte – außer auf seine eigene Gestaltungsfähigkeit. Lebenskunst ist die »Arbeit« einer reflektierten Aktivität, die sich dem allgemein üblichen Sich-treiben-Lassen entgegenstellt. Sie ist der »Versuch zur Realisierung eines erfüllten Lebens.«[4] Schmid orientiert sich am antiken Ideal einer selbstbeherrschten und besonnenen Persönlichkeit – das gegen die christliche Kultur gestellt wird. Denn diese, so Schmid, habe allzu sehr eine Sündenschuld und Askeseverpflichtung betont, die den Menschen nicht ins Leben stellt. Schmid will die aktive Lebensgestaltung in bewusster Freiheit, die vor allem auf Beziehungen achtet. Reicht das aber für die Lebenskunst? Wie soll das umgesetzt werden? Was tun, wenn Besonnenheit nicht zur Verfügung steht? Schmid ist ein pragmatischer Aufklärungsdenker, der gewichtige Einsichten der Romantik zu wenig ernst nimmt: das Gefühl, Scheitern, Schmerz und die Liebe gehören unabdingbar zu einem erfüllten Leben dazu, und sind mit vernünftiger Selbstgestaltung nicht so leicht zu haben. Ferdinand Fellmann[5] hat das klarer gesehen. Die Lebenszeit ist begrenzt, und daher anders als die Zeit der Agenda nicht restlos planbar. Den eigenen Lebensrhythmus selbst zu finden setzt eine realistische Selbsteinschätzung voraus, die man nur gewinnt, wenn man den Glauben an sich selbst nicht allein von der eigenen Gestaltungsaktivität und vom äußeren Erfolg abhängig macht. Wirklich wichtig ist es daher zu lernen, wie man mit Erfolgen und Niederlagen umgeht.

2 Christliche Lebenskunst?!

»Vor der Moral (insonderheit christlichen, das heißt unbedingten Moral) *muss* das Leben beständig und unvermeidlich Unrecht bekommen, weil Leben etwas essentiell Unmoralisches ist.«[6] Sollten die Christen also eher den Mund halten, wenn es um Fragen der Lebenskunst geht? Nietzsches Abwehr richtet sich gegen ein Christentum, das Sündenschuld, Vergebung und Erlösung zu seinen zentralen Themen gemacht hat. Damit gerät man aus heutiger Sicht in eine »Hinterwelt«, aber nicht ins Leben.

3 *Wilhelm Schmid,* Philosophie der Lebenskunst. Eine Grundlegung, Frankfurt a.M. [3]1999, 85.
4 Ebd. 28, im Orig. mit Hervorhebung.
5 *Ferdinand Fellmann,* Philosophie der Lebenskunst zur Einführung, Hamburg 2009.
6 *Friedrich Nietzsche,* KSA 1, 19 (Die Geburt der Tragödie).

Isolde Karle benennt das Problem: »An der Abwertung menschlichen Lebens hat sich das Christentum bis in die Gegenwart hinein immer wieder beteiligt.«[7] Die klassische christliche Theologie platziert den Menschen zwischen verlorenem Paradies und noch nicht erreichtem Himmel – wie soll sie da eine Ahnung vom konkreten Leben haben? Demut und Enthaltsamkeit waren die Grundverpflichtungen des Christen. Die freie Erfahrung von Lebendigkeit dagegen galt immer als verdächtig – vom Tanz über den Sex bis zum Rausch. Die *ars moriendi* wurde hochgehalten, nicht die *ars vivendi*. Narren und Jokulatores traten nicht im Christentum, sondern auf den öffentlichen Marktplätzen auf.

Die Kirchenväter hatten das christliche Denken bereits sehr früh auf Wille und Verstand konzentriert, um eine Abwehr gegen heidnische Emotion und Dekadenz zu errichten. Intellektuell vernünftig musste es zugehen, und möglichst asketisch. Wo blieb da das Gefühl? Der Traum? Der menschliche Körper? Die Liebe? Spätestens seit Augustin galt das Leben implizit als Unglück – um das einzig wahre Glück bei Gott umso größer heraustreten zu lassen. Nicht nur bei Anselm von Canterbury ist die *Sündenlast* das theologische Paradethema und Grund end- und fruchtlosen Grübelns, das die Melancholie und Freudlosigkeit vieler Frommer und ihre innere Lähmung bestens erklärt. Das offizielle Christentum war an Offenbarung, Rechtgläubigkeit, Sündenschuld, Erlösung und eschatologischem Heil orientiert – und hat das Leben weitgehend sich selbst überlassen.

Spätestens die Renaissance wandte sich klar von diesem Selbst- und Weltverständnis des Christentums ab. Sie wurde zur Pionierzeit der Lebenskunst. Mit ihrer exzessiv-rauschhaften und hemmungslosen Entfaltung des Ich, ihrer künstlerischen und erfolgsorientierten Schaffenskraft verstand sie das Leben des Einzelnen als Kunstwerk der Selbstentfaltung. Auch noch die spätere Moderne mit ihrer ungeheuren Dynamik lässt sich als ein einziger Protest gegen die christliche Unglückstheorie deuten. Der Wunsch nach dem erfüllten Augenblick, nach Lebensglück und Daseinsfreude, ließ sich offenbar nur noch als Pakt mit der Gegenseite machen, dem Teufel: »Wenn ich zum Augenblicke sage: verweile doch, du bist so schön! Dann magst du meine Seele haben.«[8] Oder eben – das blieb die einzige weitere Alternative – als Besinnung allein auf sich selbst, die eigenen Kräfte und Gestaltungsaktivitäten.

Die Folgen sind bekannt: persönliche Erfüllungsmöglichkeiten auf der einen, Destabilisierungen der Umwelt, der Kultur und des sozialen Zusammenhalts auf der anderen Seite. Man kann darüber streiten, was überwiegt. Immerhin kann die Moderne Sicherheit, Selbstentfaltung und Wohlstand anbieten. Und das Christentum? Wie soll mir jemand helfen können, der mich ablehnt?

---

7 *Karle*, Suche (Anm. 1), 180.
8 *Goethe*, Faust I.

Und doch erscheint die Lebenskunst jüngst als theologisches Thema.
Darf man das ernst nehmen? Oder folgt das der Logik eines Christentums, das zu allem etwas zu sagen hat und womöglich auch alles besser
weiß? »Christliche Lebenskunst zielt genau darauf: das eigene Leben
bewusst in, mit und unter dem Wirken des Geistes Gottes zu gestalten.
Es geht um mein eigenes Leben inmitten der Gemeinschaft des Lebens,
um meinen Lebensrhythmus im Takt der Schöpfung, um Zielvorstellun-
gen gelingenden Lebens im Zuleben auf das Reich Gottes, um Lebensregeln und Lebenshaltungen, die dem Schalom Gottes dienen ... Deshalb
mündet christliche Lebenskunst in Überlegungen zum spirituellen Leben.«[9] Das ist gut nachvollziehbar. Wozu aber braucht man Geist Gottes,
Schöpfung, Schalom? Reichen nicht auch der eigene Geist, die Natur
und meine Freiheit? Und ist die christliche Lebenskunst tatsächlich
schon immer »als ein Leitbegriff ... in der Philosophie wie Theologie zu
Hause«?[10]
Wo liegt die zentrale Idee einer Lebenskunst, die sich »christlich« nennt?
Man kann sie in der Tat als Nachfolge Christi verstehen, die darauf zielt,
»sich von Jesus Christus zu einer neuen Existenz anstiften zu lassen, zu
einem Leben im Vertrauen auf Gott, in der liebenden Zuwendung zu allem Leben« und dazu, die Welt »als Gleichnis einer höheren Wirklichkeit (zu) lesen.«[11] Sind die Christen aber denn wirklich Lebenskünstler –
und oft nicht vielmehr recht unlebendig? Woher die mangelnde Fröhlichkeit und aufgesetzt wirkende Freude, von der Paul Tillich einmal
schreibt, sie habe ihn fast zum Bruch mit dem Christentum getrieben?
Auch der Verweis auf *Leiturgia, Martyria, Koinonia, Diakonia* und *Pai-
deia* als »Grunddimensionen« einer christlichen Lebenskunst[12] sind zwar
durchaus plausible Beschreibungen eines christlichen, aber noch keine
eines *erfüllten* Lebens.

3 Spurensuche in der philosophischen und religiösen Tradition

Die *ars vivendi* scheint weniger ein christliches, eher ein philosophisches
Thema zu sein. Dort hat es zwar keine zentrale Stellung, aber doch eine
lange Vorgeschichte. Die großen Philosophen von Plato bis Kant und
Hegel waren zwar vor allem an der wahren Erkenntnis interessiert, also

---

9   *Peter Bubmann / Bernhard Sill* (Hg.), Christliche Lebenskunst, Regensburg 2008,
10.
10 Ebd.
11 Ebd. 17.
12 *Ders.,* Lebenskunstbildung – ein Projekt, in: *Lars Bednorz* u.a. (Hg.), Religion
braucht Bildung – Bildung braucht Religion, Würzburg 2009, 73. Zu zeigen wäre,
wo und wie christliche Ausdrucks- und Deutungsmöglichkeiten, für die Bubmann
ganz nachvollziehbar plädiert, das Leben überhaupt gelingen lassen. Interessant und
weiterführend sind hier seine Hinweise auf ästhetische Prozesse, den Schatz tradier-
ter Lebensweisheit, auf die Notwendigkeit von Übung und auf Fest und Feier.

am *Logos*. Freilich gab es immer auch die Frage nach dem guten Leben, nach der Glückseligkeit, die in der Freundschaft, durch das rechte Maß und durch Besonnenheit erstrebt wurde. Vor allem Epikur mit seiner Idee des kultivierten Genusses, aber auch die Stoiker mit ihrer Haltung der *apatheia* – der Übereinstimmung mit der Natur und der weltenthaltsamen Weisheit – haben nachhaltig gewirkt. Seneca etwa tut den bemerkenswerten Ausspruch: »Wohlbefinden beginnt im Kopf.«[13] Das klingt nach modernem Coaching – ist aber doch der kluge Hinweis auf die entscheidende Rolle der eigenen Lebens-Perspektive. Senecas Prinzipien sind einfach: Unabhängigkeit durch Gleichgültigkeit gegenüber dem eigenen Schicksal; Verzicht auf Wünsche; Übereinstimmung mit der (eigenen) Natur. Freilich: Aus welcher Quelle kommt das alles? Und tötet diese Haltung nicht auch die Lebensfreude?

Alles menschliche Suchen und Streben nach Lebenskunst entscheidet sich an einer Einsicht, die zwischen Banalität und Paradoxie schwebt: »Nicht der Mensch, sondern das Leben entscheidet darüber, welches Leben glückselig ist und gelingt.«[14] Freiheits-Streben und aufgeklärte Vernunft sind sinnvolle Ideale, aber noch keine Garanten der Lebenskunst. Allzu oft werden sie durch Bequemlichkeit und Kalkül besiegt. Wie *kommt* der Mensch denn zu Vernunft und Selbstbestimmung? Für Schiller war es nicht die Vernunft, sondern das *Spiel*, das ins Leben führt. Vollends die Romantik hat vor Augen geführt, dass das Leben mit seiner dunklen Seite, dem Schmerz und der Tragik, mit den Mitteln der Vernunft nicht zu gestalten ist. Vor allem bei Friedrich Nietzsche und in der aufkommenden Psychoanalyse wird die Lebenskunst dann gar nicht mehr an die Vernunft, sondern zuerst einmal an die Befreiung von traumatischen Erfahrungsspuren und vom verzehrenden Begehren gebunden. *Heilung* und *Übereinstimmung mit dem Leben als Ganzes* sind unverzichtbare Dimensionen jeder Lebenskunst. Damit ist wieder die Einstellung zum Leben angesprochen – und die ist ein zentrales Thema der Religion. Lebenskunst ist Einstellungssache.

Das weiß natürlich auch die Philosophie, zumindest die lebenspraktische. Epiktet etwa sagt, dass es nicht die Dinge selbst sind, die den Menschen beunruhigen, sondern die Vorstellungen von den Dingen. In religiöser Diktion lautet das ganz ähnlich, etwa bei Meister Eckhart: »Nicht das ist schuld, dass dich die Dinge ... hindern. Du selbst bist es, der sich in den Dingen hindert. Darum fang bei dir selbst an und lass dich.«[15] Die Religion leitet diese Einstellung freilich anders ab als das philosophische Denken und geht darin einen entscheidenden Schritt weiter.

---

13 *Seneca,* Von der Seelenruhe. Philosophische Schriften und Briefe, hg. von *H. Berthold*, Frankfurt a.M. 1984, 72.
14 *Christoph Quarch*, Eros und Harmonie. Eine Philosophie der Glückseligkeit, Freiburg 2006, 69.
15 *Meister Eckhart*, Werke Band II, hg. von N. Largier, Frankfurt a.M. 1993, 339.

Anders als es die dominante Stellung des »Glaubens« im Christentum
eigentlich nahe legt, ist Religion keine Überzeugung. Das ist eher Sache
fundamentalistisch orientierter Religion. Religion hat es dagegen primär
mit einer grundsätzlichen Einstellung und Haltung zu tun, die sich weniger aus Erkenntnis als vielmehr aus Erfahrung speist.[16]
Eine so verstandene Religion hat eine durchaus enge Nähe zur Lebenskunst. Anders als die Philosophie weiß sie allerdings, dass Lebenskunst
in der Ausschöpfung von Freiheiten keineswegs aufgeht. Lebenskunst
kann auch kein projektiertes *Programm* sein. Religiöse Lebenskunst ist
das Wissen darum, dass alles Streben nach Wohlstand, Reichtum, Ansehen usw., also die Orientierung am Bedürfnis, zwar seine Berechtigung
hat, aber auch zur Unzufriedenheit und in die Isolation führen kann. Darauf kann man ein gutes Leben nicht bauen. Unverzichtbar ist dagegen
ein realistischer Umgang mit den eigenen Erfahrungen von Brüchen,
Schmerz und Vergeblichkeit. Sobald zu einer solch realistischen Einstellung zugleich die Freude an der Schönheit des Lebens tritt, kann man
von einer religiösen Haltung sprechen. Die religiöse Haltung ist eine
»Haltung unbedingten Einverständnisses«[17].
Spezifikum einer *christlichen* Lebenskunst ist die Verankerung des eigenen Lebens in der in allen Dingen wahrgenommenen Nähe eines liebenden Gottes, der allen Schmerz und alle Schönheit des Lebens umfasst.
Sie kann dazu führen, dem Schmerz mit liebevoller Gelassenheit zu be-
gegnen und den Dingen des Lebens mit Offenheit, Freude und Achtsamkeit. Sie ist die tiefste denkbare Motivationsquelle für eine Lebendigkeit,
die das Leben als rundum schön begreift und nicht hinter der *Sorge* ums
Leben versteckt. »Seht die Vögel unter dem Himmel!«
Religion ist Haltung, und daher Sache der Perspektive – nicht von über-
zeitlichen Wahrheiten und Überzeugungen. Ob man die Welt als Jam-
mertal, als Zeit der göttlichen Prüfung, als Verbrauchsmaterial oder als
Geheimnis erfährt, ist für unser Leben ziemlich entscheidend. Genau das
meint auch die zentrale und erste Aussage des Jesus in Mk 1,15, die es
bedauerlicherweise nie zu einem dogmatischen Thema gebracht hat:
Ändere deine Einstellung! Sieh die Welt *als* Reich Gottes an, als Ort seiner Nähe! Lebe also mit Vertrauen, Selbstbewusstsein, Hingabe und
Freude! Es dürfte keine bessere Einstellung zum Leben geben als diese.
Konkretester Schritt der religiösen Lebenskunst, der noch einmal deutlich über die Philosophie hinausgeht, ist die Übung traditioneller Spiritualität, die diesen Einstellungswechsel fokussiert und die gerade nicht
aus dem Leben heraus, sondern zu ihm hinführen will. Alle Spiritualität
ist im Kern eine disziplinierte Praxis des Weglassens, die das Bewusstsein dieser erneuerten Perspektive immer wieder neu öffnen will.

16 Umfassend dazu *Joachim Kunstmann*, Rückkehr der Religion. Glaube, Gott und
Kirche neu verstehen, Gütersloh 2010.
17 *Strasser*, Dinge (Anm. 2), 153.

4 Nun aber bleiben: Leben, Liebe, Gottes Nähe, diese drei

Die illusionäre Logik der »neoliberalen Selbstoptimierung«[18] führt zunehmend zu Verschleißprozessen. Wenn aus Natur, Körper, Zeitbudgets das Letzte herausgepresst wird, dann gerät das Ganze des Lebens in Bedrohung. Das muss die Christen provozieren, tragfähigen Rat für ein gutes Leben aus christlichem Geist zu geben. Die theologische Aufgabe wäre daher »nicht die distanzierte Exegese heiliger Texte, sondern die Anbahnung und Reflexion religiöser Erfahrung und religiöser Lebenskunst«[19]. Dazu steht ein großes Potenzial an entlastenden rituellen Abläufen, an orientierenden Symbolen, an bergenden Räumen und anregender Gemeinschaft zur Verfügung. Tiefer noch freilich als alle konkreten Gestaltungen der religiösen Kultur greift die religiöse *Erfahrung* und das Wissen um die geschenkte Fülle des Lebens, das in Gott aufgehoben und durch ihn gehalten ist.

Was heißt das konkret? Das soll noch kurz angedeutet werden anhand einer Formulierung, die die paulinische Trias von »Glaube, Liebe, Hoffnung« bewusst in dem Wissen modifiziert, dass »Glaube« allzu eng mit Gläubigkeit assoziiert ist und dass »Hoffnung« sich allzu oft auf Projekte und Utopien bezieht, die das Leben in eine ferne Zukunft hinein verschieben.

Zunächst: Das *Leben* entscheidet, was wichtig ist, auch und gerade in der Religion. Da zum Leben aber immer die beiden Pole der Freude und des Schmerzes, der Erfüllung und des Scheiterns, des Fließens und des Abbruchs gehören, zielt die dem Leben angemessene religiöse Lebenskunst zunächst einmal auf eine Gelassenheit, die die Dinge so nimmt, wie sie sind. »Das Leben gibt keine Antworten, und die, die es gibt, haben mit der Frage nichts zu tun.«[20] Das ist ein religiöser Satz. Die Schönheit der Lilien auf dem Feld und die Passion gehören untrennbar zusammen. Daher ist alle Kontemplation nicht zufällig immer auch eine Einübung in die Gelassenheit. Aus dieser freilich kann eine Lebendigkeit resultieren, die der wohl beste Gradmesser für gutes Leben überhaupt ist. Gelassenheit wäre daher wohl ein besserer Begriff für das christliche Leben als der »Glaube«. Das »Reich Gottes« darf mit Feier, Genuss und freier Entfaltung assoziieren werden, auch wenn das im etablierten Christentum nur am Rande bekannt ist.

Dann: Religion bedeutet wesentlich *Verbundensein* (re-ligio). Geschöpf sein, Ebenbildlichkeit, der Bundesgedanke, und ganz grundsätzliche alle Formen religiöser Inspiration lassen sich als Erfahrungen der Verbundenheit mit dem Leben deuten. Sie zeigen mit Deutlichkeit, dass alles

---

18 *Karle*, Suche (Anm. 1), 171.
19 *Peter Bubmann*, Einführung in christliche Lebenskunst – oder: Wie kirchlich soll die Religionspädagogik sein?, in: *Friedrich Schweitzer / Thomas Schlag* (Hg.), Religionspädagogik im 21. Jahrhundert, Gütersloh/Freiburg 2004, 136.
20 *Strasser*, Dinge (Anm. 2), 122.

erfüllte Leben Übereinstimmung und Beziehung ist – zu Menschen, zur Natur, zur Kultur und zu den alltäglichen Dingen. »Die wesentliche Aktivität ist bloße Antwort.«[21] Resonanz und wache Präsenz sind die Basis der religiösen Einstellung zum Leben. Der christliche Begriff für diese Erfahrung und Haltung ist die Liebe, die das Affiziertsein vom Leben und die Hingabe an es gleichermaßen umfasst. »Es ist die Liebe, die im Geliebten mehr sehen lässt, nämlich das Göttliche ... Der Eros *transzendiert*.«[22] Christliche Lebenskunst ist daher nicht die Bemühung um einen rechten Glauben, sondern nach der Liebe. Das heißt: Sie übt sich in Tätigkeiten, die in Übereinstimmung bringen: Musik, Bewegung, Spiel, Eintauchen in die Natur, Begegnung mit Menschen und spirituelle Praxis.

Schließlich: Für die christliche Lebenskunst haben alle Lebendigkeit und alle Beziehungserfahrung ihren tiefsten Grund in der umfassenden Wirklichkeit, die wir *Gott* nennen. Die Einübung in die Wahrnehmung dieses Gottes nimmt ihren Weg über die *Schönheit* – einem weiteren von den Dogmatikern vernachlässigten religiösen Grundphänomen –, in der das von Gott gegebene Leben seine höchsten Möglichkeiten offenbart. Bei etwas Übung wird sich das gesamte Leben als Widerspiegelung Gottes erweisen; für die religiösen Virtuosen gilt das schließlich sogar für den Schmerz.

Die Erfahrung der Verbundenheit, die Fähigkeit zur Resonanz und der Blick für die Schönheit des Lebens zeigen mit aller Deutlichkeit, dass die Ästhetik (die Wahr-Nehmung) der Beginn jeder religiösen Lebenskunst ist. *Christliche* Lebenskunst ist nicht zuletzt die Fähigkeit, religiöse Kultur von lebendiger Religiosität zu unterscheiden. Die Medien der christlichen Kultur sind oft ganz irreligiös; und Christentum ist nicht gleich Christentum. Umgekehrt bedeutet christliche Lebenskunst, diese Kultur als Ressource nutzen zu können. Das wäre eine lebenskluge Handhabung dessen, was Paul Tillich das »protestantische Prinzip« genannt hat.

Dr. *Joachim Kunstmann* ist Professor für Religionspädagogik an der Pädagogischen Hochschule Weingarten.

21 *Peter Schellenbaum*, Abschied von der Selbstzerstörung. Befreiung der Lebensenergie, München [3]1990, 144.
22 *Quarch*, Eros (Anm. 14), 168. Quarch leitet daraus eine *erotische Lebenskunst* ab.

4.4

Michael Meyer-Blanck

Lebenskunst und christliche Tradition

1 Kunst und Lebenskunst

Künste sind nach der treffenden Beschreibung Friedrich Schleiermachers die menschlichen Tätigkeiten, für die es zwar Regeln gibt, bei denen aber die Regeln als solche noch nicht die Anwendung enthalten.[1] Das gilt für die Kunst des Unterrichtens und Predigens ebenso wie für die Dichtkunst, die Komposition und die Kochkunst. Regeln sind gut, aber erst ihre situativ geschickte Anwendung macht den Künstler aus. Es muss nicht nur regelkonform gehandelt werden, sondern auch regelgerecht über die Regel hinaus, gemäß der regula humana, nämlich so, dass die Sache stimmt und die Menschen entspannt, erhoben und angeregt (notfalls auch einmal aufgeregt) werden. Künste verhelfen dem Menschen zu dem, was man mit Schleiermacher ein »erhöhtes Bewusstsein« nennen kann, eine Unterbrechung der »Geschäftstätigkeit« zugunsten des Erlebens des Ganzen, des Daseins und Menschseins.[2] Diese bekannten Definitionen stoßen allerdings an eine Grenze, wenn man nicht mehr nur an die Bedeutung der Künste für das Leben denkt, sondern wenn das Leben selbst als ganzes, einschließlich der Geschäftstätigkeit, unter dem Blickwinkel einer »Kunst«, eben der »Lebenskunst«, beschrieben werden soll. Gewiss: Auch das Leben *in toto* kann in dem oben genannten Sinne als Kunst beschrieben werden. Es folgt bestimmten Regeln, an die man sich mit guten Gründen halten kann, weil dahinter die Lebenserfahrungen vieler Generationen stehen. Wir kennen sol-

1 *Friedrich Schleiermacher*, Die praktische Theologie nach den Grundsätzen der evangelischen Kirche im Zusammenhang dargestellt, hg. von Jacob Frerichs, Berlin / New York 1983 [RdA 1850], 36.
2 Dazu vgl. ausführlich *Michael Meyer-Blanck*, Kunst aus religionspädagogischer Perspektive, in: Theo-Web. Zeitschrift für Religionspädagogik 8 (2009), Heft 2, 33–44. Das Leben des Menschen als solches ist »Kunst« im weiteren Sinne, insofern es sich um eine geistige, vor dem Forum der Vernunft verantwortete Praxis handelt. Die Kunst im ästhetischen Sinne der »schönen Künste« unterscheidet sich davon, weil sie Artefakte schafft, in denen Erlebnisse und Affekte in regelhafter und mitteilbarer Weise verarbeitet sind. Für Schleiermacher sind Kunstwerke geplante, verdichtete, reflektierte Arten und Weisen darstellenden Handelns. Nicht jede Form von Darstellung ist Kunst: Dazu muss neben das Angerührtwerden von der Wirklichkeit das besinnende, distanzierende und fixierende Moment treten; vgl. dazu *Friedrich Schleiermacher*, Ästhetik (1819/25). Über den Begriff der Kunst (1831/32), hg. von Thomas Lehnerer, Hamburg 1984, 10–15.

che volkstümlichen und generationenübergreifenden Bonmots wie »Eile mit Weile«[3], »Alles nur mit Maß und Ziel« oder besonders schön das italienische: »Bereue nichts, bei dem du glücklich warst«[4].

Lebenskunst, so könnte man in einer gewissen Tautologie sagen, ist die Kunst des Glücklichseins, die Kunst, in seinem Leben zufrieden zu sein mit dem Gegebenen und Erstrebten, mit dem Erreichten und nicht Erreichten, die eigenen Kräfte auf das Mögliche auszurichten und dem Unmöglichen nicht nachzutrauern. Als ich in den 1980er Jahren Pfarrer einer Landgemeinde in Norddeutschland war, hörte ich oft den Satz: »Wissen Sie was, am wichtigsten bei allem ist doch die Zufriedenheit.« Damals habe ich diese Lebensweisheit ein wenig belächelt bzw. kritisiert als Ausdruck eines lebensgeschichtlichen Defätismus, der sich zu schnell den Verhältnissen anpasst und das nicht Akzeptable schönredet, gemäß dem Operettenlied »Glücklich ist, wer vergisst, was doch nicht zu ändern ist« aus der »Fledermaus« von Johann Strauss. Inzwischen beurteile ich die damit beschriebene Sicht des Lebens positiver. Das Lob der Zufriedenheit kann auch eine Kraft zur Veränderung sein, indem das Veränderbare vom Unabänderlichen unterschieden wird. So gesehen leitet diese Lebensweisheit zur Kunst der Unterscheidung an, wie diese in der mündlichen Tradition des so genannten »Gelassenheitsgebetes« zum Ausdruck kommt: »Gott gebe mir die Gelassenheit, Dinge hinzunehmen, die ich nicht ändern kann, den Mut, Dinge zu ändern, die ich ändern kann, und die Weisheit, das eine vom anderen zu unterscheiden.«[5] In dieser Form des Gebetes wird die Lebenskunst schon ein wenig komplexer, weil dadurch in die Unterscheidungsleistung, in die Akzeptanz des Unvermeidlichen und die Arbeit am Möglichen der Gottesbezug eingeführt wird. In religiöser Perspektive eröffnen sich der Lebenskunst damit weitere Perspektiven, aber auch neue Problemstellungen, auf die unter 2. zurückzukommen ist. Doch ich bleibe zunächst noch bei der philosophischen bzw. der volkstümlichen Sicht der Lebenskunst.

Besonders treffend kommen Gelassenheit und Zufriedenheit in der rheinischen Feststellung »Am schönsten isset immer, wennet schön is« zum Ausdruck. Der Satz erscheint zunächst als eine lediglich karnevaleske Tautologie. Doch gerade das augenzwinkernde Spiel mit der Banalität eröffnet einen differenzierenden und damit versöhnten Blick auf die Ba-

---

3 Etwas aspektreicher lautet diese Einsicht in der italienischen Variante: »Wer langsam geht, geht sicher und kommt weit« (»Chi va piano, va sano e arriva lontano«).
4 Original »Non ti pentire mai di ciò che hai fatto se mentre lo facevi eri felice.«
5 Dieser Text ist in den letzten fünfzig Jahren nicht nur in Deutschland, sondern auch in den USA sehr populär geworden. Er wird immer wieder dem württembergischen Theologen bzw. Theosophen Friedrich Christoph Oetinger (1702–1782) zugeschrieben, lässt sich bei ihm allerdings nirgends in den Quellen finden (vgl. www. wlb-stuttgart.de/sammlungen/handschriften/bestand/nachlaesse-und-autographen/oetin ger-archiv/gelassenheitsgebet/, abgerufen am 28.7.2012).

nalität des Lebens wie auf die Flüchtigkeit und Kostbarkeit des Glücks. »Am schönsten isset immer, wennet schön is« meint, dass der Moment des erfüllten Lebens nicht planbar und nicht festzuhalten ist. Darum empfiehlt es sich, die Wahrnehmung zu intensivieren anstatt die Aktivität zu extensivieren. Das Schöne, das Glück kann nicht produziert, sondern nur genossen werden. Darum ist es am schönsten nicht dann, wenn bestimmte Umstände gestaltet und Bedingungen erfüllt sind – sondern am schönsten ist es dann, wenn das Schöne unverstellt ernstgenommen, wenn das Glück empfunden wird – »wennet schön is«. Auf das Individuum hin gewendet: Das Schöne des Glücks erfüllt sich in der Erlebniskunst des Rezipienten, dem angeraten wird, das Schöne zu genießen statt es zwingen zu wollen. Es liegt am Menschen selbst, das Zufällige anzunehmen und mit Sinn zu erfüllen.

2 Freiheit und Kontingenz

Versucht man die damit verbundenen Empfindungen, in Sinnsprüchen und Sprichwörtern vielfach beschrieben, in theoretische Maximen zu überführen, kann man sagen: Es geht bei der Lebenskunst darum, *Freiheit und Kontingenz* miteinander ins Spiel und in ein optimales Verhältnis zu bringen. Denn Freiheit ohne Kontingenz ist nicht lebenswert, Kontingenz ohne Freiheit ist würdelos, während beide zusammen der Spannung entsprechen, die das Leben ausmacht. Die Lebensaufgabe, die eigene endliche Freiheit anzunehmen und auszufüllen, findet ihren Ernstfall im Umgang mit dem Kontingenten. Das Leben kunstvoll zu gestalten meint vor allem, Freiheit und Kontingenz anzunehmen und miteinander zu vermitteln. Dieser Zusammenhang lässt sich in dreifacher Weise erläutern.

Zum einen ist das Kontingente die Bewährungsprobe der eigenen Freiheit. Denn nur diejenige Freiheit ist lebenskräftig, die sich nicht von den Umständen abhängig macht, sondern diese der eigenen Gestaltungs- und Interpretationshoheit unterwirft. In idealistisch-philosophischer Denkweise formuliert: Es geht darum, dass die Vernunft (als Sachgehalt menschlicher Freiheit) auf die Natur (auf Umwelt, Umstände und Schicksal) einwirkt und diese gestaltet. Zur Lebenskunst gehört es, dass die Freiheit auf die Umstände Einfluss gewinnt und nicht umgekehrt die Freiheit den Umständen zum Opfer fällt. Die Freiheit steht in dieser Hinsicht in einem antagonistischen Verhältnis zum Zufälligen.

Zum anderen aber hilft das Kontingente, das Unerwartete und Ungeplante, der Freiheit auf, indem es sie auf eine Bewährungsprobe stellt und über sich selbst hinausführt. Der Antagonismus nimmt damit auch die Gestalt der Symbiose an. Das Kontingente gefährdet die Freiheit nicht, sondern stärkt sie. Der Mensch wächst mit seinen Aufgaben und Herausforderungen. Pädagogisch formuliert: Das Kontingente als das Fremde bildet den Menschen darin, seine Freiheit umfassender gebrau-

chen zu können. Versteht man Bildung primär als die Begegnung mit
dem Fremden, als Auseinandersetzung mit bisher unbekannten Gegenständen und Situationen, dann ist das Kontingente geradezu die Grund-
form dessen, was den Menschen bildet bzw. bilden kann.

Versteht man *zum dritten* unter dem Kontingenten nicht nur das Schicksal im bedrängenden Sinne, sondern das einem Menschen in seinem Leben »Zufallende« in umfassender Weise, dann müssen Kontingenz und
Freiheit schließlich nicht nur im Verhältnis der Spannung zueinander
gesehen werden. Sie können auch Ausdruck derselben Tatsache sein,
dass das Leben – aufgrund seiner vielen schönen Möglichkeiten – lebenswert ist. Begegnungen, Einsichten und Genüsse fallen mir zu. Diese
fordern meine Freiheit nicht nur wie der unglückliche Zufall (z.B. Pech,
Unglück, Unfall) im Sinne einer Bewährungsprobe heraus. Sie können
gleichzeitig die Gestalt der Freiheit sein und meine Möglichkeiten ver-
mehren. Viele gute Gelegenheiten machen das Leben schön, stärken die
Freiheit und geben Selbstbewusstsein. Auch der glückliche Zufall kann
etwas sein, das den Menschen nachhaltig verändert und bildet. Die Geburt und das Aufwachsen der eigenen Kinder sind so für viele Menschen
nicht nur der Inbegriff des Lebensglücks, sondern darin manifestieren
sich zudem die Lebenserfahrungen, die den stärksten persönlichkeitsver-
ändernden Einfluss entfalten. Nicht zuletzt gilt das im Hinblick auf die
eigenen religiösen Überzeugungen. So mancher berichtet von seiner
eigenen Lebensgeschichte, dass eher Momente des intensiven Glücks
den Weg zum persönlichen Glauben eröffnet haben als Krisensituationen
im negativen Sinne. »Not lehrt beten«, weiß zwar die volkstümliche
Weisheit, aber man wird hinzuzufügen haben: Das Glück hilft zum
Glauben.

Not und Glück sind jedenfalls die beiden Formen des Kontingenten, die
den Menschen herausfordern und bilden. Nicht umsonst hat auch im
Deutschen – wenngleich weniger als im Griechischen – das Wort
»Krise« jenen doppelten Klang einer Entscheidung zum Besseren oder
zum Schlechteren. Krisen sind Lebenssituationen, in denen Kontingenz
die menschliche Freiheit herausfordert und aus denen der Mensch gestärkt, gebildet an Lebenserfahrung und Lebenskunst hervorgehen kann.
Treffend heißt es in Hölderlins »Lebenslauf« entsprechend: »Alles prüfe
der Mensch / auf dass er, kräftig genährt / danken für alles lern' / und
erfahre die Freiheit, aufzubrechen, wohin er will.« Kontingenz und Freiheit sind die beiden Erscheinungsweisen, unter denen das Leben des
Menschen als Aufgabe der Gestaltung, als Kunst ansichtig wird.

Dies alles enthält das Semantem »Lebenskunst« in der deutschen Sprache. Darüber hinaus hat das Wort noch einen Aspekt von Unmittelbar-
keit, der über das soeben reflexiv Beschriebene hinausführt. Das zeigt
sich vor allem, wenn man den Personenbegriff des »Lebenskünstlers«
ins Spiel bringt. Der Lebenskünstler weiß mit Freiheit und Kontingenz
umzugehen; doch in einer spezifischen Weise weiß er dabei nicht, was er
da weiß. Sein Verhältnis zu Freiheit und Kontingenz ist vorreflexiv,

nachreflexiv bzw. enthaltsam[6] gegenüber den hier aufgestellten Distink-tionen. Der Lebenskünstler trifft intuitiv (»irgendwie«) immer das Rich-tige im Spannungsfeld von Kontingenz und Freiheit, weil er sich nicht aus der Ruhe und dem Schönen, nicht in Hektik und sinnlose Aktivitäten bringen lässt.[7] Er beherrscht die Prioritätensetzung im Hinblick auf das Schöne und Angenehme wie auf das Widrige. Er hat die Freiheit und nimmt sich die Freiheit, das Kontingente zu gebrauchen und zu bewälti-gen. Er »arbeitet sich nicht tot« und trauert nicht den versäumten Gele-genheiten nach, sondern beherrscht die Kunst, Bedingungen und Bedürf-nisse so zu gestalten, dass »et schön is«.

Fasst man die bisherigen Ausführungen aus der Sicht eines idealiter an-genommenen »Lebenskünstlers« zusammen, so kann man sagen: Die Lebenskunst bringt das Individuelle, Alltägliche und schlechthin Evi-dente zum Ausdruck, jenseits des Theoretischen, Philosophischen und Religiösen. Lebenskunst entsteht nicht aus der Theorie. Eher verhält es sich umgekehrt: Weil sie zu denken gibt, führt die Lebenskunst zu Theo-rien. Wie in den Künsten allgemein gilt auch hier, dass die Praxis alle Male vor der Theorie rangiert, während die Theorie dazu dient, die künstlerische Praxis auf den Begriff zu bringen bzw. diese zu verfeinern oder zu vervollkommnen.

3 Lebenskunst in der Bibel

Auf dem Hintergrund der oben entfalteten Sicht ist die Thematik »Le-benskunst in den Religionen« eigentlich eine Tautologie, denn die Reli-gionen als solche *sind* Theorien der Lebenskunst. Betrachtet man sie nicht unter theologischer Perspektive (also nicht unter dem Aspekt der Offenbarung), sondern im Hinblick auf ihre philosophische, pädago-gische oder psychologische Funktion für den Menschen, dann gilt die These: Religionen sind nichts anderes als Theorien der Lebenskunst, mit deren Hilfe der Mensch den Umgang mit seinen eigenen Erfahrungen von Freiheit und Kontingenz symbolisch, zeichenhaft, narrativ und dis-kursiv zu gestalten sucht. Gebote, Rituale, Lebensformen und Götterge-schichten thematisieren die Möglichkeiten und Grenzen der menschli-chen Freiheit und die Möglichkeiten und Grenzen des Menschen, mit dem glücklichen und unglücklichen Zufall sowie mit dem für andere schädlichen Missbrauch der Freiheit (unter den Kategorien von Verfeh-lung, Übertretung, Schuld oder Sünde) fertig zu werden. Religionen ver-

---

6 Formuliert in Anlehnung an den seit Edmund Husserl geläufigen phänomenologi-schen Begriff der »Epoche«, die bewusste und gezielte, aber gleichwohl wirksame Zurückstellung einer eigenen geistigen Möglichkeit.
7 Dabei mag man auch an 1 Kor 9,26 denken, wo Paulus beschreibt, dass er nicht vergeblich irgendwo hinrennt oder sinnlos in die Luft schlägt, weil er in seinen Le-bensanstrengungen weiß, wann und wo es um das wirklich Erstrebenswerte geht (στέφανον ἄφθαρτον, 9,25).

dichten Freiheit und Kontingenz als Zentrum der *conditio humana* und thematisieren das Leben als Kunst geistiger Praxis.[8] Was die Religionen als Lebenskunst von der volkstümlichen, besonders aber von der philosophischen Lebensweisheit unterscheidet, ist – wiederum außerhalb der Offenbarungsperspektive betrachtet – die zeichenhafte Setzung eines Letzthorizontes, der Freiheit und Kontingenz zugleich begrenzt und ermöglicht und der in den meisten Religionen mit der Kontingenzformel »Gott« umschrieben ist. »Die Furcht des Herrn ist der Anfang der Erkenntnis. Die Toren verachten Weisheit und Zucht.« (Spr 1,7)[9] Die Lebenskunst, wie sie im Buch der Sprüche beschrieben wird, unterscheidet sich abgesehen von dem Klammervorzeichen in 1,7 in vielen Einsichten nicht von der gesammelten Erfahrung außerhalb Israels. Man denke etwa an Spr 3,13–14[10] im Vergleich zur antiken Sage vom König Midas oder an das Märchen »Goldmarie und Pechmarie« der Gebrüder Grimm. Der Gottesbezug in den religiösen Traditionen steht jedoch für die übersubjektive und von der jeweiligen Situation unabhängige Geltung jener Regeln der Lebenskunst, deren Gehalt an sich evident ist, aber trotzdem in gewissen Situationen vergessen zu werden droht. Immer wieder genannt ist dabei der Verlust des dem Menschen bekömmlichen Maßes in Sachen *pecunia*, *sexus*[11] und *spiritus*[12]. Die Weisheit warnt vor dem falschen Weg, der ins Verderben führt. Es gibt danach Verhaltensweisen, bei denen die Lebenskunst verloren geht bzw. in denen mit ihr nichts mehr auszurichten ist, weil der Mensch unaufhaltsam aus dem Tritt kommt: Er verliert dann seine Freiheit als geistiges Wesen. Der verständige Mensch lebt nicht gegen die Natur oder von der Natur her, sondern im Verstehen und Gestalten der Natur, wie sie etwa mit seinen leiblichen Bedürfnissen gegeben ist.[13] Die Weisheit erinnert darum an die Regeln der Lebenskunst, von denen jeder aufmerksam lebende Mensch auch schon so wissen kann.

Aus diesem Grund ist es bekanntlich verfehlt, von einem so genannten »Vergeltungsdogma« im Alten Testament zu sprechen. Die Weisheit

8 Dramatisch gestaltet ist die Dominanz des Geistigen über die leiblichen Bedürfnisse in der Jesusüberlieferung durch die das Auftreten Jesu einleitende Versuchungsgeschichte mit der Absage an den Satan: »Der Mensch lebt nicht vom Brot allein, sondern von einem jeden Wort, das aus dem Mund Gottes geht« (Mt 4,4 in Anlehnung an die Tradition der Wüstenwanderung in 5 Mose 8,3).
9 Vgl. Spr 8,13; 9,10 sowie Hiob 28,28 und Ps 111,10.
10 »Wohl dem Menschen, der Weisheit erlangt, und dem Menschen, der Einsicht gewinnt! Denn es ist besser, sie zu erwerben, als Silber, und ihr Ertrag ist besser als Gold.«
11 Davon weiß das Buch der Sprüche vielfach zu reden, vgl. etwa sogleich einleitend Spr 2,16–19.
12 Zum unmäßigen Weingenuss s. Spr 20,1; 23,30f. und zum asozialen Saufgelage s. Jes 5,11f.
13 Dies alles umschrieb die Stoa mit dem Ideal des Weisen, der dem Logos entsprechend in und mit der natürlichen Welt lebt, diese jedoch in der Schau des wahren Seins der Dinge zugleich überwindet.

warnt vor der dem menschlichen Tun selbst innewohnenden Gefahr, die Fähigkeit zur Lebenskunst zu verlieren. Gewiss kommt dabei auch Gott ins Spiel, insofern er der Urheber und Garant der dem Menschen förderlichen und gesetzten Ordnung ist. Im Beachten und Ehren der Lebensordnungen wird zugleich der Schöpfer geehrt. Gott aber »vergilt« nach der Weisheit Israels nicht, sondern er begegnet dem Menschen in der Kraft des Lebens, das in bestimmten Formen verläuft, und der Mensch sollte nicht selbst die Verbindung mit den Kraftquellen der Schöpfung abschneiden.[14] Wer dagegen den Wirkungen des Segens nachspürt, wird aus ihren Kräften leben können.

Die volkstümliche Überlieferung hat diesen Zusammenhang von Naturerfahrung, Lebenserfahrung und Gottesbezug vielfach in biblisch inspirierter Weise zum Ausdruck gebracht. In dem alten Bauernhaus in den Vorarlberger Alpen, wo ich diesen Aufsatz schreibe, hängt im Treppenhaus ein Tuch mit dem eingewebten Spruch: »Wo Schwalberl'n Nester bau'n / Dort ist das Glück im Haus. / Wo d'Liab wohnt und Vertrau'n / Geht nie der Segen aus.« In den ersten beiden Zeilen des Sinnspruchs wird der Zusammenhang von Naturordnung und Glück beschworen: Die Schwalben wissen offensichtlich, wo lebensförderliche Bedingungen herrschen, und im Umkehrschluss kann man darum an ihren Nestern den Ort des Glücks ausmachen. In der dritten und vierten Zeile wird dieser Gedanke ethisch und religiös weitergeführt. Wie Nestbau und Glück zusammenhängen, so tragen Liebe und Vertrauen Früchte, die mit dem spezifisch biblischen und kirchlichen Begriff »Segen« zu umschreiben sind. Natur, Glück, Ethos und Gott sind weder zusammenhanglos, noch sind sie dem Menschen verborgen. Wer Augen hat zu sehen, kann Zusammenhänge von Natur und Lebensführung entdecken und darüber klug und fromm[15] werden.

Hier wird zugleich die Schwachstelle der weisheitlichen Denkweise und damit auch der gesamten Lebenskunstdebatte deutlich. Die Gefahr besteht darin, dass der Mensch auch die Zufälle des Lebens mit weisheitlichen Regeln in den Griff zu bekommen versucht. Dann ist man schnell bei den Karikaturen von Sinnsprüchen, aus denen ein gedankenloser Zynismus entstehen kann: »Jeder ist seines Glückes Schmied«, vulgo: Wem es schlecht geht, der hat selbst Schuld. Theologisch spricht man in diesem Falle von der Gesetzlichkeit: Die Regeln und Ordnungen des guten Lebens dienen nicht mehr dem Menschen, sondern der Mensch dient den Regeln (Mk 2,27).

---

14 Das gilt sogar für den Kosmos, denn auch den Gestirnen gab Gott »eine Ordnung, die dürfen sie nicht überschreiten« (Ps 148,6). Dieser Psalm gehört auch im evangelischen Stundengebet zur Mette – eine hilfreiche Erinnerung an die Struktur unseres kosmisch verfassten Daseins zu Tagesbeginn (vgl. dazu ferner Spr 8,29 und den Schöpfungspsalm 104,9).

15 Zu erinnern ist daran, dass der Begriff »fromm« in Luthers Zeit beides umfasste: die sachliche Angemessenheit (»frommer Gemahl«) und den Gottesbezug.

In diesem Fall löst der Mensch das Spannungsfeld von Freiheit und Kontingenz auf. Er sucht die Kontingenzen regelhaft zu minimieren, indem er immer schon weiß, warum etwas so oder so ist. Bei diesem Bemühen verspielt er jedoch gerade seine Freiheit, indem er das Leben mit Weisheitsregeln zu beherrschen sucht – aber stattdessen von diesen Regeln abhängig wird. Der johanneische Jesus weist ein solch lebensfeindliches Missverständnis der Weisheit explizit zurück (Joh 9,3) und Paulus beschreibt den raffinierten Zusammenhang von guten Ordnungen einerseits und dem menschlichen Selbstbetrug mit Hilfe dieser guten Ordnungen andererseits (Röm 7,11–13).

Unter biblischer Perspektive muss man die Lebenskunst als eine Art Regelwerk mit allen damit zusammenhängenden Ambivalenzen betrachten. Die Lebenskunst als Theorie steht in der Gefahr, das Leben in den Griff bekommen zu wollen, und schon in dem deutschen Wort »Lebensbewältigung« klingt das untergründige Gewaltpotenzial an. Durch Weisheit und Lebensregeln kann der Mensch nicht nur klug und fromm werden, sondern auch überheblich und selbstgerecht. Darum erinnern die Religionen den Menschen daran, dass er die Ordnungen und Lebensregeln nicht selbst gemacht hat (Ps 100,3). Der Mensch ist dem Leben unterworfen. Der Versuch, sich die Welt mittels Regeln zu unterwerfen, endet darum im Verlust von Freiheit und Kontingenz gleichermaßen. Jesu Gleichnis vom reichen Kornbauern (Lk 12,16–21) erzählt von dem Versuch, das Lebensglück zu zwingen, und von dem Verlust des Lebens, der daraus resultiert (Mt 10,39; 16,25).

Die Weisheitspredigt Jesu, wie sie besonders in der Bergpredigt greifbar ist, macht entsprechend die Ambivalenz aller Weisheit und Lebenskunst deutlich. Selig gepriesen werden nicht die Starken, Erfolgreichen und Frommen, sondern die Leidtragenden, Hungernden und Verfolgten (Mt 5,3–12). Sinnvoller als der Gang zum Richter sind die freie Begegnung und Auseinandersetzung mit dem Anderen (Mt 5,25f.). Selbst für Verhältnisse in Antipathie und Feindschaft gibt es Spielräume (Mt 5,38–48). Empfehlenswerter als das Ausmalen des Negativen in Gestalt der Sorge ist Vertrauen in das Positive des Kommenden (Mt 6,25–32). Mit Urteilen über andere sollte man vorsichtig sein, wie man sich selbst auch das geneigte Urteil anderer wünscht (Mt 7,1–6). Mit der Lebenskunst des Bergpredigers vertraut man auf die Chancen des Zufälligen und die Möglichkeiten der Freiheit.

Die Predigt Jesu lässt Handlungsalternativen wie Deutungen offen und wahrt den Bezug auf das Leben in seiner Ambivalenz, Kontingenz und Freiheit. Der Grund dafür liegt in der Tatsache, dass die Weisheit Jesu nicht zeitlos ist, weil sie ihre bestimmte historische und von Gott her bestimmte Zeit hat. Die Zeit Jesu ist die Zeit des kommenden Gottes, wie auch die Zeit der Schöpfung die Zeit desselben Gottes war und ist.

Die Diskussion innerhalb der neutestamentlichen Wissenschaft, ob die Predigt Jesu stärker weisheitlich oder stärker eschatologisch geprägt war, mag aus historischer Sicht eine interessante Alternative und Streitfrage darstellen. Aus Sicht der Lebensführung und Lebenskunst führt diese Alternative jedoch in die Irre. Eschatologie ohne Weisheit wäre unanschaulich und Weisheit ohne Eschatologie wäre überheblich. Die weisheitlichen Lebensregeln Jesu sind nur dann richtig verstanden, wenn sie im Angesicht Gottes, von seinem Kommen, Handeln und Richten her verstanden sind.[16] Aber auch umgekehrt gilt: Das Eschatologische der Predigt Jesu wird gehalten von der Lebensenergie des himmlischen Vaters. Eine und dieselbe Schöpferkraft und Liebe ist sowohl in dem Gott des kommenden Reiches wie schon in den von ihm geschaffenen Lebensordnungen wirksam. Darum ist das endzeitlich hereinbrechende Reich auch kein Gericht des Schreckens, sondern die erneute Inkraftsetzung derselben Einsicht: »Herr, wie sind deine Werke so groß und viel! Du hast sie alle weise geordnet, und die Erde ist voll deiner Güter!« (Ps 104,24)

Zusammenfassende Schlussbemerkung

Die Lebenskunst als Kunst lebt wie alle Künste von Regeln und Einsichten, die sich im individuellen und gemeinschaftlichen, generationenübergreifenden Nachsinnen bilden. Die Kunstregeln sind noch nicht die Kunst selbst, aber sie sind ihr zuträglich. Die Religion selbst ist eine Lebenskunst, was in der Bibel vielfach deutlich wird. Gleichzeitig zeigt die Religion die Wurzel und die Grenze aller Lebenskunst auf. Der Mensch hat sich selbst und die Regeln des Lebens nicht gesetzt und es tut ihm gut, seine Erkenntnismöglichkeiten auch im Hinblick auf das Alltagsleben nicht zu überspannen, sondern mit dem Unberechenbaren Freundschaft zu schließen, um frei zu bleiben. Religionen erweisen dem Menschen den Dienst, diesen Zusammenhang aufzuweisen, der auch unabhängig vom religiösen Glauben gilt: Die Regeln der Lebenskunst sind wie alle Arzneien nur mit Sinn und Verstand zu gebrauchen. Anderenfalls werden sie unbekömmlich.

Dr. *Michael Meyer-Blanck* ist Professor für Praktische Theologie an der Rheinischen Friedrich-Wilhelms-Universität Bonn.

16 In nicht-religiöser Ausdrucksweise könnte man sagen: Die Weisheitsregeln müssen von der Kontingenzformel »Gott« her vor der menschlichen Übergriffigkeit geschützt werden.

5
Didaktische Zugänge

5.1

Hartmut Rupp / Ulrich Löffler

Das Unterrichtsfach »Glück« und der Religionsunterricht

1 Immer mehr streben nach »Glück«

Im Schuljahr 2007/08 begann der Schulleiter an der Willy-Hellpach-Schule in Heidelberg, Ernst Fritz-Schubert, an seiner Schule das Unterrichtsfach »Glück« einzurichten. Angeboten wurde das neue Unterrichtsfach zunächst für Berufsschülerinnen und Berufsschüler in der zweijährigen Berufsfachschule[1]und für die Gymnasiasten in einem einjährigen Seminarkurs. Für die Berufsfachschüler wurde ein komplettes Unterrichtskonzept für ca. 80 Stunden in Zusammenarbeit mit Neuropsychologen, Sportwissenschaftlern, Fitnesstrainern sowie Theater- und Bewegungspädagogen erarbeitet. Für das berufliche Schulfach liegt zwischenzeitlich ein Lehrplan mit 10 Modulen und 160 Unterrichtsstunden vor (s.u.). Der Unterricht kann im Internet beobachtet werden.[2]
Was sich anfänglich auf eine Schule konzentrierte, hat sich zwischenzeitlich auf über 100 Schulen ausgeweitet[3], darunter auch Gymnasien, Realschulen und Grundschulen sowie Kindertagesstätten und Sportvereine sowie Patientengruppen an einer Rehaklinik[4].

2 Didaktische Konzeption[5]

Anthropologische und soziokulturelle Voraussetzungen
Die grundlegenden Herausforderungen für ein Unterrichtsfach »Glück« sieht Fritz-Schubert in den vielfältigen Belastungen und Überforderungen der Schülerinnen und Schüler. Stress und Schulangst[6] sind die Folgen dieser psychischen und physischen Belastungen. Die Ursachen dieser Schulängste sieht er in einer auf Effizienzsteigerung und Flexibilität ausgerichteten globalisierten Gesellschaft in Verbund mit einer hedonis-

---

1 *Ernst Fritz-Schubert*, Schulfach Glück. Wie ein neues Fach die Schule verändert, Freiburg 2008, 87.
2 http://www.youtube.com/watch?v=F4b_Le1Lq50 (15.10.12).
3 *Ernst Fritz-Schubert*, Glück kann man lernen. Was Kinder fürs Leben stark macht, Berlin 2011, 151.176–179.
4 *Fritz-Schubert*, Glück (Anm. 3), 140.
5 Die Darstellung nimmt die Kategorien des Berliner Modelles der Didaktik auf.
6 In jedem seiner Bücher geht Fritz-Schubert breit auf Schulangst ein; vgl. *Fritz-Schubert*, Schulfach Glück (Anm. 1), 27–33; *Fritz-Schubert*, Glück (Anm. 3), 41–53.

tischen Leitkultur[7] sowie mit einer digitalen Technik,[8] die die Wahrnehmung grundlegender existenzieller Bedürfnisse erschwert.[9] Dieser Gesellschaft entspricht eine Schule, die im Gefolge des PISA-Schocks auf Wettbewerbsfähigkeit und Effizienz setzt[10] und dabei zentralen pädagogischen Aufgaben wie Erhöhung von Zuversicht, Selbstbewusstsein und Verständnisbereitschaft[11] nicht mehr nachkommt.

Ziele und Aufgaben
Ziel des Unterrichtsfaches »Glück« ist es, Schülerinnen und Schüler zu mehr Lebenszuversicht, Selbstsicherheit, Selbstverantwortung und sozialer Verantwortung zu verhelfen.[12] In der Sprache kompetenzorientierter Bildungspläne geht es um personale und soziale Kompetenzen. Es geht darum, ein Gefühl von Selbstwirksamkeit[13] zu fördern und so die Persönlichkeit zu stärken[14]. Selbstwirksamkeit meint dabei die Überzeugung, mit Aufgaben, Schwierigkeiten und Barrieren selber zurechtkommen zu können. Das Unterrichtsfach »Glück« ist deshalb als Schulfach für Resilienz anzusehen.[15]
Doch damit ist die besondere Pointe dieses Unterrichtsfaches »Glück« noch nicht ganz getroffen. Aufgabe dieses Faches ist es, Lernerfahrungen zu ermöglichen, die zumindest für eine kleine Weile »glücklich« machen[16] und so dazu beitragen, »Gründe zum Glücklichsein zu finden«.[17] Durch ein lustvolles Lernen sollen Bedingungen für ein glückliches und zufriedenes Leben aufgezeigt werden.

Inhalte
Die Inhalte des Unterrichtsfaches »Glück« sind in einem Lehrplan für die zweijährige Berufsfachschule formuliert. Folgende Themen sollen bearbeitet werden: Freude am Leben, Freude an der eigenen Leistung, Ernährung und körperliches Wohlbefinden, der Körper in Bewegung, der Körper als Ausdrucksmittel, Seelisches Wohlbefinden, das Glück des Augenblicks, Abenteuer Alltag, Kultur und Kulturtechniken als Grundlage sozialen Lebens, das Ich und soziale Verantwortung.

7 *Fritz-Schubert*, Schulfach Glück (Anm. 1), 157.81.
8 Vgl. z.B. ebd., 43.
9 Wie Bindung, Anerkennung, Wertschätzung, aber auch Selbstvertrauen, Selbstsicherheit und Lebensfreunde, ebd. ,157.
10 Ebd., 21.22.
11 Ebd., 25 in Aufnahme der Schultheorie von Hartmut von Hentig.
12 Ebd.
13 Ebd., 66.114.157.
14 Vgl. *Fritz-Schubert,* Schulfach Glück (Anm. 1), 125.165; *Fritz-Schubert,* Glück (Anm. 3), 180.
15 *Fritz-Schubert*, Schulfach Glück (Anm. 1), 63f; *Fritz-Schubert,* Glück (Anm. 3), 130.132.
16 Es gilt, Glückmomente zu schaffen; vgl. *Fritz-Schubert,* Glück (Anm. 3), 217.219.
17 *Fritz-Schubert,* Schulfach Glück (Anm. 1), 81.82.

Unterthemen sind z.b. Selbstwahrnehmung, Ansprüche anderer an mich, Wertehierarchie und Zielfindung, Erkennen der eigenen Leistungsmöglichkeiten, Erfahren von Grenzen, Umgang mit Freude und Trauer sowie mit Rückschlägen, Meditation und Konzentration, Träume, Achtsamkeit mit sich selbst, Rituale und Sozialpraktika. Überschneidungen zum Religionsunterricht sind hier klar erkennbar.

Methoden
Konstitutiv für das Unterrichtsfach »Glück« ist die Überzeugung, dass sich personale Kompetenzen nur durch erlebnishaftes und handlungsorientiertes Lernen unter Einbezug von Emotionen erwerben lassen. Dafür sprechen die vielen Beispielgeschichten, in denen Schülerinnen und Schüler in persönlichen Krisen unter Anleitung eines Coachs[18] mit sich selbst neue Erfahrungen machen, die der Bewältigung ihrer Probleme dienen. Unterricht hat jedoch nicht mit aktuellen Krisen oder Problemen zu tun, sondern mit grundlegenden Einstellungen und Fähigkeiten, die an Schlüsselerlebnissen[19] erworben werden können. Der Unterricht bietet dazu eine Fülle von Übungen, die solche grundlegenden Einstellungen und Fähigkeiten anbahnen, vor allem aber neue Erfahrungseindrücke eröffnen, die wiederum Anlass geben, sich selbst und die Welt anders zu sehen. Zugespitzt gesagt, geht es darum, dass Menschen sich selbst coachen können.[20] Behauptet wird, dass sich die einzelnen Glücksbausteine zu einer Einheit zusammenfügen, die zusammengenommen ein »lust- und freudvolles Leben ermöglichen«.

Evaluation
Der Unterricht in »Glück« wurde mehrfach überprüft. Es liegen Studien von Ernst Gehmacher (Institut für die Organisation angewandter Sozialforschung, Wien)[21], Robert Rupp und Wolfgang Knörzer (Pädagogische Hochschule Heidelberg)[22] sowie von Alex Bertrams (Universität Mannheim)[23] vor.

---

18 Viele Vorgehensweisen und Übungen sind der Coaching-Literatur entnommen vgl. z.b. die Begleitung von Tim, *Ernst Fritz-Schubert,* Dem Glück auf die Sprünge helfen, Freiburg 2012, 43–50.
19 *Fritz-Schubert,* Glück (Anm. 3), 176.
20 Vgl. die Bemerkung »In den Folgenstunden versuchten Ivo und Jutta den Schülern zu vermitteln, wie sie durch eigene Gedanken ihre Gefühlslage positiv beeinflussen können«, *Fritz-Schubert,* Schulfach Glück (Anm. 1), 100.
21 *Fritz-Schubert,* Schulfach Glück (Anm. 1), 175–182.
22 Veröffentlicht auf der Homepage des Fritz-Schubert-Instituts (FSI) s.u.
23 Die Ergebnisse dieser Studie werden ebenfalls auf der homepage des FSI vorgestellt. Vgl. auch den Fernsehbericht unter http://www.youtube.com/watch?v=ZNtTX-7ykIU&feature=related (15.10.12).

3 Leitende Vorstellungen

Der Ansatz des Unterrichtsfaches gründet in Annahmen, ohne die das didaktische Modell nicht zu verstehen ist.

Menschenbild
Nach Fritz-Schubert haben alle Schülerinnen und Schüler »existenzielle Bedürfnisse«, die das Selbst ausmachen. Dazu gehört das »Urbedürfnis nach Bindung«[24] und damit das Bedürfnis nach Wertschätzung, Geborgenheit und liebevollen Beziehungen[25]. Fritz-Schubert rekurriert damit auf die Bedürfnispyramide von Maslow[26] mit ihrem heuristischen Arrangement von körperlichen, psychischen und sozialen Grundbedürfnissen des Menschen.[27] Zu diesen Bedürfnissen kann auch das Bedürfnis nach Sinn gezählt werden, das Viktor E. Frankl beschreibt[28]. Sinn ist danach nicht einfach vorzufinden. Er wird vielmehr mit schöpferischem Potential im selbstvergessenen Tun gesucht und (kontingent!) gefunden.

Methodisches Vorgehen
Leitend ist die Annahme, dass unterhalb der Bewusstseinsebene ein »emotionales Erfahrungsgedächtnis« existiert, in dem erlebte Gefühle und Empfindungen dauerhaft gespeichert werden. Dieses emotionale Gedächtnis kann in Lernprozessen korrigiert oder erweitert werden, z.B. durch szenisches Anspiel. So kann es gelingen, die Verbindung von situativen Reizen und negativen Emotionen durch positive Zuwächse zu entkoppeln.[29]

Das Verständnis von Glück
Fritz-Schubert unterscheidet zwischen einem momentanen Hochgefühl des Glücks und einem »dauerhaften Gefühl des Wohlbefindens«, dessen kognitiv-rationale Seite als »Lebenszufriedenheit« bestimmt wird.[30] Dieses Wohlbefinden ist von einer Befriedigung bloß sinnlicher Bedürfnisse zu unterscheiden. Glück ist deshalb im Anschluss an Sokrates, Plato, Aristoteles sowie Frankl und Maslow als Begleiterscheinung eines Lebens zu sehen, in dem die grundlegenden Bedürfnisse immer wieder erfüllt, die eigenen Potenziale zur Entfaltung gebracht werden und dabei

24 *Fritz-Schubert,* Schulfach Glück (Anm. 1),166.
25 Ebd., 36.
26 Ebd., 52f.
27 Ebd., 97.
28 Ebd., 56–59.
29 Ebd., 132.133. Fritz-Schubert nimmt hier Einsichten des »Zürcher Ressourcenmodells« auf, vgl. *Fritz-Schubert,* Schulfach Glück (Anm. 1), 144; *Fritz-Schubert,* Glück (Anm. 3), 14.16.
30 *Fritz-Schubert,* Schulfach Glück (Anm. 1), 48.

ein tugendhaftes Leben geführt wird.[31] Dieses Wohlbefinden ist kein Zustand, den man einmal erreicht, sondern ein Prozess, den es immer wieder zu durchlaufen gilt Im Glücksunterricht sollen Fähigkeiten und
Kenntnisse erworben und erlernt werden, die diesen Prozess initiieren
und unterstützen.

4 Rückfragen

Dem Unterrichtsfach geht es um die Kompetenz[32] der Schülerinnen und
Schüler, die Aufgaben, Herausforderungen und Probleme des persönlichen Lebens so bewältigen zu können, dass daraus Lebensglück im
Sinne von Wohlbefinden und Lebenszufriedenheit entsteht. Dieser Ansatz löst jedoch Rückfragen aus:

Wie steht es um den Bedarf des Faches?
Die Ausweitung des Faches »Glück« deutet auf einen erhöhten Bedarf in
verschiedenen Lebensaltern und verschiedenen Lebenssituationen. Dies
steht jedoch in einer eigentümlichen Spannung zu den Ergebnissen der
empirischen Glücksforschung. Dort wird ebenso festgestellt, dass positive Emotionen und damit Glück und Freude kognitive Fähigkeiten, Lernen und Kreativität fördern und Moralität begünstigen[33], festgestellt wird
aber auch, dass eine Mehrheit der Bevölkerung sich glücklich fühlt[34] und
durchaus lebenszufrieden ist.[35] Schaut man auf die Lebensalter, so lässt
sich sagen: Kinder zwischen 6 und 13 Jahren halten sich für glücklich[36],
Elfjährige bilanzieren mehrheitlich ihr Leben als positiv[37]. In der Adoleszenz muss man dann von einem »Einbruch« des Glücks sprechen[38] –
dem jedoch in der Regel wieder ein Anstieg folgt. Es stellt sich die

---

31   Fritz-Schubert hat dabei vor allem die Kardinaltugenden wie Weisheit, Mäßi-
gung, Tapferkeit und Gerechtigkeit vor Augen; *Fritz-Schubert*, Glück (Anm. 3), 8.9.
32   Kompetenzen schließen Einstellungen, Kenntnisse, Fähigkeiten und Fertigkeiten
ein.
33   *Anton A. Bucher*, Psychologie des Glücks. Ein Handbuch, Weinheim 2009, 141–
164.
34   Ebd., 7.40.45.
35   *Marc Keuschnigg u.a.*, Münchner Studie zur Lebenszufriedenheit, Institut für
Soziologie der Ludwig-Maximilians-Universität München 2010, http://epub.ub.uni-
muenchen.de/13132/ 14.10.2012.
36   *Bucher*, Psychologie (Anm. 33), 70 nach der ZDF Studie 2007.
37   *Bucher*, Psychologie (Anm. 33), 69.
38   *Bucher*, Psychologie (Anm. 33), 72. Die Sinus-Jugendstudie 2012 spricht im
Unterschied dazu von einem Bewältigungsoptimismus bei 14–17-Jährigen. Dies gilt
allerdings nicht für die »prekären« und die »materialistisch-hedonistischen« Jugendlichen; vgl. *Marc Calmbach u.a.*, Wie ticken Jugendliche? Lebenswelten von Jugendlichen im Alter von 14 bis 17 Jahren in Deutschland, Düsseldorf 2012, 43.

Frage, ob das Unterrichtsfach »Glück« für alle Lebensalter und demgemäß auch für alle Schularten in gleicher Weise angebracht ist.[39]

Wie steht es mit der Nachhaltigkeit des Faches?
Die Evaluationsstudie von Alex Bertrams zeigt auf, dass die positiven
Wirkungen bei »emotional stabilen« Schülerinnen und Schüler stärker
ausfallen, während sie bei wenig emotional stabilen nahezu nicht erkennbar sind.[40] Wie ist dieses Ergebnis zu verstehen?
Die Studie von Rupp und Knörzer[41] zeigt auf, dass Schülerinnen und
Schüler des Faches nach einem Jahr Unterricht öfter Glücksziele erreichen – allerdings gilt dies für die Kontrollgruppe ohne Glücksunterricht
auch. Beide machen mehr bedürfnisbefriedigende Erfahrungen. Beide
Gruppen geben auch an, »in letzter Zeit häufiger Erfahrungen zu machen, die sie eigentlich vermeiden wollten«[42]. Dieser Faktor steigt jedoch bei den »Glücksschülern« stärker an. Dieser Befund irritiert. Sind
Glücksschüler nachher unglücklicher – oder sind sie einfach sensibler?

*Krisenintervention, kursorischer Unterricht oder durchgängiges Unter-
richtsprinzip?*
Die in Fritz-Schuberts Veröffentlichungen vielfältig präsenten Beispiele
für den Aufbau von Lebenskompetenz stammen oft aus individuellen
Kriseninterventionen bei einzelnen Schülerinnen und Schülern. Nicht zuletzt deshalb stellt sich die Frage, ob die didaktischen Prinzipien des
Glücksunterrichts nicht in allen Fächern und von einem ganzen Kolle-
gium zu beachten sind. Selbstwahrnehmung, Erkenntnis der eigenen
Leistungsmöglichkeiten, Rhetorik, der Umgang mit Rückschlägen, aber
auch mit Zeit sind Elemente jeden Unterrichts.
Sodann stellt sich die Frage, ob damit die anderen Fächer nicht vorschnell von wichtigen Bildungsaufgaben entlastet werden. Der Abschied
von demotivierender Defizitorientierung muss Anliegen jedes Fachs und
der Schule insgesamt sein. Umgekehrt zeigt sich, dass das Unterrichtsfach »Glück« sein Curriculum aus den Inhalten anderer Fächer speist.

Kann man Glück erlernen?
Die Frage ist, ob sich Lebensglück durch unterrichtliche Übungen auch
nur einigermaßen wahrscheinlich einstellt. Dass die Machbarkeit Grenzen hat, sieht auch Fritz-Schubert. Das Unterrichtsfach »Glück« kann

---

39 Die Sinus-Jugendstudie könnte erklären, warum der »Sitz im Leben« des Faches
gerade die Berufsfachschule ist.
40 Presseinformation der Universität Mannheim vom 12.8.2011.
41 *Robert Rupp / Wolfgang Knörzer*, Schüler glücklich und stark machen. Ergebnisse der wissenschaftlichen Begleituntersuchung zur Einführung des Schulfachs
»Glück« an der Willy-Hellpach-Schule Heidelberg http://fritz-schubert-institut.de/
images/auswertung%20knrzer.pdf (15.10.12).
42 Die Anlage der Untersuchung verweist auf den Glücksbegriff von Jeremy Bentham. Glück ist Maximierung von Lust und Minimierung von Unlust.

den Schülerinnen und Schülern »kein Glücksversprechen geben«[43]. Lebenszufriedenheit und Lebensfreude hängen ja auch von genetischen Dispositionen, von frühkindlichen Erfahrungen sowie gesellschaftlich-sozialen Bedingungen ab. Im Zentrum des Faches steht jedoch die Gewissheit, dass der Einzelne sich durch gezielte Übungen Haltungen und Einstellungen aneignen kann, die ihn »glücksempfänglicher« machen.[44] Christliche Theologie tut sich damit schwer, erwartet sie doch letztlich alles Heil allein von Gottes gnädigem Handeln. Die Frage ist jedoch, wie dieses Erwarten zu bestimmen ist. Immerhin ist für Psalm 1 »der wahrhaft glückliche Mensch«[45] derjenige, der etwas tut – er sinnt über der Thora Tag und Nacht und spricht sie murmelnd vor sich hin.

Auch bei besten Voraussetzungen kann Lebensglück ausbleiben.[46] Woher kommt dies? Das könnte auf fehlende Fähigkeiten oder einen falschen Gebrauch der eigenen Potenziale verweisen, hat aber wohl mit grundlegenden Lebenshaltungen zu tun. Lässt sich zum Beispiel die bei einem Erwachsenen konstatierte »Erfolgsbesessenheit«[47] durch »einfache Übungen« verändern? Evangelische Theologie kann hier von einem unfreien Willen sprechen, der nicht durch Übung, sondern erst durch den Zuspruch grundlegender Anerkennung befreit werden kann.

Der Kern dieser theologischen Einsicht ist anschlussfähig an eine Selbsterfahrung von Coaches. Diese besagt, dass diese sich selbst aufgrund fehlender Außenperspektive nicht coachen können – und es deshalb besser unterlassen. Daher stellt sich die Frage, ob das Unterrichtsfach mehr verspricht, als es halten, oder auf höhere Erwartungen trifft, als es einlösen kann.

Glück hat letztlich ganz gewiss immer auch mit »fortuna«, d.h. also mit günstigen Umständen oder mit Zufällen zu tun. Es bleibt trotz allem Bemühen letztlich unverfügbar. Dietrich Bonhoeffer spricht deshalb vom Segen »als Zwischenbegriff« zwischen Gott und Glück.[48] Er bestimmt das Gelingen des Lebens als ein Geschenk Gottes, dem eine durch Vertrauen, Hoffen, Bitten und Danken bestimmte Lebenshaltung entspricht. Könnte es sein, dass das Vertrauen in das Handeln Gottes Menschen zufriedener macht?[49]

43 *Fritz-Schubert,* Dem Glück auf die Sprünge helfen (Anm. 18), 19.
44 *Fritz-Schubert,* Dem Glück auf die Sprünge helfen (Anm. 18), 7f.
45 *Hans Joachim Kraus,* Psalmen. Biblischer Kommentar zum Alten Testament Neukirchen-Vluyn 1979, 1–10.
46 Fritz-Schubert erzählt von seinen Mitschülern bzw. Mitstudierenden, Bruno und Klaus; *Fritz-Schubert,* Dem Glück auf die Sprünge helfen (Anm. 18), 20–23.24–28.
47 *Fritz-Schubert,* Schulfach Glück (Anm. 1), 53.
48 Brief an E. Bethge vom 28.7.44 in: Widerstand und Ergebung Neuausgabe (WEN) , München 1979, 406f.
49 *Theresia Marie de Jong,* Himmlisches Glück auf Erden!? In: Psychologie heute März 2005, 21–25 kann schreiben: »Nur wer loslassen kann und sein Schicksal vertrauensvoll in die Hand Gottes oder einer anderen Macht legen kann, profitiert von der gesundheitsfördernden Kraft des Glaubens« (dort 22).

Damit stellt sich noch einmal die Frage, wie Glück zu verstehen ist. Wilhelm Schmid unterscheidet drei Formen des Glücks: das »Zufallsglück«, das »Wohlfühlglück« sowie das »Glück der Fülle«.[50] Das Unterrichtsfach »Glück« zeigt Nähen zu dem Wohlfühlglück, denn dieses kann durch nachhaltige Übungen verbessert werden. Doch es zeigen sich auch Züge des Glücks der Fülle[51], das – so Schmid – auch das Unangenehme, das Schmerzliche umfasst, mit dem zurechtzukommen ist. Ein solches »Leben in Fülle« (Schmid zitiert Joh 10,10), bleibt letztlich Fragment. Die gesamte Fülle findet sich in einer »anderen Dimension«[52]. In dem Unterrichtsfach »Glück« ist davon recht wenig die Rede. Warum nicht? Für Schmid ist das Glück der Fülle elementar an die Erfahrung von Sinn und die Erkenntnis eines »Zusammenhangs«[53] gebunden. Die entscheidende Aufgabe besteht deshalb darin, »das Leben zu verstehen«[54] – im Wissen und in der Anerkenntnis, dass es Erfahrungen gibt, die nicht zu verstehen, aber dennoch hoch bedeutsam sind.[55]

5 Das Verhältnis von »Glück« und Religionsunterricht

Konvergenzen und Divergenzen
Wie bei jedem anderen Unterrichtsfach geht es auch im Religionsunterricht um personale Kompetenz und damit um das Bewusstsein für eigene Potenziale als Voraussetzung zur Entwicklung eines »positiven Selbstkonzeptes«.
Zur personalen Kompetenz gehört nach Auskunft von Bildungsplänen auch die Fähigkeit, selbstbestimmt und verantwortlich handeln zu können.[56]
Grundsätzlich kann das Befördern personaler Kompetenz religionspädagogisch nur begrüßt werden. Allerdings geht christlicher Glaube davon aus, dass Selbstwertgefühl und Selbstvertrauen in dem Zuspruch der bedingungslosen Anerkennung Gottes gründen und sich eigener Machbarkeit entziehen. Die damit gemeinte Freiheit ist für den christlichen Glauben nur als dankbare Annahme eines Beziehungsgeschenkes zu denken. Aber noch in der Annahme des Beziehungsgeschenkes ist ein aktiver Moment enthalten.

50 *Wilhelm Schmid*, Glück. Alles was Sie darüber wissen müssen, und warum es nicht das Wichtigste im Leben ist, Frankfurt a.M. / Leipzig 2007.
51 Fritz-Schubert will sich in seinen neuen Arbeiten auch diesem Ansatz anschließen, vgl. *Fritz-Schubert,* Dem Glück auf die Sprünge helfen (Anm. 18), 82.
52 *Schmid,* Glück (Anm. 50), 34f.
53 *Schmid,* Glück (Anm. 50), 47.
54 *Wilhelm Schmid*, Philosophie der Lebenskunst, Frankfurt a.M. 1999, 294.
55 *Schmid,* Lebenskunst (Anm. 54), 295.
56 So z.B. die Vorgaben in den Hessischen Bildungsplänen, vgl. Bildungsstandards und Handlungsfelder. Das neue Kerncurriculum für Hessen Sekundarstufe I/Gymnasium für Evangelische Religion 2011, 8.

Anfragen an den Religionsunterricht
Der Glücksunterricht operiert mit körperbetonten und emotionssensiblen Übungen, die Kreativität und Freude am Lernen transportieren. Ein überwiegend auf Textverstehen und auslegendes Gespräch angelegter Unterricht kann dem gegenüber recht »uninteressant« werden. Das Unterrichtsfach »Glück« verweist auch den Religionsunterricht auf »bewegende Formen« und die Spezifika religiöser Praxis (wie Meditation, Fasten aber auch Klagen, Loben und Danken) als Lernformen.[57] Die systematische Evaluation des Faches »Glück« durch externe Institutionen stellt die Frage an den Religionsunterricht, wie es um die Überprüfung seiner Wirkungen steht.
Die Orientierung des Glücksfaches an der Bewältigung alltäglichen Lebens und damit an der Lebensführungskompetenz lässt fragen, wie die Gestaltung persönlichen Lebens im Geiste des christlichen Glaubens im Religionsunterricht zum Thema wird. Konkret stellt sich die Frage, wie Ernährung und Kleidung, der Umgang mit Zeit, Geld, mit Krankheit, mit Trauer oder mit Liebeskummer, die schon als Themen einer christlichen Lebenskunst verhandelt werden[58], im Religionsunterricht stärker Beachtung finden können.

Das eigene Profil des Religionsunterrichts
Im Gegenüber zum Glücksunterricht kann der Religionsunterricht sein eigenes Profil noch einmal klären. Drei Merkmale sollen herausgestellt werden:
• Der Religionsunterricht sieht gelingendes Leben letztlich der menschlichen Verfügung entzogen. Segen ist und bleibt Zu-Fall und Geschenk, das jedoch erhofft und erbeten werden kann.
• Der Religionsunterricht ist Unterricht wie jeder andere. Doch er ist jenes Fach an der Schule, in dem die bedingungslose Anerkennung jedes Menschen immer wieder und auf verschiedene Weise entfaltet wird. Darin liegen seine Besonderheit und sein Beitrag zur Schule und zur Allgemeinbildung.
• Im Gegenüber zum Glücksunterricht hebt der Religionsunterricht stärker darauf ab, das »Leben in Fülle« zu verstehen und seine Vielfalt und Widersprüchlichkeit in einen Sinnzusammenhang zu bringen. Der Religionsunterricht bringt den christlichen Glauben als möglichen Sinnzusammenhang ein, der es erlaubt, ein bejahtes Leben zu führen. Es gehört zu den Selbstverständlichkeiten des Religionsunterrichts,

---

57 Dies ist der Ansatz einer performativen Didaktik, wie sie Bernhard Dressler, Thomas Klie oder Silke Leonhard vorschlagen; vgl. *Silke Leonhard / Thomas Klie* (Hg.), Schauplatz Religion. Grundzüge einer performativen Didaktik, Leipzig 2003.
58 Vgl. dazu *Peter Bubmann / Bernhard Sill* (Hg.), Christliche Lebenskunst, Regensburg 2008. Anliegen einer solchen Lebenskunst ist es, »dem eigenen Leben eine vom Glauben geprägte Gestalt zu verleihen«. Themen sind z.B. Essen und Trinken, Reden und Schweigen, Arbeit und Sich-Erholen, Höflich sein und Stil entwickeln, Sterben und ewiges Leben, Kranksein und gesund werden, Feiern und Fasten.

dass auch andere Sinndeutungen eingespielt, verglichen und miteinander kritisch bedacht werden. Ebenso selbstverständlich ist, dass der christliche Glaube das Leben in seinen Widersprüchen und Ambivalenzen nicht einfach harmonisch auflösen kann. Der Glaube an den gekreuzigten und auferstandenen Christus kann und will Sinnlosigkeit nicht als sinnvoll erweisen – er kann und will jedoch helfen, damit zu leben. Das »ewige Leben« als Symbol erfüllten Lebens in der Gegenwart Gottes bleibt eine eschatologische Verheißung. Eine solche »Hermeneutik des Lebens« geht von elementaren Lebensfragen aus oder führt zu diesen. In der diskursiven Auseinandersetzung werden Lebensentwürfe bedacht und geprüft.

Dr. *Hartmut Rupp* ist Direktor i.R. des Religionspädagogischen Instituts der Badischen Landeskirche und Honorarprofessor an der Universität Heidelberg.

Dr. *Ulrich Löffler* ist evangelischer Schuldekan in Heidelberg.

5.2

Philipp Thomas

Glück und Lebenskunst

Anregungen aus der Philosophiedidaktik

Seit sich in den 90er Jahren die philosophische Ethik für Fragen der Lebenspraxis und der Lebenskunst geöffnet hat, etwa in Arbeiten von Hans Krämer oder Wilhelm Schmid,[1] hat auch die Philosophiedidaktik einschlägige Überlegungen und Konzeptionen vorgelegt. Die von Volker Steenblock herausgegebenen, sehr ergiebigen Hefte der *Zeitschrift für Didaktik der Philosophie und Ethik* zu den Themen ›Glück‹ und ›Sinn‹ seien beispielhaft genannt.[2] Mein folgender Beitrag zum Thema ist Teil meines ›negativistischen‹ Ansatzes zur Lebenspraxis.[3] Er widmet sich in Teil I–III verschiedenen Begriffen philosophischer Lebenskunst und in Teil IV der didaktischen Frage nach Orientierung und Lebenskunst.

1 Philosophische Lebenskunst als vernunftgeleitetes Leben

Dieser Abschnitt stellt eine klassische philosophische Position zur Lebenskunst vor, die Gegenposition folgt in Teil II. Beide Positionen vertrete ich nur in eingeschränkter Weise. Teil III ist dann der Versuch, eine eigene Position zu beschreiben.

Eine philosophietypische Haltung zu Glück und Lebenskunst ist diese: Das unreflektierte Leben kennt Glück vielleicht als Genuss, doch der Mensch ist zu Höherem bestimmt, zu philosophischer Reflexion, zu einem bewusst geführten und selbst bestimmten Leben. Und für dieses ist das Reflektieren selbst ein bestimmender Wert, ebenso die Ausrichtung an ethischen Maßstäben und ein überdurchschnittliches Maß an Bewusstsein. Einige Beispiele: Sokrates spricht von einem unmittelbaren Daseinsglück als etwas bloß Tierischem. Das philosophische Glück besteht demgegenüber in Vernunft und Reflexion. Aristoteles grenzt die wertvolle theoretische Lebensform gegen andere Lebensformen ab. Kant gewinnt das ethische Vernunftgesetz gerade in der Überwindung einer

---

1 *Hans Krämer*, Integrative Ethik, Frankfurt a.M. 1992; *Wilhelm Schmid*, Philosophie der Lebenskunst, Frankfurt a.M. 1998.
2 ZDPE 4/2006 und 4/2012. Explizit der ›Lebenskunst‹ ist das von Ekkehard Martens herausgegebene Heft 1/2004 gewidmet.
3 *Philipp Thomas*, Negative Identität und Lebenspraxis. Zur praktisch-philosophischen Rekonstruktion unverfügbarer Subjektivität, Freiburg/München 2006.

Glücksethik. Heidegger beschreibt die philosophische Lebensform eigentlicher Existenz in ihrer sich absetzenden Bewegung, sich distanzierend nämlich vom uneigentlichen Dahinleben. Und der Lebenskunstphilosoph Wilhelm Schmid schreibt, philosophische Lebenskunst beginne überhaupt erst dort, wo ein Leben bewusst übernommen und geführt werde.[4]
In dieser Tradition haben wir selbst das Denken gelernt, und als Philosophielehrer werben wir immer wieder dafür, die ›höheren‹ Formen der Lebenskunst, nämlich das Reflektieren und Differenzieren, das begründete Urteilen und die Selbstbestimmung zumindest einmal kennen- und schätzen zu lernen. Unser ›Werben‹ ist sicher in dem Maße richtig, in welchem wir bei anderen neue Horizonte eröffnen, d.h. neue Begriffe etablieren und dadurch neue Wahrnehmungen und Erfahrungen ermöglichen.
Halten wir zunächst fest: Weiten Teilen unser Philosophie gilt das Glück und die Lebenskunst der Vielen (oder unserer selbst als vorvernünftiger Menschenwesen) als zu wenig. Eine philosophische Lebenskunst, ein philosophisches Glück muss erst durch Bewusstsein und Kultivierung, also durch Anstrengung als wertvollere Lebensform gewonnen werden. Manchmal nennen wir Philosophen dieses Ziel ›das gute Leben‹ und denken an ein Ganzes, das durch Vernunft, Verantwortung und moralische Reflexion geleitet ist.

2 Philosophische Lebenskunst als Selbstbefreiung

Die Gegenthese zu diesem vernunftgeleiteten ›guten Leben‹ kann sich auf Nietzsche berufen, auf Rousseau und Herder, auf die Kunst und den Künstler als Existenzideal, auf alle Forderungen nach Ursprünglichkeit, nach Authentizität und reinem Selbstausdruck. Auch hier gibt es eine lange Tradition, die innerhalb der Philosophie gleichwohl eher konkurrierend zum Mainstream auftritt. Heute aber prägt diese Lebenskunst der Authentizität unsere Kultur und unser bildungsbürgerliches Milieu mindestens so stark wie das vernünftige ›gute Leben‹.[5]
Worin liegt der Kern dieser Position? Glück kann erst durch einen Prozess der Selbstbefreiung von allem, was nicht zu uns selbst gehört, erreicht werden. Diese ›Therapie‹ (Befreiung vom Nicht-Selbst) zeigt, dass die entsprechende ›Diagnose‹ eine ganz andere ist als die des vernünftigen ›guten Lebens‹: Als Ausgangs- und Standardsituation gilt nicht das

4 Siehe *Platon*, Philebos, 21 a–d; *Aristoteles*, Nikomachische Ethik, Buch I, 3 und 6, Buch X, 6 und 7; *Immanuel Kant*, Grundlegung zur Metaphysik der Sitten, BA 1ff., A 165ff. u.ö.; *Martin Heidegger*, Sein und Zeit, § 38, § 54; *Schmid*, a.a.O., 10ff.215ff.
5 Siehe *Charles Taylor*, Quellen des Selbst. Die Entstehung der neuzeitlichen Identität, Frankfurt a.M. 1996, 639–679 (hier u.a. zu Rousseau, Herder, Nietzsche); *ders.*, Das Unbehagen an der Moderne, Frankfurt a.M. 1995, 34ff.

vorvernünftige, womöglich glückliche Dahinleben, welches dann durch bewusste und vernünftige Entscheidung zu einer philosophischen Lebensform erhoben werden muss. Vielmehr gilt in dieser zweiten Position als Ausgangspunkt das durch Selbstkonzepte, soziale Rollen, durch übermäßiges Wissen, Reflektieren und Bewusstsein geprägte und als solches unhinterfragte und entfremdete Leben des vernünftigen, gebildeten, ethisch reflektierten Menschen. Lebenskunst bedeutet hier Destruktion derjenigen rationalen oder kulturellen Größen, welche als der wahren Person fremd erfahren oder vorgestellt werden. Das Glück besteht zu einem Teil schon in dieser Befreiung selbst, dann jedoch in einem gesteigerten Selbstsein, wie es besonders seit der Romantik als Authentizitätsideal artikuliert wird. Das Glück, welches so möglich ist, ist ein Glück der Wahrhaftigkeit, auch der Sicherheit, sich selbst gefunden zu haben und laufend ausdrücken zu können.

3 Lebenskunst auf der Problemhöhe der Gegenwartsphilosophie

Im Folgenden mache ich auf eine problematische Struktur aufmerksam, die sowohl Position 1 als auch Gegenposition 2 eigen ist (3.1). Anschließend versuche ich, diese Struktur zu überwinden, und arbeite eigene Ideen zu einer philosophischen Lebenskunst heraus (3.2).

3.1 Kritik an den beiden Positionen philosophischer Lebenskunst

Bezogen auf die dargestellten zwei Positionen ist meine These, dass deren jeweilige Evidenz und objektive Begründetheit, ihre Ausschließlichkeit und Sicherheit nicht der Problemhöhe der Gegenwartsphilosophie entsprechen. Als Philosophen fällt es uns heute schwer, in solchen anthropologischen Großmodellen zu denken. Vor allem die Modernekritik der Philosophie des 20. Jh.s hat uns die Augen für ein Misstrauen gegen Generalkonzepte geöffnet. Zeitgenössische Denker haben gerade den Konstruktionscharakter solcher Groß- und Gesamtkonzepte (ich nenne sie *big pictures*) kritisiert. Dabei haben sie aufgezeigt, dass hier eine konstitutive Tendenz der Verdeckung anderer möglicher Weisen der Wahrnehmung und Beschreibung der Welt vorliegt. Die Tendenz ins Totale macht blind für den eigenen Schatten bzw. für das durch die Konstruktion Beschattete. Adorno verdichtet diese gegenwartsphilosophische Einsicht in dem Satz: »Das Ganze ist das Unwahre«.[6] So ist unser Denken heute durch das Bewusstsein geprägt, Evidenz nur *innerhalb* eines jeweiligen Paradigmas zu haben, auch durch das Bewusstsein, dass verschiedene Paradigmen oder Diskurse nebeneinander existieren und

---

6 *Theodor W. Adorno*, Minima Moralia, Frankfurt a.M. 1951, Abschnitt 29.

dass es über diesen keine Vogelperspektive gibt, welche einen letzten Zugriff auf so etwas wie Realität oder Wahrheit hat.[7] Die formale Struktur der beiden skizzierten Positionen ist ähnlich, sie besteht in einer theoretischen Objektivität und Totalität. Denn beide Ideale philosophischer Lebenskunst sind jeweils mit metaphysischen, geschichtsphilosophischen oder anthropologischen Modellen verbunden, ja sie sind Teile von mentalen Großkonzepten. Diese vermeintlich objektive Wahrheit über das Ganze besagt etwa, dass das höchste Prinzip die Vernunft sei (in je eigener Weise bei Platon und Kant) oder der Wille (Nietzsche), bzw. das individuelle Selbst (Rousseau). Dies führt dann zu einer philosophischen Lebenskunst, die nur genau so und nicht anders sein kann, weil nur sie die der jeweiligen objektiven Wahrheit entsprechende Lebenspraxis ist. Dieser theoretische Zusammenhang, so meine These, wird uns angesichts gegenwartsphilosophischer Einsichten heute nicht mehr fraglos möglich sein. Der Abschied von den *big pictures* muss hinter uns liegen, wenn wir uns auf die Suche nach einer neuen philosophischen Lebenskunst machen.

3.2 Ein Gegenmodell: Abschied von Wahrheitsgewissheiten und philosophische Lebenskunst

Wie wird eine solche philosophische Lebenskunst aussehen? Welches Selbstverständnis haben wir heute als Philosophen bei der Frage nach Glück und Lebenskunst?
Eine erste Ebene dieses neuen Selbstverständnisses möchte ich die kulturphilosophische nennen. Es geht darum, dass wir die Moderne, deren Bürger wir sind, als Kultur und nicht (wie es ein weit verbreitetes Selbstverständnis der Moderne war) als Überwindung aller Kulturen (etwa durch Vernunft und Wissenschaft) verstehen. Bei dieser Wende des modernen Selbstverständnisses, also bei einer explizit kulturellen Auffassung der Moderne, erscheinen die Werte der Moderne als moralische Güter und nicht mehr als übersituativ und überkulturell beweisbare rationale Prinzipien. Dass für uns als Bürger der Moderne ›gut‹ und ›schlecht‹ in ihren spezifischen Bedeutungen nicht verhandelbar sind, dass wir die moralischen Güter unserer Kultur für absolut richtig halten (wir können uns ja nicht wirklich aus diesem Empfinden verabschieden) und dass wir sie gegenüber jedermann offensiv vertreten werden – dies ist selbstverständlich und bleibt richtig. Aber diese Sicherheit ist keine

---

7 Kants Kritizismus steht am Anfang dieser Einsicht. In der Philosophie des 20. Jh. gelangen dann ganz unterschiedliche Perspektiven zu einer Beschreibung dieses Bewusstseins, dass unsere (Bedeutungs-)Welten unhintergehbar sind, dass wir in diesen endlichen Strukturen gefangen sind und ein God's eye view prinzipiell unmöglich ist: Bei Heidegger ist dies eine existenzialontologische, bei Wittgenstein eine sprachkritische und etwa bei Lyotard eine diskursanalytische Perspektive.

absolute, sie geht vielmehr zusammen mit dem Bewusstsein, dass wir Bürger einer Kultur (eines Paradigmas) sind und dass unsere Werte einen fragilen Status haben, dass sie nur so lange gelten, wie jemand sie artikuliert, immer wieder in Institutionen übersetzt und lebendig hält.[8] Bezogen auf die dargestellten Lebenskunstpositionen: Auch sie gehen auf Werte unserer Kultur zurück, etwa den hohen Wert der Vernunft seit der antiken Philosophie, dann auf den eher typisch modernen Wert der Autonomie (Kants Selbstgesetzgebung der Vernunft) und schließlich auf den ebenfalls modernen Wert der Authentizität, auf das Recht und den Willen zum Selbstausdruck. Beim Abschied von allen *big pictures* sehen wir diese Wertewelt aber gleichzeitig von innen (Evidenz, Nichtverhandelbarkeit) und von außen (Kontingenz, Kulturalität). Wir erleben uns selbst als in diesem Paradigma stehend und sprechen gleichzeitig von diesem Paradigma als einem Paradigma. Daraus ergibt sich eine gebrochene, zögernde, wählende, vor allem aber gelassene Einstellung zur Lebenskunst. Wir achten, artikulieren und praktizieren die Ideale unser Kultur, vor allem versuchen wir, diese in Bildungssituationen nicht nur sichtbar zu machen, sondern sie zum Leben zu erwecken, sie als lebendige Quellen unserer Kultur zu zeigen. Aber wir sehen auch Probleme und Grenzen, wir kritisieren verflachte Ausdrucksformen der kulturellen Ideale, wo sie in Mode, Übertreibung oder Kommerz übergehen. Der Wunsch nach Autonomie und Authentizität etwa kann ja in der Konsumgesellschaft auf den Wunsch nach bestimmten Produkten umgelenkt werden.[9] Lebenskunst heißt jetzt die Erfahrung von Sinn, wenn wir die kontingenten und prekären und gerade deshalb wertvollen Güter unserer Kultur zu lebendigen Quellen unserer Identität machen. Zur Lebenskunst gehört aber zugleich das Bewusstsein struktureller Probleme und Grenzen unserer Kultur.

Ich möchte nun auf eine zweite Ebene einer zeitgemäßen philosophischen Lebenskunst hinweisen, auf die subjektphilosophische. Hier geht es darum, Ernst zu machen mit der gegenwartsphilosophischen Einsicht in den Modell- oder Konstruktionscharakter jedes *big picture* – und zwar gerade in Bezug auf uns selbst. Als philosophierende Subjekte können wir heute die Unmöglichkeit einer Vogelperspektive auf uns selbst, also eine strukturelle Endlichkeit (abstrakt gesagt: Negativität) in unser Selbstverständnis mit aufnehmen. Subjekte einer philosophischen Lebenskunst sind wir nicht länger als absolute (cartesische) Subjekte, sondern als situierte, engagierte, verleiblichte, geworfene Subjekte, die von kontingenten Paradigmen geprägt sind. Für eine philosophische Lebenskunst kommt es darauf an, eine strukturelle Undurchsichtigkeit und Endlichkeit für Subjektivität fruchtbar zu machen.[10] Zwei Beispiele: Wir können den Widerfahrnischarakter unseres Lebens wahrnehmen und in

---

8 Ich folge hier v.a. *Taylor*, Quellen (Anm. 5).
9 Siehe *Taylor*, Unbehagen (Anm. 5).
10 Siehe *Thomas*, Identität (Anm. 3), 167ff.

Lebenspraxis übernehmen. Vieles, das für unser Leben zentral ist, geschieht uns und wird nicht von uns hervorgebracht. Dieses Widerfahrnis unserer selbst als Teil unserer Identität kann ein Aspekt philosophischer Lebenskunst sein. Ähnlich verhält es sich mit Praktiken der Trauer über das Nicht-Ganzseinkönnen unseres Lebens (dessen Fragmentcharakter) und gleichzeitig mit der Anerkennung und Wertschätzung unserer selbst als Fragment – auch dies kann Teil einer Lebenskunst sein.

›Negativität in Identität integrieren‹, das sind abstrakte philosophische Worte, die aber ein Phänomen bezeichnen, das sich auch in psychologischer Terminologie und damit anschaulicher formulieren lässt. Es geht darum, Abschied zu nehmen von idealen Selbstbildern, es geht darum, an die Stelle eines Idealdrucks das Prinzip der Ambivalenz und der Realität (statt Idealität) zu setzen. Unsere Lebenspraxis folgt jetzt eher dem Ideal der Souveränität als dem der Reinheit. Wir werden nicht durch Reinheit identisch mit uns selbst, wir erlangen nicht dadurch unseren Wert, dass wir Teil einer Wahrheit sind oder unsere Rolle in ein *big picture* einzeichnen. Vielmehr entdecken wir Identität und Wert schon in unserem Dasein selbst (i.S. von leiblich-situativem Da-sein und Existieren). Und dies ist ein Dasein, das die Welt und sich selbst immer wieder entwirft, das zu verstehen versucht und das gerade in diesen Modellen und Entwürfen von Selbst und Welt immer wieder scheitert. Die Souveränität dieses Daseins besteht darin, eine prinzipielle Endlichkeit und Fragmentarität zu übernehmen und sie, so ließe sich sagen, nicht als Mangel, sondern als Reichtum zu verstehen.

Zusammenfassend: Es galt zu zeigen, dass das gegenwartsphilosophische Misstrauen gegen jedes *big picture* auch auf Kultur und Subjektivität bezogen werden kann und dass dieser Sicht dann eine philosophische Lebenskunst auf der Problemhöhe der Gegenwartsphilosophie entspricht: Das Glück wird nicht gesucht in der Angleichung unserer selbst und der Welt an die propositionale Wahrheit eines *big pictures*. Vielmehr kommt die Lebenspraxis ohne letzte Wahrheitsgewissheit aus, ja Lebenskunst besteht gerade in der Souveränität, in Bezug sowohl auf Kultur als auch auf Subjektivität Kontingenz, Ambivalenz und Endlichkeit zu begreifen als eine Öffnung für ein spezifisches Glück. Dieses Glück verbindet Nüchternheit (als Bewusstsein der Endlichkeit des Propositionalen) mit einer dankbaren Sensibilität gegenüber dem Hier und Jetzt (als Offenheit für Nichtpropositionales).[11] Max Frisch beschreibt etwas Ähnliches: »Auf der Welt sein: im Licht sein ... vor allem: standhalten dem Licht, der Freude (wie unser Kind, als es sang) im

---

11 Siehe *Christiane Schildknecht*, Aspekte des Nichtpropositionalen, Bonn 1999, 7f. »Propositionen liegen einem Wissen zugrunde, das als begründete, wahre Meinung beschrieben werden kann« (7). Als »Kandidaten nichtpropositionalen Wissens« nennt Schildknecht etwa »praktisches Wissen im Sinne eines Könnens [...] sinnliches oder phänomenales Bewusstsein« u.a. (S. 8f.).

Wissen, daß ich erlösche im Licht über Ginster, Asphalt und Meer, standhalten der Zeit, beziehungsweise Ewigkeit im Augenblick.«[12]

4 Philosophische Lebenskunst und Philosophiedidaktik

Dürfen wir in Bildungssituationen eine solche philosophische Lebenskunst anempfehlen, und wie ist dabei vorzugehen? Die drei folgenden philosophiedidaktischen Thesen gehen dabei von den Begriffen Orientierung bzw. Orientierungsbedarf aus. Denn Lebenskunst muss gerade in Bildungsprozessen im Zusammenhang mit Orientierungsfragen gesehen werden, nämlich als mögliche Antwort oder Lösung in Bezug auf diese.

Erstens: Das orientierende Potenzial des Philosophierens besteht meiner Erfahrung nach darin, Begriffe zu erarbeiten, welche gewissermaßen die Funktion von Brillen übernehmen. Sie machen bestimmte Wahrnehmungen erst möglich, indem sie gemäß der hermeneutischen Figur ›etwas als etwas‹ aufscheinen lassen und erkennbar machen. Und sie machen schon bekannte Erfahrungen allererst verständlich und begrifflich fassbar. Orientierung heißt hier, die verwirrende Erfahrung der Gegenwart durch Begriffe besser beschreiben und verstehen zu können. Wenn diese ›Funktion‹, nämlich diese Orientierung in der Gegenwart, als Maßstab für die Erarbeitung bestimmter Begriffe fungieren soll, auf welche Begriffe kommt es dann besonders an?

Zweitens: Ein großer Teil unseres Orientierungsbedarfs geht gerade nicht auf vermeintlich ewige Fragen (*conditio humana* etc.) zurück, sondern resultiert aus handfesten Bedingungen der Gegenwartskultur und -gesellschaft. Deshalb haben besonders solche Begriffe eine hohe orientierende Kraft (im o.g. Sinne), die Teil der gegenwärtigen Philosophie (oder verwandter Disziplinen), d.h. Teil eines aktuellen Diskurses sind. Denn diese Begriffe sind angesichts derselben Herausforderungen und Probleme entwickelt worden, aus denen sich auch der Orientierungsbedarf von uns Bewohnern der Gegenwartskultur speist. Einige Beispiele: Heideggers Kritik an der dingontologischen Selbstauslegung menschlicher Existenz, die Modernekritik von Horkheimer/Adorno, Charles Taylors kritische Verteidigung westlicher Werte gegen eine westliche Ideologie, aber auch Simmels Kulturkritik[13] – dies sind nur einige wenige Beispiele, die andeuten sollen, wie enorm fruchtbar zeitgenössische Begriffsarbeit sein kann. Orientierung heißt hier, sich durch das Eindringen in Gegenwartsphilosophie Begriffe zu erarbeiten, welche

12 *Max Frisch*, Homo Faber, Frankfurt a.M. 1977, 199.
13 Siehe *Martin Heidegger*, Sein und Zeit, Tübingen [19]2006, § 5; *Max Horkheimer / Theodor W. Adorno*, Dialektik der Aufklärung, Frankfurt a.M. 1969; *Taylor*, Unbehagen (Anm. 5); *Georg Simmel*, Der Begriff und die Tragödie der Kultur (1911), in: *ders.*, Aufsätze und Abhandlungen 1909–1918, Bd. 1, Frankfurt a.M. 2001, 194–223.

jene Problemlagen besser verständlich machen, die in Gestalt spezifischer lebensweltlicher Orientierungsanforderungen vorphilosophisch schon längst bekannt sind. Was trägt eine solche Orientierung als Verstehen von Gegenwartserfahrungen zur philosophischen Lebenskunst bei?

Drittens: Meiner Erfahrung nach lassen sich Einsichten der Gegenwartsphilosophie in Bildungsprozessen emanzipativ in Stellung bringen. Diese Einsichten können etwas von dem enormen Druck nehmen, unter dem wir Bewohner spätmoderner Gesellschaften stehen. Und sie können dadurch einen Freiraum für eine andere Lebenspraxis schaffen. Es geht also zunächst um Gesellschaftskritik und dann um alternative Lebenspraktiken – beides gehört zu philosophischer Lebenskunst. Einige Beispiele: Mit der Selbstverständlichkeit und der Autorität einer Wissenschaft hat sich heute eine sozialwissenschaftlich-ökonomische Terminologie etabliert, die uns die Art und Weise unserer Selbstwahrnehmung und Selbstdefinition vorschreibt – nämlich im Sinne von Selbstkonstruktion, Optimierung und Verwertbarkeit. All dies ist längst zu einem neuen *big picture* geworden. Die Möglichkeit von Kritik und von Alternativen ergibt sich durch eine philosophische Analyse, etwa durch die Kritik an der Dingontologie bei Heidegger und Adorno oder durch die kritische Soziologie der Kultur bei Georg Simmel. Philosophische Lebenskunst besteht hier darin, Alternativen zum konstruierten, optimierten und verwerteten Selbst als mögliche Lebenspraxis sichtbar zu machen. Ein anderes Thema sind neue Unfreiheiten in der Maske radikaler Freiheit, etwa die Unzahl von Lebensoptionen bei gleichzeitiger Gesamtverantwortung für das Gelingen des je eigenen Lebens (auch dies ein neues *big picture*). Die Möglichkeit der Analyse und des Verstehens und des Entwurfs alternativer Praktiken ergibt sich wiederum durch philosophische Begriffsarbeit, etwa durch Zygmunt Baumans Begriff des ethischen Paradoxes der Spätmoderne.[14] Hier ist auch die Experten- und Ratgeberkultur für das berufliche wie das private Leben zu nennen, mit der ein hoher Idealdruck und eine große Verunsicherung einhergehen. Eine philosophische Lebenskunst wird zunächst die Hoffnung destruieren, das Fehlen von Gewissheit sei auf ein Fehlen von propositionalem Wissen zurückzuführen und durch die Kenntnis der Modelle der Experten stelle sich Gewissheit und damit Orientierungs- und Entscheidungsfähigkeit her. Für eine alternative Lebenspraxis bedeutet dieser Gewissheitsverlust, aufmerksam zu werden auf eine andere Orientierungsressource, nämlich die eigene Anschauung und das eigene Urteil.

14 »Das ethische Paradox des postmodernen Zustands besteht darin, den gesellschaftlichen Subjekten die Vollständigkeit moralischer Entscheidung und Verantwortung zurückzugeben und ihnen gleichzeitig die Sicherheit der universellen Orientierung zu rauben, die ihnen das moderne Selbstbewusstsein einst versprach.« *Zygmunt Bauman*, Ansichten der Postmoderne, Hamburg/Berlin 1995, 23.

Zusammenfassend: Sind Ambivalenz, Bewusstsein von Endlichkeit und der Abschied von den *big pictures* didaktisch verantwortbar? Ja, wenn sie als Befreiung vom Druck aktueller *big pictures* verstanden werden und in diesem Sinne orientierend wirken. Wir versuchen, uns durch eine gegenwartsphilosophische kritische Begriffsarbeit zu emanzipieren und uns im Freiraum der Ambivalenzen und gebrochenen Gewissheiten durch eigene Anschauung und eigenes Urteil so gut wie möglich zum Souverän unseres Lebens zu machen. Unsere Verantwortung wird dadurch eher größer, dennoch kann diese Erfahrung ein philosophisches Glück und entsprechende Praktiken können eine philosophische Lebenskunst auf der Problemhöhe der Gegenwartsphilosophie bedeuten.

Dr. *Philipp Thomas* ist Privatdozent für Philosophie und Leiter des Zentrums für Lehrerbildung an der Universität Tübingen.

5.3

Rudolf Englert

Glück und Lebenskunst als Thema und Ziel des Religionsunterrichts?

Ein »weites Feld« (Th. Fontane) – Versuch einer ersten Vermessung

Im Religionsunterricht über »Glück« zu sprechen, kann, so scheint es, nicht allzu schwierig sein. Lässt sich denn jemand denken, der sich für das Glück nicht interessierte? Ist nicht überhaupt jeder und jede von uns eigentlich unablässig mit diesem Thema beschäftigt? Und doch: Es gibt eine Reihe von Problemen:

1. Vielleicht denkt man, Schüler/innen müssten eigentlich beglückt sein, wenn man mit ihnen über das Glück spricht. Doch wenn man Jugendliche nach ihren Glücksvorstellungen fragt, kommen oft Auskünfte von nur geringer Markanz: Freunde, Familie, Frieden, schulischer Erfolg. Und versucht man tiefer zu graben, kann man schnell auf steinigen Grund kommen. Rolf Sistermann schreibt:»Als ich mit meinen Schülern über das Thema Glück reden will, werden sie merkwürdig einsilbig.«[1] Einige sagen:»Ich will mir meine Erlebnisse nicht kaputtreden lassen.«[2] Eine erste Aufgabe wäre somit: Möglichkeiten bedenken, wie man mit den Schüler/innen über ihre eigenen Erfahrungen und Vorstellungen von Glück gut ins Gespräch kommen kann (= eröffnende Exploration).

2. Das Glück wird bekanntlich zwar allgemein erstrebt, aber die konkreten Glückssehnsüchte der Menschen sind doch sehr verschieden. »Glück« erweist sich als schwer fassbar. Es lässt sich kaum in eine Definition pressen. Auch der professionell mit der Thematik beschäftigte Glücksforscher Alfred Bellebaum konnte nach vielen Jahren einschlägiger Untersuchungen nicht mehr als die etwas trivial anmutende Auskunft geben:»Glück ist das, was sich Menschen ... unter Glück vorstellen.«[3] Eine zweite Aufgabe ist deshalb: Verschiedene Aspekte, Dimensionen und Konzepte des Glücks unterscheiden und möglichst genau klären, in welchem Sinne jeweils von Glück die Rede ist (= unterscheidende Expertise).

---

1 *Rolf Sistermann*, Mythische Motive in Texten über das Glück, in: Der Evangelische Erzieher 39 (1987), 548–568, 549.
2 Ebd.
3 *Alfred Bellebaum*, Glück. Erscheinungsvielfalt und Bedeutungsreichtum, in: Ders. (Hg.), Glücksforschung, Konstanz 2002, 28.

3. Gerade weil »Glück« so viele Dimensionen und Facetten hat, wird man sich frühzeitig überlegen müssen, mit welcher Zielperspektive bzw. im Blick auf die Entwicklung welcher Kompetenzen das Thema bearbeitet werden soll. Dabei ist es sinnvoll, einen Blick auf die spezifische Situation zu werfen, in der sich die Glücksfrage heute stellt. So könnte man etwa fragen: In welcher Hinsicht haben es Kinder und Jugendliche heute besonders *schwer*, zu ihren eigenen Vorstellungen von Glück zu gelangen? Inwiefern behindern die gegenwärtigen Lebensbedingungen Erfahrungen von Glück? Eine dritte Aufgabe wäre also, die gesellschaftliche Dimension der Suche nach Glück auszuloten (= vertiefende Analyse).

4. Es ist nicht von vornherein klar, inwiefern der Religionsunterricht bzw. inwiefern die christliche Religion zum Thema »Glück« etwas wirklich Eigenes beizutragen hat. Der Trierer Religionspädagoge Franz Wendel Niehl hat einmal gesagt: »Sinnvoll und berechtigt ist die Rede vom Glück im Religionsunterricht nur dann, wenn zentrale Glaubensaussagen als Ermutigung zum Glück interpretiert werden können.«[4] Das aber versteht sich, auch wenn im Zentrum christlichen Glaubens eine »frohe Botschaft« steht, keineswegs von selbst. Schließlich war »Glück« in Theologie und Kirche langezeit geradezu ein Unwort. Eine vierte Aufgabe wäre daher, sich über die zwischen Glaube und Glück bzw. zwischen Religion und Glück bestehenden Zusammenhänge genauer klar zu werden (= Theologische Interpretation).

Die folgenden Überlegungen orientieren sich an den vier eben genannten Aufgabenstellungen.

1. Eröffnende Exploration:
Was stellen sich die Schüler/innen unter »Glück« vor?

Die Aufnahme von »Vorwissen« ist ein wichtiges lernpsychologisches Erfordernis. Auch wenn wir aus empirischem Befragen einiges darüber wissen, was Kinder (und Jugendliche) glücklich macht,[5] ist es von daher sinnvoll, eine Unterrichtseinheit zum Thema »Glück« mit der Einladung an die Schüler/innen zu starten, sich zunächst einmal nach ihren eigenen Glücksvorstellungen zu fragen.

Was kommt dabei heraus? Regine Plaß hat ein Brainstorming zu den Glücksvorstellungen von Schüler/innen der ersten Jahrgangsstufe veranstaltet: »Für viele erwies sich das Glück in der Erfüllung materieller

4 *Franz Wendel Niehl*, Kann der Religionsunterricht Glück lehren?, in: Katechetische Blätter 109 (1984) 868.
5 Vgl. dazu *Anton A. Bucher*, Was Kinder glücklich macht. Historische, psychologische und empirische Annäherungen an Kindheitsglück, Weinheim 2001.

Wünsche. Manche nannten aber auch Freizeit, Ferien, ›einfach mal nichts tun müssen‹«[6].

Franz Wendel Niehl erzählt von einem Religionslehrer, der die ehrgeizige Idee hatte, Schüler/innen der sechsten Klasse den Gedanken des Thomas von Aquin nahezubringen:»Gott ist Glückseligkeit«[7]. Auch dieser Lehrer fragte die Kinder zunächst, wie sie sich einen glücklichen Menschen vorstellen. Die Rede war dann von einem Haus über der Stadt, von einem Swimming-Pool, von einem großen Auto. Aber auch von einem guten Beruf, von der Geburt eines Kindes oder vom Feiern eines Festes mit vielen Gästen. Der Lehrer war enttäuscht:»Die Idylle der bürgerlichen Konsumfamilie schlägt durch. Glück im Haben. Glück in der Privatheit ... Er ahnt, wie weit es von diesem Glück zum Glück Jesu ist!«[8]

Zum Beginn eines Seminars zum Thema»Glaube und Glück« habe ich meine Studierenden (überwiegend 20–25 Jahre alt) gebeten, sie mögen einmal ihre persönliche Definition von»Glück« aufschreiben. Punkte, die immer wieder genannt werden, waren die vollkommene innere Zufriedenheit und die Abwesenheit negativer Empfindungen wie Angst oder Neid. Von hier aus ist es zum»Glück Jesu« vielleicht nicht mehr ganz so weit.

Offensichtlich verändern sich die Perspektiven auf das Glück im Laufe der Lebens. Rolf Oerter unterscheidet in der Entwicklung der Glücksvorstellung grob vier Stufen:[9]

STUFE I (insb. 6–8 Jahre)	Der Mensch wird primär als Akteur gesehen, der durch das, was er tut und hat, definiert ist. Glück wird vor allem mit Geschenken, mit Festzeiten (Weihnachten), mit Glück im Sinn von glücklichem Zufall, aber auch mit sozialem Besitz (Familie, Freunde) in Verbindung gebracht.
STUFE II (insb. 9–14 Jahre)	Der Mensch wird hauptsächlich als Träger von psychischen Eigenschaften gesehen. Glück wird entsprechend vor allem als Gefühlszustand des Froh-Seins und des Sich-Wohlfühlens beschrieben, aber auch des Erfolgs und des mit einer vollbrachten Leistung verbundenen Empfindens.
STUFE III (ab 15 Jahren)	In den Vordergrund tritt hier der Gedanke der Identität und des Mit-sich-selbst-im-Reinen-Seins.»Die Jugendlichen charakterisieren Glück auf dieser Stufe als Zufriedenheit mit sich selbst, als das Erreichen selbstgesetzter Ziele, als Sichbewähren.«[10] Eine entwickelte Ausprägung dieser Stufe (III b) sieht diese Identität dann noch einmal in ihrer Ermöglichung durch den Anderen.

6   *Regine Plaß*, Tao – Weg, Leben, Neubeginn, in: forum religion 2/2004, 8.
7   *Niehl* (Anm. 4), 864.
8   Ebd.
9   *Rolf Oerter*, Glück und Sinn des Lebens im Verständnis von Kindern und Jugendlichen verschiedener Länder, in: *Anton A. Bucher* u.a. (Hg.),»In den Himmel kommen nur, die sich auch verstehen« – wie Kinder über religiöse Differenz denken und sprechen, Stuttgart 2009, insb. 12–16.
10   Ebd., 14.

STUFE IV (ab 20 Jahren)	Auf dieser Stufe wird der Mensch als Mitglied umfassenderer sozialer Systeme verstanden. Glück wird erfahren »durch die Mitwirkung an der Weiterentwicklung von Kultur und Gesellschaft und durch das Bestreben, Glück für alle Menschen zu erreichen, auch wenn dies nur in kleinen Schritten möglich ist.«[11]

Natürlich kann ein solches Schema immer nur eine ungefähre und vorbehaltliche Orientierung geben. Gleichwohl kann man bei der Ausbildung von Glückskonzepten vielleicht doch von einem Weg mit vier Etappen sprechen. Diese lassen sich grob mit folgenden Attributen verbinden: 1. »objektiv« (Glück ist verbunden mit bestimmten Bedingungen, häufig materieller Natur); 2. »psychisch« (Glück ist ein Gefühl subjektiven Wohlbefindens); 3. »personal« (Glück ist ein Empfinden des Mit-sich-im-Reinen-Seins) und 4. »universal« (Glück ist die Partizipation am Glück tendenziell Aller).

Es ist unübersehbar: Die Perspektiven der christlichen Tradition passen wunderbar in die von psychologischer Seite hier festgestellte Entwicklungsrichtung des Glücksdenkens. In dieser Konvergenz ließen sich im Blick auf die Entwicklung der Glücksvorstellungen von Kindern und Jugendlichen folgende altersgemäße Kompetenzen formulieren:

1. Erkennen, dass das Glück nicht einfach an Dingen haftet (Stufe 1 → 2);
2. Verstehen, dass Glück im Sinne von »gelingendem Leben« noch einmal eine andere Qualität hat als das Empfinden vorübergehender Glückszustände (Stufe 2 → 3).

Das weitere Fortschreiten in Richtung von Stufe 4 dürfte allerdings mit gewissen Schwierigkeiten verbunden sein. Wenn man nämlich rein aus der Perspektive der Lebenskunst argumentiert, lässt sich schwerlich begründen, warum die Vorstellung eigenen Glücks mit dem Wohlergehen der Menschheit verbunden werden sollte. Im Gegenteil: Wer durch die Ausbildung eines Empfindens globaler Empathie so etwas wie ein Junktim zwischen eigenem und menschheitlichem Glück schafft, setzt sich einer hohen emotionalen Verletzungsanfälligkeit aus. Das heißt: Ein Mittel zur Steigerung individuellen Glücks ist der Übergang von Stufe 3 zu Stufe 4 offenbar gerade nicht. Wem es nur um die Maximierung persönlichen Glückserlebens zu tun ist, dem müsste man wohl sogar empfehlen, Leid und Unglück anderer Menschen nicht zu nahe an sich heranzulassen.

Vielleicht ist gerade hier der Ort, an dem deutlich werden kann, inwiefern sich von einer religiösen Dimension menschlichen Glücksdenkens sprechen lässt. Der christliche Gedanke einer universalen Geschwisterlichkeit beinhaltet ja die Vorstellung, dass das Geschick und das Glück aller Menschen durch ihre gemeinsame Bezogenheit auf Gott miteinander verbunden sind, wie durch ein unendlich feines, aber unauflösbares

---

11 Ebd., 15.

Gespinst. Von daher ist das Unglück eines Einzelnen für das Glück Aller durchaus von Belang. Dies schafft natürlich auch eine besondere Leidempfindlichkeit. Ein entscheidender Punkt ist nun aber: Die mit dem Bewusstsein der universalen Dimension des Glücks verbundene Sensibilität für das Leiden Anderer führt in einem christlichen Lebens- und Interpretationszusammenhang eben nicht zwangsläufig zu Überforderung, Frustration und Verzweiflung. Vielmehr könnte man sagen: Der christliche Glaube lässt sich als der Versuch verstehen, Gott als den Grund einer Hoffnung zu denken, die so groß und so tief und so weit ist, dass sie dem Menschen ein hohes Maß an Empfindsamkeit für das Unglück Anderer ermöglicht, *ohne* ihn damit gleichzeitig der Verzweiflung auszuliefern. Insofern kann die entwicklungspsychologisch beobachtbare Tendenz, die eigene Glücksvorstellung immer beziehungsreicher anzulegen, durch diese religiöse Dimensionierung noch einmal eine Steigerung erfahren.

2. Unterscheidende Expertise:
Was gibt das kulturelle Erbe zum Thema »Glück« her?

Das besondere existentielle Interesse der Inuit an Schnee spiegelt sich, wie man weiß, auch darin, dass es in ihren Sprachen besonders viele verschiedene Wörter für »Schnee« gibt. Da stimmt es ein wenig bedenklich, dass es im Deutschen, im Unterschied zu den meisten anderen europäischen Sprachen, nur ein einziges Wort für das Glück gibt – das Engländer entweder »luck«, »pleasure« oder »happiness« und Franzosen entweder »fortune«, »plaisir« oder »bonheur« nennen können. Ist für die Deutschen das Glück vielleicht nicht so wichtig? Jedenfalls kann es im Deutschen, wenn von »Glück« die Rede ist, zu einer Reihe von Mehrdeutigkeiten kommen, die einem in anderen Sprachen erspart blieben. Von daher ergibt sich hier ein besonderes Problem, zwischen verschiedenen Dimensionen des Glücks zu unterscheiden: zwischen 1. »luck« im Sinne von glücklichem Zufall, 2. »pleasure« im Sinne von angenehmem Gefühl und 3. »happiness« im Sinne von gelingendem Leben. Man könnte auch sagen: Wenn von »Glück« die Rede ist, kann es 1. um »Glück haben« (luck), 2. um »Glücksmomente erleben« (pleasure) und 3. um »ein glückliches Leben führen« (happiness) gehen.
Das ist ein erster Ausgangspunkt; und man kann sich nun beispielsweise fragen, inwieweit die einzelnen Glücksdimensionen miteinander zusammenhängen: Wieviel »luck« muss jemand haben, um zu einem Leben in »happiness« zu gelangen? Und inwieweit kann man ohne »pleasure« im physischen Sinne »happy« sein? Ist nicht Happiness ohne Pleasure genauso öde, wie Pleasure ohne Happiness kurzlebig? Damit sind wir schon mitten in der philosophischen Diskussion, in der das Thema »Glück« (vor allem im Sinne von »happiness«) lange Zeit und neuerdings wieder stärker eine erhebliche Rolle spielt. Auf dieser Ebene lassen sich verschiedene Glückskonzepte unterscheiden:

Glück als erfülltes Tätigsein (z.b. Aristoteles)	Glück als Lust Das sinnliche Glück
Glück als Abwesenheit von Schmerz und Unlust (z.b. Epikur)	Glück als Wohlstand Das ökonomische Glück
Glück als personale Identität (z.b. Cicero)	Glück als Bedürfnislosigkeit Das philosophische Glück
Glück als Erkenntnis Gottes (z.b. Thomas von Aquin)	Glück als Tugend Das ethische Glück
Glück als sittliche Selbstbestimmung (z.b. Kant)	Glück als Beziehungsreichtum Das soziale Glück
	Glück als Glaube Das religiöse Glück
nach Maximilian Forschner (1993)[12]	nach Annemarie Piper (2001)[13]

Derartige Unterscheidungen könnten, vor allem bei älteren Schüler/innen, zum Ausgangspunkt für eine Art Werterhellung[14] werden: für die Bearbeitung der Frage, welches dieser Glückskonzepte in welchem Maße der eigenen Vorstellung von Glück entspricht. Dabei wäre allerdings zu bedenken, dass das Verstehen der verschiedenen Konzepte unterschiedlich voraussetzungsreich ist. Glück als Lust, als Wohlstand oder auch als Beziehungsreichtum dürfte sich für heutige Jugendliche von allein verstehen. Auch Konzepte, die das Glück des Menschen hauptsächlich im erfüllten Tätigsein oder im Empfinden personaler Identität erblicken, sollten noch gut nachvollziehbar sein. Bei den übrigen Konzepten dagegen sind Verstehensprobleme zu erwarten: Was hat »Tugend« mit Glück zu tun? Inwiefern kann sittliche Selbstbestimmung als Glück erfahren werden? Am schwierigsten wird wohl die religiöse Dimension des Glücks begreifbar sein: Was hat Glauben mit Glück zu tun?

Annemarie Pieper entfaltet das religiöse Glückskonzept im Wesentlichen in drei Richtungen:[15] als »Schönwerden der Seele« (Plotin), als Teilhabe an der ewigen Herrlichkeit (Augustinus) und als mystische Vereinigung mit Gott (Meister Eckhart). Allen drei Konzepten liegt jene Vorstellung zugrunde, die das christliche Denken, vor allem über den Einfluss der Philosophie Platons, tief geprägt hat: dass das wahre Glück nicht in dieser, sondern in einer anderen Welt zu finden sein wird, in einem wie auch immer gedachten Jenseits. Von daher kommt es zur Ausprägung jenes dualistischen Schemas, nach dem man das dem Menschen von Gott verheißene ewige Heil mit seinem irdischen Lebensglück kontrastierte und letzteres zugunsten von ersterem abwertete, problematisierte und verdächtigte.

---

12 Vgl. *Maximilian Forschner*, Über das Glück des Menschen, Darmstadt 1993.
13 Vgl. *Annemarie Pieper*, Glückssache. Die Kunst gut zu leben, München 2003.
14 Vgl. dazu *Hans-Georg Ziebertz*, Ethisches Lernen, in: *Georg Hilger / Stephan Leimgruber / ders.* (Hg.), Religionsdidaktik, München 2001, 402–419, 408f.
15 Vgl. *Pieper*, Glückssache (Anm. 13), 253ff.

Ein Blick in die Bibel kann allerdings zeigen, dass es in der jüdisch-christlichen Tradition auch noch deutlich anders akzentuierte Glücksvorstellungen gibt.[16] Diese andere Traditionslinie ist sehr schön in der Theologie des katholischen Systematikers Franz-Josef Nocke entfaltet. Nocke möchte die Gegenüberstellung von »Diesseits« und »Jenseits« überwinden, damit die Vorstellung Raum gewinnen kann: Das, was das eigentliche Glück des Menschen ausmacht, nämlich Liebe und Hingabe, wird nach christlichem Verständnis durch den Tod nicht ausgelöscht, sondern vollendet. Die Hoffnung auf eine göttliche Vollendung (»Jenseits«) ist, so gesehen, alles andere als eine Entwertung menschlichen Glücksstrebens (»Diesseits«), im Gegenteil. Es eröffnet einen »Sinnhorizont, in welchem ... das irdische Verlangen nach radikaler Liebe und nach grenzenlosem Glück« nicht »an den Frustrationen der Endlichkeit scheitern muss«[17].

Die Auseinandersetzung mit ausgewählten Glückskonzepten aus Bibel, Philosophie und Theologie dürften einige Fragen entstehen lassen, zum Beispiel:
1. Welche Rolle für das Glück spielt die sinnliche Ebene (Stichworte: Lust, Wohlstand, Beziehungen)? Hat die antike Hedonismuskritik Recht, wenn sie auf diese Faktoren bezogene Glückskonzepte mit einem kräftigen Fragezeichen versieht, weil diese das Glück an Voraussetzungen knüpfen, über die ein Mensch nur sehr beschränkt verfügen kann? Oder ist das sinnliche Erleben von Momenten erfüllten Lebens nicht eigentlich die Grundlage dessen, was wir »Glück« nennen? Ja, ist es in gewisser Weise nicht auch elementar für das Verständnis dessen, was die Theologie mit Gnade meint?[18]
2. Welche Bedeutung haben die personale und die moralische Ebene? (Stichworte: Schaffensfreude und Identität; Tugend und sittliche Selbstbestimmung) Was ist überhaupt »Identität«? Was ist »Tugend«? Was ist »Selbstbestimmung«? Inwiefern ist es ein Glück, sich selbst treu bleiben zu können, seinem eigenen Ideal zu entsprechen, tatsächlich tun zu können, was man als richtig erkannt hat?
3. Welche Rolle schließlich spielt die religiöse Ebene (wobei das Zueinander der verschiedenen Ebenen offen bleiben und jedenfalls nicht von vornherein als eine hierarchische Aufschichtung gedacht werden sollte)? Lässt sich verstehen, wie und warum in der ursprünglich ganz dem irdischen Glück zugewandten Lebensauffassung des alten Israel schließlich die Vorstellung eines »Jenseits« entstand, eines ganz und gar von Gott erfüllten Herrschaftsbereichs, im dem alle Glücksüberstände des irdischen Lebens aufgehoben sein und alle Gerechtigkeits-

---

16 Vgl. z.B. *Thomas Naumann*, Glück in der Bibel – einige Aspekte, in: *H. Bedford-Strohm* (Hg.), Glück-Seligkeit. Theologische Rede vom Glück in einer bedrohten Welt, Neukirchen-Vluyn 2011, 69–89 und den Beitrag von Peter Müller in diesem Band.
17 *Franz-Josef Nocke*, Liebe, Tod und Auferstehung. Die Mitte des christlichen Glaubens, München 2005, 164f.
18 Vgl. dazu *Jörg Lauster*, Glück als Gnade. Theologische Anmerkungen zur aktuellen Diskussion um das Glück des Augenblicks, in: rhs – Religionsunterricht an höheren Schulen 50 (2007) 138–145.

defizite dieses Lebens kompensiert werden würden? Lässt sich verstehen, inwiefern die Hoffnung auf eine derartige Vollendung des Menschen durch und in Gott sein irdisches Glücksstreben gerade nicht abwertet und in Frage stellt, sondern in einem über die Möglichkeiten des Menschen hinausreichenden Maß zu erfüllen verspricht?

3. Vertiefende Analyse: Was behindert das Glück der Menschen?

Der Einzelne kann sein Glück nicht im Alleingang machen. Glück ist nicht etwas, das man ganz für sich allein haben und das man völlig auf sich allein gestellt erlangen könnte. Gerade in seinem Streben nach Glück ist der Mensch in vielfältiger Weise abhängig von der Zuwendung, der Mithilfe, der Resonanz und der Teilhabe Anderer. Das sind zunächst einmal die Anderen direkt um mich herum: die Familie, die Freunde, der Kiez, die Kommune, dann aber, in sozusagen wachsenden Ringen, immer mehr und auch immer weiter entfernte Menschen. Hier wäre zu erkennen: Mein eigenes Streben nach Glück ist, manchmal auf verschlungene Weise, unablöslich verbunden mit dem, was andere als ihr Glück betrachten.

Schließlich fällt der Blick auf den gesamten sozialen Kontext bzw. die gesellschaftlichen Bedingungen, unter denen Heranwachsende heute ihr Glück finden sollen. Inwiefern sind dies eher günstige und inwiefern eher schwierige Voraussetzungen für die Erfüllung des Strebens nach gelingendem Leben? Wie sehen die Jugendlichen das selbst? Mit welchen Hindernissen rechnen sie bei der Realisierung ihrer Sehnsucht nach Happiness? Auch hier tut sich eine Aufgabe für die unterrichtliche Arbeit auf: aufmerksam zu werden für Gegebenheiten, die das Glück von Heranwachsenden nicht nur in diesem oder jenem Einzelfall, sondern sozusagen strukturell behindern und gefährden können.

Wenn es um Lebensbedingungen geht, die dem Glücksstreben heutiger Kinder und Jugendlicher abträglich sind, wird es an Punkten nicht mangeln: zuallererst die Schule, die im Empfinden heutiger Schüler/innen offensichtlich der größte Glückskiller ist;[19] darüber hinaus: Erwartungen von verschiedenen Seiten, durch die man sich unter Druck gesetzt oder eingeschränkt sieht; alle möglichen Ängste, von denen oft schon Heranwachsende massiv befallen werden: Verlustängste, Versagensängste, Diskriminierungsängste; im Grunde alle Bedingungen, die in der eigenen Wahrnehmung daran hindern, dass man so sein kann, wie man sein möchte. Das ist ein sensibler Punkt, über den das Reden genauso schwer fällt wie über persönliche Glückserfahrungen. Gleichwohl kann es gut

---

19 Vgl. dazu *Heimo Schwilk*, Schule macht Deutschlands Kinder unglücklich, in: Welt-online vom 10.11.2007 (vgl. http://www.welt.de/politik/article1350873/Schule-macht-Deutschlands-Kinder-ungluecklich.html).

sein, dass gerade dieser Aspekt in bestimmten Lerngruppen zu einem inhaltlichen Schwerpunkt wird.

Die Gesellschaft fördert oder behindert aber nicht nur die Realisierung dessen, was Menschen als ihr Glück verstehen, sie prägt auch diese Vorstellungen selbst: Auch vermeintlich ganz und gar individuelle Glücksvorstellungen erweisen sich in vieler Hinsicht als gesellschaftlich vorformatiert. Zu denken wäre hier etwa an die Werbeindustrie, die suggeriert, Glück sei zwingend mit dem Besitz bestimmter Gegenstände und Artikel verbunden; oder an leistungsgesellschaftliche Standards, wonach man »es geschafft haben« muss, um so etwas wie Glück verdient genießen zu können; oder auch an den um einen überschaubaren Kreis von Prominenten herum inszenierten Kult der Reichen, Schönen und Arrivierten, der die Glückssehnsüchte vieler Menschen auf eine fragwürdige Weise beeinflusst. Auch das wäre eine mögliche Aufgabe religionsunterrichtlicher Arbeit: eine Analyse gesellschaftlicher Glücksversprechen, wie sie zum Beispiel durch die Botschaften der Werbung transportiert werden oder durch bestimmte Fernsehformate (Casting-Shows, Promi-Talk, Society-Magazine usw.) oder auch durch die kaum mehr überschaubare Ratgeberliteratur zur Machbarkeit des Glücks.

Aus der Besinnung auf die soziale Dimension des Glücks lassen sich religionsunterrichtliche Zielperspektiven gewinnen, die es wert sind, eingehender verfolgt zu werden. Zwei will ich herausgreifen:

1. Man könnte deutlich machen, dass sich vom Miteinander-Verwobensein menschlichen Glücksbemühens her ein erweitertes Verständnis christlicher Nächstenliebe nahelegt. Die Liebe zum Nächsten sieht man christlicherseits ja oft gerade dann gefordert – in Gestalt von Beistand, Solidarität und Unterstützung –, wenn es einem Anderen *schlecht* geht. Die Frage ist: Wäre Nächstenliebe nicht viel stärker noch als das offensive Bemühen darum zu verstehen, dass es dem Anderen *gut* geht: dass er Erfahrungen des Glücks machen und sein Leben zum Gelingen bringen kann?

2. Es ließe sich eine kritische Auseinandersetzung mit der Vorstellung anstoßen, »gelingendes Leben« sei ein planmäßig erzielbares Resultat geschickten Glücksmanagements. Dass wir nämlich, wie es ein großer Teil der Ratgeberliteratur verkündet, für unser Glück selbst verantwortlich sind,[20] kann schnell existentiellen Stress erzeugen und zum Unglücksgenerator werden. Die Systematische Theologin Gunda Schneider-Flume spricht in diesem Zusammenhang von einer »Tyrannei gelingenden Lebens«[21]. Aus ihrer Sicht ist den Vorstellungen von

20 Vgl. dazu *Isolde Karle*, Das Streben nach Glück. Eine Auseinandersetzung mit der Beratungsgesellschaft, in: *Heinrich Bedford-Strohm* (Hg.), Glück-Seligkeit. Theologische Rede vom Glück in einer bedrohten Welt, Neukirchen-Vluyn 2011, 50–68.
21 *Gunda Schneider-Flume*, Leben ist kostbar. Wider die Tyrannei des gelingenden Lebens, Göttingen ²2004.

der Perfektibilität des Lebens, von der Machbarkeit des Glücks und der menschlichen Entwertung durch Scheitern das christliche Modell eines Lebens aus Gnade gegenüberzustellen. Diesem Modell liegt die Überzeugung zugrunde: Wert und Würde menschlichen Lebens sind nicht abhängig von Leistung und Gelingen, sondern mit dem göttlichen Geschenk dieses Lebens immer schon gegeben. Hier ließe sich deutlich machen, wo individuelles und soziales Glücksmanagement an Grenzen stoßen; und: inwiefern der christliche Glaube eben an diesem Punkt weiterführende Perspektiven auf ein Glück eröffnet, das sich der Mensch nicht verdienen muss, aber auch nicht kann.

4. Theologische Interpretation: Hat Gott etwas mit dem Glück zu tun?

Natürlich ist denkbar, dass man die theologische Dimension der Frage nach Glück erst ganz am Ende einer entsprechenden Unterrichtsreihe aufgreift. Besser aber wäre es wohl, wenn es gelänge, diese Dimension schon in die hier »Exploration«, »Expertise« und »Analyse« genannten Schritte mit einzubeziehen. Möglichkeiten dazu wurden hier angesprochen. Dabei kann Gott sowohl mitten im Leben als auch an den Rändern des Daseins ins Spiel kommen.[22]
»Mitten im Leben« beispielsweise dann, wenn Momente großen Glücks als Gottes-Geschenke, als Gnade, interpretiert werden: »Im Glück des Augenblicks stellt sich im Bewusstsein eine Erfahrung von Sinn ein, die das übersteigt, was der Mensch selbst an Sinn ›machen‹ kann. Das Glück des Augenblicks erweist sich darin als eine Erfahrung von Transzendenz«[23]. Eine religiöse Deutung solcher Glückserfahrungen ist gewiss nicht zwingend, aber es zeigt sich, dass gerade das oft geschmähte episodische Glück über sich hinausweist und für eine solche Interpretation offen ist.
»An den Rändern des Daseins« kommt Gott beispielsweise dann ins Spiel, wenn deutlich wird, dass die Sehnsucht des Menschen in letzter Konsequenz geradezu schreit nach Formen einer Vollendung des Glücks und einer Kompensation von Ungerechtigkeit und Leid, die über die Möglichkeiten dieser Welt hinausgehen. In kultur- und theologiegeschichtlicher Sicht lässt sich zeigen, dass sich die christlichen Vorstellungen definitiven Glücks in Auseinandersetzung mit den in dieser Welt erfahrenen Glücks- und Gerechtigkeitsdefiziten ausgebildet haben.[24]

---

22 Zu der Gegenüberstellung »mitten in unserem Leben« – »wo das menschliche Vermögen versagt, an den Grenzen« vgl. *Dietrich Bonhoeffer*, Widerstand und Ergebung, Hamburg ⁸1974, 135.
23 *Jörg Lauster*, Gott und das Glück. Das Schicksal des guten Lebens im Christentum, Gütersloh 2004, 156.
24 Vgl. dazu *Kathrin Liess*, Grenzüberschreitungen. Zur Überwindung der Todesgrenze im Alten Testament, in: *R. Englert* u.a. (Hg.), Was letztlich zählt – Eschatologie (JRP 26), Neukirchen Vluyn 2010, 19–26, insb. 21ff.

Die verschiedenen Möglichkeiten, die christliche Tradition der Gottes-
rede in eine produktive Beziehung zu unterschiedlichen Formen der
Glückserfahrung zu bringen, müssen hier nicht noch einmal breiter zur
Sprache gebracht werden. Entscheidend ist, dass deutlich wurde: Diese
Beziehung ist sehr gut möglich – sie muss nicht als ein Zugeständnis an
das religionsunterrichtliche Über-Ich am Ende mühevoll aufgepropft
werden, sondern lässt sich in der Konsequenz bestimmter ohnehin be-
gangener Arbeitsschritte relativ zwanglos ansprechen.

Fazit

So zeigt sich am Ende dieses Durchgangs durch die am Anfang genannten vier Problemfelder ein weites Spektrum möglicher thematischer und
intentionaler Perspektiven: Angefangen von der Klärung der eigenen
Glücksvorstellungen (1) über die Unterscheidung unterschiedlicher Aspekte und Dimensionen des Glücks (2a), die Auseinandersetzung mit
ausgewählten Glückskonzepten aus Vergangenheit und Gegenwart (2b),
die Reflexion auf das, was das Streben nach Glück im gegenwärtigen
Lebenskontext behindert (3a) und die Frage nach eigenen Möglichkeiten,
dem Glück anderer aufzuhelfen (3b).
In Verbindung mit allen diesen Fragerichtungen lassen sich religiöse
bzw. theologische Dimensionen des Glücks ansprechen (4): Inwiefern
hat mein persönliches Glück mit dem Glück der Anderen zu tun? Inwiefern steht mein persönliches Glück letztlich sogar in Beziehung zu dem
Glück *aller* Menschen und der *ganzen* Schöpfung? Darf man sagen,
Menschen können im Bewusstsein einer solchen universalen »commu-
nio« des Glücks bzw. des Unglücks nur dann ohne Verzweiflung leben,
wenn sie die Hoffnung haben: Auch die vielen nie wirklich in Gang
gekommenen, zu früh beendeten oder gar gewaltsam abgebrochenen Geschichten menschlichen Glücksstrebens finden auf irgendeine, Gott vor-
behaltene Weise ihre Erfüllung? Geht es bei solchen Überlegungen vielleicht gar nicht nur um die äußersten Ränder des Menschen möglichen
Glücks-Bewusstseins, sondern im Grunde um den Kern dessen, was ich
als »mein Glück« verstehe: die planmäßige Elaboration einer bestimmten Lebensgestalt oder aber die immer wieder neu vertiefte Empfäng-
lichkeit für geschenktes Glück und gelungenes Leben? Und ist nicht
vielleicht gerade die Entdeckung dieser theologischen Dimension des
Glücks ein Weg, wie sich der »Tyrannei gelingenden Lebens« entkom-
men ließe? Ermöglicht diese Entdeckung nicht schließlich eine geradezu
erlösende Entspannung, die sich auswirkt auf den Geschmack des ganzen Lebens?

5.4

Annegret Reese-Schnitker

Die Glücksthematik in der Ratgeberliteratur

Eine religionspädagogische Analyse mit Blick auf
divergierende Absichten

Wenn es ein Lebensziel gibt, das trotz Pluralität und Diversität der Lebensentwürfe die modernen Menschen von heute verbindet, so ist es der Wunsch und das Streben nach Glück, nach einem glücklichen Leben. Offensichtlich fangen dieses Wort und der damit assoziierte Bedeutungshof die zentralen und existentiellen Bedürfnisse und Wünsche des heutigen Menschen ein. Mirjam Schambeck stellt die Frage, ob in der heutigen Zeit »Glück als postmoderne Chiffre christlicher Heilsvorstellungen«[1] fungiert und so offensichtlich eine bedeutsame Brücke bei der Verknüpfung von religiösen Traditionen und gegenwärtigen Lebenserfahrungen markiert. Damit wäre die Aufmerksamkeit für die Glücksthematik bei der Konzeption religiöser Lernprozesse höchst relevant!
In diesem Beitrag soll eine Auswahl an aktuellen Glücksratgebern vorgestellt, nach ihrer jeweiligen Autorenabsicht befragt und mit zentralen didaktischen Intentionen der Religionspädagogik verglichen werden.

1 Ein Potpourri von Glücksratgebern

Der literarische Markt bietet zum Stichwort ›Glück‹ Bücher unterschiedlicher fachlicher Couleur, und mit erstaunlich aktuellen Erscheinungsjahren. Täglich wächst das Angebot. Neben dem Bestseller »Glück kommt selten allein …« (2011) des Comedianten Dr. Eckart von Hirschhausen ist ein »Langenscheidts Handbuch zum Glück« von Florian Langenscheidt (München 2012) zu finden. Viele Literatur-Sammlungen werden mit dem Glück betitelt, etwa das Buch »Ein bisschen Glück für jeden Tag: Gedichte, Märchen & Gedanken« (Hans Kruppa, Münster 2007) oder »Die Kuh, die weinte – Buddhistische Geschichten über den Weg zum Glück« (Ajahn Brahm, München 2006). Eine wiederholte Neu-

---

1 *Schambeck, Mirjam,* Glück als postmoderne Chiffre christlicher Heilsvorstellungen? Impulse und Grenzen, Glücksvorstellungen von Kindern als soteriologische Konzepte zu lesen, in: Anton A. Bucher / Gerhard Büttner / Petra Freudenberger-Lötz / Martin Schreiner (Hg.), »Gott gehört so ein bisschen zur Familie – Mit Kindern über Glück und Heil nachdenken« (= Jahrbuch für Kindertheologie 10), Stuttgart 2011, 105–121, hier: 105.

auflage einer Zusammenstellung der schönsten Zitate aus dem Kleinen Prinzen und anderen Glücks-Zitaten von Antoine de Saint-Exupérys bekanntesten Werken wird angeboten, diesmal summiert unter dem Titel »Glück« (München 2011). Daneben sind pädagogische Ratgeber aufgelistet, etwa das Buch »Glück, ich sehe dich anders: Mit behinderten Kindern leben« (Melanie Ahrens, Bergisch-Gladbach 2006) oder das Werk »Glück kann man lernen: Was Kinder stark fürs Leben macht« (Anselm Fritz-Schubert, Berlin 2011). In der Ergebnistrefferliste findet man ebenfalls Beziehungsratgeber, etwa »Glück, das bleibt: Wie Beziehungen gelingen« (Bert Hellinger, Stuttgart 2008) und Alltagsratgeber, wie »Glück: Autogenes Training im Alltag« (Roswitha Hedrun, ohne Ort 2012). Zum Schluss zu nennen ist der bereits 1988 erschienene Millionenbestseller »Anleitung zum Unglücklichsein« von Paul Watzlawick, der seinen Blick nicht auf Aktivitäten richtet, die glücklich machen, sondern unglücklich! Anhand von kleinen Alltagsgeschichten veranschaulicht er detailliert und ein wenig sarkastisch, wie heutige Menschen durch die Macht des negativen Denkens sich und andere in das tiefe und nie endende Unglück stürzen. Sein ironischer Einblick in die verqueren Denkmechanismen der Menschheit lässt hoffen, dass die Leser/innen am Ende erkannt haben, was sie ändern müssen, um glücklich zu sein oder auch nur glücklicher zu werden.

Dieser kleine Durchgang des Glücksangebots auf dem Buchmarkt zeigt, dass das Thema offensichtlich brandaktuell ist und den Menschen von heute fesselt und innerlich berührt. Zudem erkennt man, dass Autor/innen unterschiedlicher Herkunft und Ausbildung davon überzeugt sind, etwas zum Glück der Menschen beitragen zu können. Das Wort »Glück« fungiert auch als Verkaufsschlager und Kassenerfolg.

Im Folgenden möchte ich eine Handvoll ausgewählte Ratgeberliteratur vorstellen und jeweils danach fragen, warum und mit welcher Absicht das Thema Glück behandelt wird.

Der Amerikaner *Martin E. P. Seligman*, Professor für Psychologie an der University of Pennsylvania und Therapeut mit zahlreichen Langzeitbeobachtungen zur Positiven Psychologie, erforscht in seinem Buch »*Der Glücks-Faktor. Warum Optimisten länger leben*« (Köln [11]2011) positive Emotionen, positive Charaktereigenschaften und positive Institutionen. Seligman wird als Freud des 21. Jahrhunderts (Zeitschrift »Psychology Today«) bezeichnet. Seine Hauptthese ist: Der Mensch ist nicht mit der Erbsünde belastet, die ihn von vornherein mit dem Defekt des Unglücks belastet, sondern im Lauf seiner Evolution mindestens ebenso stark mit einer Art Glücksprogrammierung ausgestattet worden. Seligman bezeichnet die negative Ansicht der Natur des Menschen als »Kernfäule-Dogma« (13), das sich wissenschaftlich gar nicht halten lasse. Die klassische Psychologie, insbesondere Sigmund Freud, habe sich zu stark an den seelischen Erkrankungen abgearbeitet, den negativen Gefühlen und Bewusstseinszuständen, dabei aber viel zu wenig zu der Erkenntnis und

Gestaltung der grundsätzlichen Glücksbefähigung des Menschen beigetragen. Entsprechend hat er in seiner sog. Positiven Psychologie, die man auch eine Art Glücksforschung nennen könnte, eine Fülle von Möglichkeiten bestimmt, wie der Mensch in die Lage versetzt wird, seine vielleicht zu kurz gekommenen Glückstalente zu fördern und auszuprägen. Seligman hat dazu 24 »Stärken« aufgelistet, die von allen Kulturen anerkannt werden. Sie reichen von der Neugier bis zur Originalität und dienen der Orientierung, welche Lebensbereiche in einem selbst zu entwickeln sind. Die Erkenntnis der eigenen ›Signatur‹, also der Talente, Bedürfnisse, Werte und Wirkungen, ist dabei ebenso wichtig wie die Bereitschaft zum entdeckenden Handeln.

Bei seinem Buch handelt es sich um einen praktischen und anschaulichen Ratgeber mit zahlreichen Tests zur Selbstüberprüfung, um die eigenen Stärken zu erkennen und zu entwickeln. Es geht dabei vor allem darum, die Stimme im eigenen Kopf zu erkennen. Seligman zeigt, wie man der Stimme bewusst zuhört und sie dann systematisch in konstruktivere Bahnen leitet. Er ergänzt dabei seine Erläuterungen mit vielen Beispielen aus seiner therapeutischen Praxis. Zwei Grundabsichten des Buches können herausgestellt werden: Es will erstens psychologische Grundinformationen zu den Wirkweisen des Glückserlebens geben und zweitens Anleitungshilfen für die Verbesserung der eigenen Lebensqualität durch positiveres Denken anbieten.

Bei dem Buch »*Die Glücksformel*« (Reinbek 2003) von *Stefan Klein*, Biophysiker und gegenwärtiger Wissenschaftsjournalist, handelt es sich nicht so sehr um eine konkrete Ratgeberliteratur, sondern der Autor versucht anhand von wissenschaftlichen Erkenntnissen, vor allem der Gehirn- und Bewusstseinsforschung der letzten Jahre, das Phänomen Glück rational zu erklären. In einem ersten Teil erklärt Klein auf dem Hintergrund neuester Erkenntnisse der Hirnforschung – in denen er erstaunliche Parallelen zu uralten Weisheiten erkennt –, wie das Glück und gute Gefühle entstehen. Im zweiten Teil untersucht er die Rolle von Begehren und Sex, Liebe und Freundschaft, Wohlstand und Aktivität. Dabei stellt er heraus, dass das Wohlbefinden von Leib und Seele untrennbar verzahnt ist. Zudem sei unser Verhältnis zu anderen Menschen grundlegend für unser Glück, ob in der Partnerschaft, Freundschaft oder in der Elternschaft. In Teil drei fragt er nach dem Einfluss auf das Gehirn und weist die gerichtete Wahrnehmung und Konzentration als Schlüssel für glückliche Momente aus. Hier untersucht er auch die wissenschaftliche Grundlage von mystischen Erfahrungen. Eine Schläfenlappen-Epilepsie ist etwa für ihn die biologische Grundlage für ein mystisches Erlebnis. Die biblische Saulus-Paulus-Berufungsvision versucht er als einen messbaren Vorgang im Gehirn wissenschaftlich zu erklären. Der letzte Teil widmet sich den gesellschaftlichen Bedingungen des Glücks, den kulturellen Einflüssen des Alltags. Um Glück zu erleben, so seine Argumentation, spiele die Wahrnehmung des Augenblicks eine entscheidende Rolle, um einerseits die »Aufmerksamkeit wie einen Scheinwerfer auf alles, was … angenehm ist« (428), zu richten – was allerdings für jeden Menschen etwas Eigenes ist – und andererseits den gelernten negativen Mustern auszuweichen. Negative Emotionen sollte man lieber kontrollieren, als sie auszuleben.»Es genügt nicht glücklich zu sein, man muss sein Glück auch bemerken« (427). Ein wacher und aufmerksamer Geist steigere das Glücksgefühl. Neben grundständigen wissenschaftlichen Informationen zur Glücksforschung verkündet das Buch die Botschaft: Glück ist eine Frage der Übung!

Tal Ben-Shahar, israelisch-amerikanischer Psychologe und prominenter Vertreter der Positiven Psychologie, hat in seinem Buch»*Glücklicher*« (München 2007) Erkenntnisse aus seinem erfolgreichen Kurs zum Thema ›Glück‹, den er im Jahre 2006 mit 855 Studenten an der Harvard University veranstaltet hat, veröffentlicht. Was bisher seinen Studenten in den begehrten ›Glücks-Kursen‹ vorbehalten war, ist jetzt in diesem Buch für jeden nachzulesen. In»Glücklicher« skizziert Ben-Shahar die Grundzüge seiner Glückstheorie, die für ihn zugleich gelebte Praxis ist, und wendet sie dann auf verschiedene Lebensbereiche an: auf Erziehung, Arbeit und Beziehungen.»Glücklicher« ist zugleich ein Arbeitsbuch, mit dem der Autor seine Leser durch Nachdenkpausen, Fragen und Übungen zum Mitmachen motiviert. Der Psychologe verrät, wie jeder einzelne sein Lebensgefühl systematisch verbessern kann. Ben-Shahar wünscht dem Leser beim Lesen,»die Dinge besser zu verstehen und sich anders zu verhalten« (16). Wir sollten nicht nach Erfolg um des Erfolges willen trachten, sondern für uns selbst ergründen, was wir aus uns selbst als zutiefst sinnstiftend erachten, und dann unsere Energien in den Dienst dieser sinnvollen Ziele stellen. So stellt sich ein echtes Beglücktsein quasi nebenbei ein. Besonders aufschlussreich sind die von ihm unterschiedenen vier Kategorien von Menschen (37ff.): den Karrieresüchtigen (der auf die Zukunft fixiert ist, aber die Gegenwart vernachlässigt), den Nihilisten (der sich immer auf die Vergangenheit bezieht und damit sowohl das Glück in der Gegenwart wie auch in der Zukunft verpasst), den Hedonisten (der nur für die Gegenwart und den Genuss darin lebt) und den Glücksmenschen (der so lebt, dass der Moment glücklich ist, aber er ihn so ausgestaltet, dass er sich auch für die Zukunft positiv auswirkt). Diese Einteilung macht klar, dass die beste Lösung immer die ist, die schon Epikur propagiert hat: Du darfst jetzt alles genießen, solange es nicht einem größeren Glück für die Zukunft im Wege steht. Genieße jetzt das, was dir für die Zukunft noch mehr Glück verspricht.
Ben-Shahars Grundthese ist: Unser Glück kommt in Wahrheit von innen, wenn dies erfasst wurde, lässt der Druck im Äußeren merklich nach. Wir sind weniger abhängig vom ›Haben müssen‹ und können uns mehr dem zuwenden, was er als ›Sein dürfen‹ bezeichnet. Erneut werden in diesem Buch wichtige Erkenntnis einer Glückstheorie mit konkreten Übungen für den eigenen Glücksweg verbunden.

In dem winzigen Büchlein »*Glück. Alles, was Sie darüber wissen müssen und warum es nicht das Wichtigste im Leben ist*« (Frankfurt 2007) mit gerade mal 80 Seiten denkt *Wilhelm Schmid* darüber nach, was unser Glück ausmacht und was die Philosophie dazu beitragen kann. »Viele Menschen sind plötzlich so verrückt nach Glück, dass zu befürchten ist, sie könnten sich unglücklich machen, nur weil sie glauben, ohne Glück nicht mehr leben zu können« (7). Im Unterschied zu den anderen Ratgebern, die den Leserinnen und Lesern auf dem Weg zum Glücklichsein helfen wollen, sagt Schmidt: Es gehe ihm um »einen Moment des Nachdenkens, sonst nichts. Eine kleine Atempause inmitten der Glückshysterie, die um sich greift« (7). Schmid möchte diese »Glückshysterie« etwas dämpfen und in nachdenklichere Bahnen lenken.
Entscheidend ist, was mit Glück bezeichnet wird, welche Bedeutung dem Wort gegeben wird. Kurz und knapp unterscheidet er das Zufallsglück (vielleicht ein Lottogewinn), das Wohlfühlglück (z.B. Sauna, Schokolade, ein schöner Film), das Glück der Fülle (eine Lebenshaltung, die auf Gelassenheit und Heiterkeit beruht) und das Glück des Unglücklichseins (die Melancholie zum Beispiel, die geradezu als Lebensphilosophie verstanden werden kann). Doch in Wahrheit ist nicht wirklich Glück das Wichtigste im Leben. Der Lebenskunst-Philosoph Wilhelm Schmid geht vertieft der Frage nach, was wäre, wenn das Glück ein Stellvertreterbegriff für die wichtigere Frage nach dem Sinn sei. »Die Dringlichkeit des Strebens nach Glück kann als ein Indiz für die Verzweiflung gelten, die Entbehrung von Sinn hervorruft« (45). Hier sieht er die Problematik heutiger Glücksucher. »Wo aber Sinn erfahrbar wird, ist Glück die Folge und auf der Erfahrung einer Fülle von Sinn beruht vor allem das Glück der Fülle« (47).
In seinem aktuellen Buch »*Unglücklich sein. Eine Ermutigung*« (Berlin 2012) will *Wilhelm Schmid* Menschen ermutigen, die sich unglücklich fühlen. Es geht ihm darum, die Leserinnen und Leser zu sensibilisieren, dass sie die Bipolarität des Lebens akzeptieren, in dem neben Gesundheit die Krankheit, neben dem Leben auch der Tod, neben der Liebe auch die Krise existieren. Pointiert arbeitet er heraus, dass der heutige Trend, glücklich sein zu wollen, ja zu müssen, diese Grundgegebenheit menschlichen Lebens ignoriert und damit die Menschen noch unglücklicher macht, statt ihnen Wege aufzuzeigen, mit dem Unglücklich-Sein respektvoll und lebensfreundlich umzugehen. Der kurze Text von 100 Seiten befreit, entlastet, macht Mut, und ermöglicht, sich den eigenen Schattenseiten des Lebens zuzuwenden und diese als zum Leben zugehörig anzunehmen und wertzuschätzen.

Glückliche Menschen tragen bewusst oder unbewusst selbst viel dazu bei, um glücklich zu sein (laut Statistik haben wir 40% unseres Glücks selbst in der Hand). Das belegen Forschungsprojekte weltweit. Doch *Dr. Henry Cloud* hat noch etwas ganz anderes entdeckt: Die modernen Anweisungen zum Glücklichsein entsprechen dem, was uns schon die Bibel

178 Annegret Reese-Schnitker

verrät. Die Parallelen und Verbindungen zeigt er in seinem Buch »*Auf der Spur des Glücks*« (Holzgerlingen 2012) auf. Cloud beschreibt anhand von Thesen, wie er sich den glücklichen Menschen vorstellt, und verknüpft dabei geschickt Alltagsbeispiele und Bibelstellen. Bereits das biblische Wort »Shalom«, das Frieden, Glück, Wohlbefinden, Ganzheit, Erfüllung und Wohlergehen bedeutet (11) und welches in Israel bis heute als Grußwort im Alltag verwendet wird, bringt zur Sprache, was es mit dem Glück auf sich hat. Seine Grundthese ist, dass die Bibel viel dazu zu sagen hat, wie man glücklich und erfüllt wird. Entscheidend sei nicht, was uns widerfährt, sondern wer wir sind. Glückliche Menschen sind ihm zufolge großzügig, haben Ziele, tun etwas für ihr Glück, leben bewusst und erfüllt im Hier und Jetzt, denken positiv, öffnen sich für Menschen, leben dankbar, vergleichen sich nicht, bejahen Grenzen, kennen Vergebung, haben eine Berufung und haben einen Glauben. Es wird deutlich, dass für den Autor der Glaube zum Fundament eines glücklichen Menschen dazugehört, denn der Glaube an Gott verbindet den Menschen mit einem höheren Sinn. Ein gläubiger Mensch erkennt auch in seinem Alltag einen tiefen Sinn, er vertraut darauf, dass ebenso seine Kämpfe, seine Dienste, seine Trauer und sein Leid letztendlich bei Gott gut aufgehoben sind. Cloud verspricht: »Wenn Sie Glauben haben, können Sie mit einer Hoffnung in die Zukunft schauen, die echt ist, weil sie sich auf jemanden gründet, der viel größer ist als Sie … Sie möchten glücklich werden? Darf ich Sie dann einladen, den kennenzulernen, der alles erschaffen und geplant hat? Gott« (169).

2 Überlegungen zum religionsdidaktischen Umgang mit der Ratgeberliteratur

Die Glücksratgeber stellen die gegenwärtigen Erkenntnisse der Glücksforschung und philosophischen Begriffsklärungen verständlich dar und helfen damit bei der differenzierten Wahrnehmung des schillernden Phänomens. Sie erläutern die psychologischen und philosophischen Funktionsweisen des Glücks und bieten Hilfestellungen und teilweise sogar konkrete Übungen an, dem eigenen Glück im Alltag zum Durchbruch zu verhelfen. Diese Absichten überschneiden sich mit religionsdidaktischen Zielen der Thematisierung von Glück.

3 Didaktische Zielbereiche bei der religionsunterrichtlichen Thematisierung von Glück

In der Funktion einer Hintergrundfolie möchte ich hier die bereits 2002 in dem Artikel »Kann Glück ein Ziel religionspädagogischen Handelns sein?«[2] zusammengestellten grundsätzlichen didaktischen Intentionen

---

2 *Annegret Reese*, Kann Glück ein Ziel religionspädagogischen Handelns sein?, in: Katechetische Blätter 127 (2002) H.3, 175–180, hier: 179f.

bei der religionsunterrichtlichen Thematisierung von Glück aufzählen, ergänzen und in größere religionsdidaktische Zielbereiche zusammenfügen.

I Schüler/innen sollen in ihrer eigenen Wahrnehmung von und für
Glückserfahrungen sensibilisiert werden, d.h. sie sollen ...
- eigene Wünsche und Glückbestrebungen wahrnehmen und verbalisieren lernen,
- ein Bewusstsein dafür entwickeln, dass sie solche Glücksmomente
  durch Unaufmerksamkeit auch verpassen können u.a.

II Schüler/innen sollen für Glückserfahrungen anderer Menschen sensibilisiert werden, um in der kritischen Auseinandersetzung mit diesen
eigene Vorstellungen zu konkretisieren und gegebenenfalls zu korrigie-
ren, d.h. sie sollen
- Glückserlebnisse anderer Menschen, etwa ihrer Mitschüler/innen, kennenlernen,
- durch die religionsunterrichtliche Thematisierung für ihre Suche nach
  Glück - etwa in Vorbildern oder biblischen Heilserfahrungen - eine
  Bereicherung und konkrete Richtung finden, u.a.

III Schüler/innen sollen ein Sachverständnis zu den verschiedenen
Glücksbegriffen und Verständnissen erwerben und philosophische und
psychologische Erklärungsansätze zu den Funktionsweisen des Glücks
kennenlernen, d.h. sie sollen:
- ein Verständnis entwickeln für die verschiedenen Glücksbegriffe
  (Glück als Zufall/Schicksal, Glück als subjektives Wohlfühlerlebnis,
  Glück als der Inbegriff der Erfüllung, als Gefühl der Fülle und grundlegenden Zufriedenheit u.a.);
- Einsicht erhalten in neuere Erkenntnisse der Glücksforschung;
- psychologische Wirkweisen des Glückserlebens kennenlernen u.a.

IV Schüler/innen sollen eine kritische Urteilskompetenz zu lebensdienli-
chen und lebensbehindernden Glücksvorstellungen und Glücksbestre-
bungen in der heutigen Gesellschaft ausbilden, d.h. sie sollen
- Glücksbilder und Glücksauffassungen in den Medien und der Gesellschaft kritisch analysieren und vergleichen können und bekömmliche
  von unbekömmlichen Vorstellungen unterscheiden lernen,
- ein Gespür etwa für die mediale Trivialisierung von Glück erwerben
  können u.a.

V Schüler/innen sollen christliche Heilsvorstellungen kennenlernen und
erkennen, dass Gottes Heil und Glück allen Menschen auf Erden verheißen ist und in diesem Leben bereits spürbar werden kann, d.h. sie sollen
- erkennen, dass Gott in seiner christlichen Botschaft allen Menschen
  das Glück verheißt, auch denen, die derzeit am Rande der Gesellschaft
  stehen bzw. die sich unglücklich fühlen;

– eine Zuversicht kennenlernen und erahnen, die über die momentane
  Situation hinausweist, dass das biblisch versprochene Glück auch denen zugesprochen ist, die augenblicklich vom Glück verlassen sind
  (vgl. etwa in den Seligpreisungen);
– dunkle Zeiten des Lebens ebenfalls als Wegweiser des Glücks erfas-
  sen und beachten lernen, ohne dass diese verdrängt werden. Vor diesen dunklen Seiten können Glückssituationen neu und intensiv erlebt
  werden.

VI Schüler/innen sollen die neu erworbenen Kenntnisse über christliche
Heilsvorstellungen und über die Wirkweisen des Glücks auf ihr eigenes
Leben hin übertragen und anwenden lernen,
– in ihrer eigenen Identität und ihrem Selbstvertrauen in sich selbst als
  zentrale Voraussetzung des Glücks gestärkt werden, etwa durch das
  Erleben von Könnenserfahrungen u.a.;
– in ihrem alltäglichen Leben Spuren von Gottes Glückshandeln wahrnehmen und wertschätzen lernen;
– erahnen können, dass Gott auch in schweren Zeiten seine Verheißung
  für ein heilvolles und glückliches Leben ernst meint und dem Menschen beisteht u.a.

4 Divergierende Absichten

Besonders für die eigene Wahrnehmung und Verbalisierung von Glückserfahrungen und für die Erkenntnisse der Wirkweisen des Glückserlebens ist die Ratgeberliteratur für die religionsdidaktische Arbeit hilfreich. Vergleicht man die Glücksratgeber mit den religionsdidaktischen
Intentionen kritisch, fällt allerdings ins Auge, dass Glücksratgeber überwiegend individualistisch ausgerichtet sind. Sie prophezeien, dass man
das eigene Glück selbst in der Hand hat. Es geht um eine Sensibilisie-
rung für den eigenen Lebensalltag, den darin aufzuspürenden Glücksmomenten im Hier und Heute und damit vorwiegend um eine persönliche Steigerung des individuellen Glücks; ein Austausch mit anderen
Menschen oder die Auseinandersetzung mit vergangenen Lebensgeschichten hat keine Bedeutung.
Ausnahmen findet man dort, wo gelungene Beziehungen als Grundlage
für das eigene Glück genannt werden, so dass soziale Beziehungen in
den Blick geraten, wenn auch erneut für das Individuum funktionalisiert.
Zwei Ausnahmen bilden das Werk von *Henry Cloud*, dessen Absicht es
ist, die Aktualität biblischer Grundaussagen hinsichtlich des Heils- und
Glücksstrebens des Menschen und die erstaunlichen Parallelen zu heutigen wissenschaftlichen Erkenntnissen der Glücksforschung herauszu-
stellen, und das Buch von *Wilhelm Schmid*, für den die Frage nach dem
Sinn des Lebens zentral ist, der sich in einem konkreten Glauben konkretisieren kann.

Bezugnehmend auf *Mirjam Schambeck* möchte ich abschließend aus meiner Sicht zentrale Aspekte des christlichen Heilsverständnisses nennen, die die individualistischen Ansätze der Glücksratgeber ergänzen und übersteigen:
Nach christlichem Verständnis ist Gottes verheißenes Heil

– auch als »subjektiv erlebtes und verstandenes Glück zu deuten, das Gott jedem Einzelnen, aber auch der gesamten Schöpfung zugedacht hat und zwar jetzt und für alle Zeit«[3];
– im Hier und Jetzt erfahrbar. Glück/Heil sucht die Verortung im Alltag, ein geglücktes gelingendes erfülltes Leben im Hier und Jetzt;
– ein gelungenes Beziehungsgeschehen, in dem neben den zwischenmenschlichen Beziehungen auch die Beziehung zwischen Gott und dem Menschen eine Rolle spielt. Gott ist bei uns, auch wenn wir uns abwenden und es uns nicht gut geht. Er ist um unser Heil besorgt;
– ein vollkommenes Heil, das sowohl gelingendes Leben im Hier und Jetzt einschließt, als auch das verheißene Glück, das den Augenblick übersteigt und auf eine zukünftige Hoffnung gerichtet ist;
– nicht nur auf das Glück des einzelnen Menschen gerichtet und eine subjektive Größe, sondern schließt die ganze Schöpfung und alle Menschen ein;
– allen Menschen zugesprochen, auch den Gescheiterten, Erfolglosen und Unglücklichen.

Dr. *Annegret Reese-Schnitker* ist Professorin für Religionspädagogik am Institut für Katholische Theologie der Universität Kassel.

3 *Schambeck,* Glück (Anm. 1), 115.

5.5

Matthias Bahr / Peter Poth

Glück und Lebenskunst

Anregungen und Materialien für den (Religions-)Unterricht

1 Hinführung

Glück und Lebenskunst: Lehrer und Schüler mögen etwas davon erahnen, wenn man in der kalten Jahreszeit die Zwiebel einer Hyazinthe so in ein eigens dafür erhältliches Glas legt, dass das eingefüllte Wasser einen Zentimeter unter der Zwiebel bleibt. Vorausgesetzt, die Zwiebel hat bereits den ersten Frost erlebt, kann man von Tag zu Tag entdecken, wie sich zunächst am unteren Zwiebelrand über der Wasseroberfläche kleine, dünne weiße Fäden herausbilden, die zunehmend versuchen, das Leben spendende Nass im Glas zu erreichen, um damit die Zwiebel zu versorgen. Eine solche Zwiebel, auf das Fensterbrett gestellt, wird über Wochen beginnen, nach oben hin mit frischem Grün auszutreiben, bis sich schließlich langsam die ersten Anzeichen einer Blüte zeigen, und dann, irgendwann, sich in der warmen Heizungsluft die Blüte zu entfalten beginnt und die Blume ihren Frühlingsduft verströmt. Das Wunder des Lebens zeigt sich hier, erschließt sich und offenbart sich wie in Zeitlupe. Jeden Tag lässt sich eine neue leichte und kleine Veränderung feststellen, die sich nur dem aufmerksamen Beobachter erschließt, der genau hinsieht und empfindsam ist für die Zusammenhänge des Lebendigen ...
Ein kleines Beispiel, das die Thematik aber treffen könnte: Da geht es um den achtsamen Blick auf jene Dinge des Lebens, die oft übersehen werden, um Wertschätzung des Wunderbaren, das sich im Kleinen und Unscheinbaren zeigt, um Innehalten und fürsorgendes Handeln gegenüber dem Konkreten und Anvertrauten, um Konzentration auf das Eine und Reale, um ein Sich-Finden jenseits des Medialen, das meist nur zerstreut.

Damit ist nun allerdings auch angedeutet, dass man sich angesichts eines breiten Angebotes zum Thema positionieren und auswählen muss, um für den Religions-Unterricht Hilfreiches anbieten zu können (Nr. 2), zumal »Glück und Lebenskunst« zunächst ja auch und vor allem zu den altehrwürdigen Themen der praktischen Philosophie gehören. Damit besitzen und besaßen sie traditionell einen Bildungswert, dem allerdings aufgrund ihres antiken Ursprungszusammenhangs unter modernen Bedingungen erneut nachzugehen ist. Als solche ›breiten‹, ›antiken‹ Themenfelder betreffen sie nicht allein den Religionsunterricht, sondern öffnen sich rasch auf Perspektiven hin, die bei Schülerinnen und Schüler zu Lebensthemen werden(können) (Nr. 3) und bis in Ermutigungen zu gesellschaftlicher Mitgestaltung reichen (Nr. 4).

2 Glückssuche im (Religions-)Unterricht

Der Frage »Glück – was ist das?« geht *Oscar Brenifier* nach.[1] Das pfiffig illustrierte Buch reiht sich in das Angebot der Literatur über Kinderphilosophie ein, es setzt auf die Neugier und Fragebereitschaft von Kindern, die sich auf die Suche nach überzeugenden Antworten machen, auch wenn diese im Buch nicht endgültig gefunden werden können. Das Buch, das schon 2007 in Frankreich erschienen ist und in mehr als zwanzig Sprachen übersetzt wurde, reißt das Thema in sechs Perspektiven auf: Woher weißt du, dass du glücklich bist? Ist es einfach, glücklich zu sein? Solltest du um jeden Preis versuchen, glücklich zu sein? Macht Geld glücklich? Brauchst du andere, um glücklich zu sein? Warum sind wir manchmal unglücklich? – Die Auseinandersetzung wird in dialektischen Prozessen nach dem Doppelseitenprinzip geführt: Zunächst gibt der Verfasser auf die Ausgangsfrage eine illustrativ stark unterstrichene Antwort (»Wenn man glücklich ist, spürt man das ganz tief im Herzen«), die Kinder ansprechen und im Sinne eines Impulses vor allem im Grundschulalter zu weiteren Äußerungen anregen dürften. Kleiner folgt dann das »Ja, aber« in antithetischen Gegenfragen (»Muss man es immer tief im Herzen spüren oder kann man auch im Kopf glücklich sein?« oder »Kann man glücklich sein, ohne es zu wissen?«), die die Irritationen hoch halten. Auch wenn dies als Grundmuster auf die Dauer den Kindern mehr Fragen als Antworten liefert und bei anhaltendem Gebrauch vermutlich ermüdend wirkt, so ist das Grundprinzip doch sinnvoll: Angesichts dieses Lebensthemas samt seiner verschiedenen Facetten lässt sich ein tragendes Ergebnis eher durch den individuellen (oder gemeinsamen?) Suchprozess als durch fixe Lehrbuchaussagen finden. Allenfalls Tendenzen, wie sie am Schluss jeden Abschnittes in einigen zusammenfassenden Gedanken entwickelt werden, befriedigen das Bedürfnis nach klaren Positionen, sind aber erst auf dem Hintergrund der vielen Fragen von eigenem Gewicht. Dort gibt es Kindern (und Jugendlichen!) dann schon Orientierung, welche Rolle Geld, anderen Menschen oder auch dem Unglück zuzumessen ist. Der Vielzahl der witzigen, ansprechenden Illustrationen macht die philosophische (nicht theologische!) Suche zu einem anregenden Geschehen.

Manchmal ein bisschen theatralisch im Vortrag, für Kinder aber durchaus anregend dürften die gesprochenen Szenen sein, die sich unter dem

---

1 Vgl. *Oscar Benefier*, Glück – was ist das?, Köln 2010.

Titel »Denk dir die Welt – Philosophie für Kinder«[2] dem Facettenreichtum von Glück und Unglück, Gut und Böse, dem Leben und dem Tod, Gott und den Göttern, Frei und Unfrei widmen. Hier werden Alltagsbeispiele angesprochen, die zum Nachfragen, Ärgern, zu Widerspruch oder Zustimmung anregen. Auch wenn die beiden CD's inhaltlich keine Rezepte, kaum Definitionen und formal keine Hinweise zum unterrichtlichen Einsatz bieten, lassen sich doch immer wieder Ansatzpunkte für interessante Gespräche finden, die im Sinne eines Bedenkens (Philosophierens) die benannten Themenbereiche umkreisen und sukzessive in ihrer Komplexität durchsichtiger machen können. Für den Religionsunterricht weniger hilfreich dürfte allerdings die Auseinandersetzung mit der Gottesfrage sein, die hier religionswissenschaftlich (und nicht christlich) angegangen und damit letztlich in positioneller Unverbindlichkeit verbleibt.

Der Welt der Psalmen und dem Interesse an einer Gebetsentwicklung, die sich der vertrauensvollen Gottesbeziehung zuwendet, ist das Arbeitsbuch »Hör mal, Gott! Mit Glück und Angst zu Gott kommen« von *Antje Maurer* verpflichtet.[3] Aufgebaut ebenfalls nach dem Doppelseitenprinzip werden mit den Kindern aus dem Elementar- und Grundschulbereich ausgewählte Psalmen in drei großen Bögen erschlossen: Zunächst dominieren die Haltungen des Vertrauens (9–35) und des Lobens und Dankens (37–69), erst am Schluss wird die Aufmerksamkeit auf die Ängste von Kindern gerichtet (71–87). Eine breite Auseinandersetzung ist dem kindlichen Lebensglück gewidmet, wenn Erfahrungen von Aufgehoben- und Angenommensein, von Zufriedenheit, Fröhlichkeit, erlebter Güte und gefundener Zustimmung wahrgenommen, wertgeschätzt und ausdrücklich in einen Gottesbezug gebracht werden. Dabei wird jeweils eine zentrale Perspektive eines Psalms in den Mittelpunkt gestellt (z.B. Ps 23: »Gott, du bist mein guter Hirte«; oder Ps 92: »Kommt, wir wollen Gott loben mit unseren Liedern und unserer Musik!«), in Gebetsform paraphrasiert, ausgelegt und mehrfach wiederholt. Anstöße zu kommunikativen Prozessen und Anregungen zu kreativen Ausgestaltungen (bei denen man angesichts der vorgestellten Vielfalt in einem ideenreichen Anhang unbedingt auswählen muss) bieten Vertiefungen an, die die herausgehobenen Perspektiven in den Alltagszusammenhang der Kinder einbetten. Psalmen geben damit einmal mehr die Gelegenheit, das religiöse Ausdrucksverständnis von Kindern zu kultivieren und die Alltagserlebnisse in einen differenzierten religiösen Erfahrungszusammenhang zu bringen.

---

2 Vgl. *Brigitte Labbé / Michel Puech*, Denk dir die Welt. Philosophie für Kinder, Hamburg 2004 (Audio-CD); s.a. das Buch: *Brigitte Labbé / Michel Puech*, Denk dir die Welt. Philosophie für Kinder, Bindlach 2011.
3 *Antje Maurer*, Hör mal, Gott! Mit Glück und Angst zu Gott kommen, Göttingen 2003.

Interessant und anregend ist dabei der reiche Materialanhang, der auf vielfältige Weise zu Gestaltung, Spiel und Gebet anregt.

Im Bereich der Sekundarstufe I kann man die Mappe »Glücksspuren« von *Arthur Thömmes* ansiedeln.[4] 82 Arbeitsblätter für den Religionsunterricht widmen sich dem Thema. Ausgehend von Materialien, die sich mit der Frage »Bin ich glücklich?« auseinandersetzen über »Facetten des Glücks«, »Gott suchen« bis zu Überlegungen über »Wege zum Glück«, werden Denkanstöße gegeben, die die Thematik breit anlegen und immer wieder auch Brückenschläge zu religiösen bzw. christlichen Perspektiven suchen. Mit Recht wird zunächst der Eigenwahrnehmung Raum gegeben, indem verschiedene Anstöße gezeigt werden, die die Introspektion von Schülerinnen und Schülern unterstützen dürften. Dabei werden immer auch irritierende Aspekte herangezogen, wenn etwa unter der Überschrift »Das globale Dorf« (Arbeitsblatt Nr. 9) eine Perspektive eingenommen werden kann, die Maßstäbe zurechtzurücken mag und die eigene Zufriedenheitsskala neu ausrichtet, wenn man die eigenen Lebensverhältnisse mit den Bedingungen weltweit vergleicht. Immer wieder lassen sich ›Perlen‹ finden, wenn beispielsweise mit der »Lust- und Frustwaage« (AB 22) Schülerinnen und Schüler zu einer Einschätzung ihrer Alltags- und Lebenserfahrungen angeregt werden oder die »Lebensuhr« (AB 28) das Bewusstsein für Zeitempfinden und -nutzen erhöht. Thematisch besonders interessant wird es überraschenderweise nicht dort, wo es (ein wenig allgemein) um die grundsätzliche Frage nach der Existenz Gottes geht, sondern konkrete »Wege zum Glücklichsein« (AB 61–82) angeboten werden. Hier zeigen sich immer wieder Zusammenstellungen und Textauszüge, die bedacht und besprochen werden müssen, beispielsweise im Arbeitsblatt 70 unter dem Titel »Glück ist ...« (z.B. »Mit dem Glück verhält es sich wie mit den Uhren: die einfachsten gehen am besten«), die »10 Gebote für das 21. Jahrhundert« (AB 76, vgl. z.B. das 7. Gebot: »Mache nicht alle deine Träume wahr; hebe dir noch unerfüllte Wünsche auf!«) oder die Präsentation von Mt 6,24–34 in der Sprache der ›Volxbibel‹ mit dem Etikett »Bleib cool« (AB 78). Insgesamt wird man angesichts der Breite des Materials ebenfalls wieder auswählen müssen – und nach Entfaltungen zu suchen haben, die die Methodik des Arbeitsblattes irgendwann auch überschreiten.

Einen ganz eigenen Blick auf die Thematik fördert der Aufschrei von *Maria Langstroff* unter dem Titel »Mundtot!? Wie ich lernte, meine Stimme zu erheben – eine sterbenskranke junge Frau erzählt« zutage.[5] Das Buch, das wochenlang auf den Bestsellerlisten stand und inzwischen

---

4 *Arthur Thömmes*, Glücksspuren. 82 Arbeitsblätter für den Religionsunterricht, München 2011.
5 *Maria Langstroff*, Mundtot!? Wie ich lernte, meine Stimme zu erheben – eine sterbenskranke junge Frau erzählt, Berlin 2012.

auch als Hörbuch – von ihr selbst eingelesen – erschienen ist, ermöglicht die Begegnung mit Krankheit und Behinderung und zeigt auf diesem Hintergrund gleichzeitig eine junge Frau, die Sinn und Inhalt ihres Lebens jenseits von Fragen nach Gesundheit und »Lebensansprüchen« beantwortet. Die Reaktionen von Zuschriften der Leserinnen und Leser aus unterschiedlichen Lebensaltern, die auf ihrer Homepage verfügbar sind, bieten eine Fülle von Gesprächs- und Austauschmöglichkeiten, die die Frage nach dem Glück noch radikaler stellen (www.maria-langstroff.de).

3 Erwachsenwerden im Roman – Orte der Auseinandersetzung mit der Suche nach Lebensorientierung

Die Beschäftigung mit den nun vorzustellenden Adoleszenzromanen verdankt sich der Einsicht in das Veralten des »Lebenskunstparadigmas«, das mit einer einseitigen Akzentuierung seiner eher »technischen« Aspekte einhergeht. Angesichts der Pluralisierung der modernen Lebenswelten und der damit zusammenhängenden Verunmöglichung der Privilegierung einer bestimmten Lebensform verlieren die Techniken der Lebenskunst – auch in zeitgenössischen Wiederbelebungsversuchen – ihren Orientierung gebenden Kontext und damit einen großen Teil ihrer Überzeugungskraft; in ihrer formalen Allgemeinheit wirken sie dann doch recht steril.[6] Noch schlimmer steht es allerdings um Konzepte, die sich von allen philosophischen Voraussetzungen lösen; schnell enden sie bei Anleitungen zur Selbstoptimierung, die nicht davor zurückschrecken, Möglichkeiten und Methoden der manipulativen Beherrschung anderer als das höchste Ziel und größte Glück des Menschen zu propagieren.[7] Allerdings kann man zentrale Fragen der »Lebenskunst« in einer pädagogisch transformierenden Perspektive aufgreifen und fruchtbar machen für eine Diskussion, die sich zwar im Vorfeld der Fragen um ein gelingendes Leben bewegt, diese aber unter modernen Bedingungen reformuliert und deflationiert. Dies ist notwendig, um mit Fragen um »Glück« und »Lebenskunst« an die Lebenswelt heutiger Jugendlicher anschließen zu können. Wenn es denn zutrifft, dass diese ihren Ort dort finden, »wo Traditionen; Konventionen und Normen … nicht mehr überzeugend sind und die Individuen sich um sich selbst zu sorgen beginnen«[8], dann zielen sie ziemlich genau auf eine Phase im Leben der Jugendlichen, die man gemeinhin mit »Adoleszenz« umschreibt. Und auch hier gilt: »Beziehungen zerbrechen, Zusammenhänge lösen sich auf, und der Einzelne ist

---

6 Vgl. etwa *Wilhelm Schmid*, Philosophie als Lebenskunst. Eine Grundlegung, Frankfurt a.M. 1998; *Otfried Höffe*, Lebenskunst und Moral oder macht Tugend glücklich?, München 2007.
7 Vgl. *Robert Greene*, Power. Die 48 Gesetze der Macht, München 2013.
8 *Schmid*, Philosophie (Anm. 6), 9.

mit Situationen konfrontiert, die ihm von Grund auf fremd sind.«[9] Dort verdichten sich Fragen, die sich um die »praktische Identität« junger Erwachsener drehen, deren Beantwortung sie zu einer Lebensbeschreibung finden lassen, unter der sie ihr Leben als ihr eigenes verstehen und annehmen können. Dieser Konstellation entspringt der sogenannte Adoleszenzroman, der seit etwas mehr als hundert Jahren die zentralen Themen des Erwachsenwerdens thematisiert und problematisiert wie: »a) die Ablösung von den Eltern; b) die Ausbildung eigener Wertvorstellungen (Ethik, Politik, Kultur usw.); c) das Erleben erster sexueller Kontakte; d) das Entwickeln eigener Sozialbeziehungen; e) das Hineinwachsen oder Ablehnen einer eigenen sozialen Rolle.«[10] Literatur wird so zum Medium der Selbstreflexion, die die notwendige Voraussetzung bildet, um Fragen von Glück und Lebenskunst anschlussfähig zu halten, die eine halbwegs gelungene »Individuierung durch Vergesellschaftung« (J. Habermas) voraussetzen. Die ausgewählten Beispiele akzentuieren recht unterschiedliche Aspekte der Problematik und bieten, etwa durch Referate in den Unterricht eingebracht, vielfache Anknüpfungspunkte für Diskussionen.

In dem Buch von *Ralf Rothmann* »Flieh, mein Freund! – Vom Scheitern eines Sohnes an seinen Eltern«[11] stolpert Louis Blaul, genannt Lolly, mehr durchs Leben, denn dass er geht. Diese wenig selbstbestimmte Fortbewegungsart bleibt auch der Hauptfigur selbst nicht verborgen. Dadurch ausgelöste biographische Reflexionen treiben Lolly über die Grenzen seiner eigenen Geschichte hinaus und lassen die Jugendgeschichte seiner Eltern und deren Beziehung mit in den Erzählfokus treten. Im Zentrum steht die Geschichte einer gescheiterten Liebe, die verwoben ist mit einer erstmals gelingenden wirklichen Annäherung an seine Hippie-Mutter, die nicht immer ganz frei von erotischen Untertönen bleibt. Insgesamt kann Lolly als Protagonist eines Adoleszenzromanes mit »umgekehrtem Vorzeichen« gelten, da er auf der Suche nach einem heilen Familienleben ist, wie es viele »Nach-68er-Familien« offensichtlich nicht mehr bieten. Und so sieht er sich denn auch als Opfer familiärer Auflösungstendenzen; sein bisheriges Leben habe seine Seele beschädigt und reduziere sein »Selbstwertgefühl« auf »die Größe eines Mitessers«[12]. Er ist umstandslos bereit, all seine Probleme, und deren hat er viele, dieser Konstellation zuzuschreiben.
Sein Leben beginnt mit einer zufälligen Zeugung im Polizeigewahrsam nach der Festnahme bei einer Demo; Umstände, die kaum Raum für ein

---

9 Ebd.
10 *Carsten Gansel*, Der Adoleszenzroman. Zwischen Moderne und Postmoderne, in: *Günter Lange*, Taschenbuch der Kinder- und Jugendliteratur, Bd. 1: Grundlagen – Gattungen, Baltmannsweiler 2000, 359–398, hier 371.
11 *Ralf Rothmann*, Flieh, mein Freund! Vom Scheitern eines Sohnes an seinen Eltern, Frankfurt 1998.
12 Ebd., 217.

anschließendes normales Familienleben lassen. Abgeschoben zu den Großeltern, wächst Lolly dort mehr oder weniger unverstanden auf. Sein auffälligstes Merkmal stellt seine große Unsicherheit dar; seiner Mutter gilt er deswegen als »scheues, schamhaftes Reh«[13].

Auch als Zwanzigjährigem gelingt es ihm nicht, die Extreme, die seine Eltern darstellen – sein Vater ist inzwischen Besitzer einer erfolgreichen Werbeagentur, seine Mutter die ewig auf- und abtauchende Berufsjugendliche mit spirituellen Ambitionen – zu balancieren. Der Gegensatz zwischen den Eltern spiegelt sich auch auf körperlicher Ebene: Während sein Vater dick und unansehnlich daherkommt, kann die Mutter sich ihre auch den Sohn faszinierende Schönheit und Ausstrahlung offensichtlich erhalten.

Das ist für die Entwicklung einer starken Ich-Identität natürlich keine günstige Lage; und sie spiegelt sich auch in Lollys durchweg negativer Einstellung zu sich selbst (Stimme, Aussehen, vermeintliches Schielen) und seinen sozialen sowie intellektuellen Fähigkeiten. Konsequent verweigert er sich allen regulären (Aus)Bildungszumutungen und »jobbt« sich durchs Leben. Seine Familienerfahrung resümiert er folgendermaßen: »Also, wenn es eine Generation gibt, die nichts, aber auch gar nichts auf die Reihe kriegt, nicht einmal so etwas Simples wie ein Familienleben, dann doch wohl die meiner Eltern.«[14]

Eingezwängt zwischen den Anpassungsdruck des Vaters und die eher anarchischen Tendenzen seiner Mutter gewinnt Lolly nur schwer an Orientierung. Der äußerlichen Ablösung von seinen Eltern korrespondiert eine erste Beziehungserfahrung. Trotz intensiver sexueller Begegnungen mit seiner Freundin Vanina gelingt es ihm aber nicht, über einen körperlichen »Makel«, ihr unförmiges Hinterteil, hinwegzusehen, da Körperfülle für ihn negativ besetzt ist in dem Glauben, dass seine Mutter seinen Vater darum verlassen hat. Hier wird er Opfer einer ästhetisch-erotischen Prägung.

Um das Scheitern dieser Liebe dreht sich das Romangeschehen und zeigt, wie wichtig gelingende Ablösungsprozesse von den Eltern für ein glückendes Leben sind, da Lolly sich in dieser Konstellation nicht emanzipieren kann und so die Beendigung der Beziehung verschuldet. Erst ein Gespräch mit der Mutter, in dem er sich zum ersten Mal rückhaltlos öffnet, weist ihm die richtige Perspektive.

So zeigt der Roman, wie auch Versuche, die Richtung der Gehversuche zu personaler Selbständigkeit selbst zu bestimmen, vielfach gebrochen werden durch den Einfluss der Sozialisation und dass der Prozess des Erwachsenwerdens auch darin besteht, seine Probleme reflexiv einzuholen, thematisierbar zu machen und kommunikativ zu bearbeiten. Inwieweit dies die Wirkung sozialer antrainierter Wahrnehmungsmecha-

---

13 Ebd., 247.
14 Ebd., 110.

nismen auflösen kann, lässt der Roman offen, verweist aber auf die Not-
wenigkeit der Arbeit an der eigenen Identität.

Im Unterschied dazu durchlebt Vincent Berlinger, der 17-jährige Held
des Romans von *Jürgen Ohnemu:* Der Tiger auf meiner Schulter[15], nach
einem einjährigen USA-Aufenthalt und der Rückkehr an seine alte
Schule, ein Münchner Gymnasium, eine nahezu klassische »Ablösungs-
geschichte«: Karen, eine neue Mitschülerin, tritt an die Stelle seiner großen Liebe Tiffany bzw. die schmerzhafte Erinnerung an sie, die ihm auf
Geheiß ihrer Eltern noch in den USA den Laufpass gegeben hat.
Dieser Überblendungsprozess gestaltet sich in einem für Adoleszenzromane typischen Erzählverfahren, bei dem ein Ich-Erzähler beobachtend
und reflektierend seine Erfahrungen darstellt und zugleich kommentiert.
Die gewählte Erzählperspektive ermöglicht es, einige Schlüsselbereiche
zu identifizieren, die für Vincent, auch nach seinem eigenen Verständnis,
wesentlich sind: seine Ablehnung (vorschneller) sexueller Begegnungen,
überhaupt seine körperliche Zurückhaltung; die Rolle, die er seinen Eltern für den Prozess seiner Sozialisation zuschreibt; sein Gefallen an
Höchstleistungen aller Art. Mit Karen beschreitet er neue Wege: sowohl
individuell-emotional als sozial-gesellschaftlich, da er mit ihr sein neues
altes Leben als Sohn und Schüler wiederfinden muss.
Dabei kommt den Eltern eine herausragende und durchweg positive Bedeutung zu; ein Konflikt zwischen den Generationen findet nicht statt,
und Vincent darf als rückhaltloser Bewunderer seiner Eltern gelten: Sie
sind beide beruflich äußerst erfolgreich, der Vater als Arzt, die Mutter
als Physikerin. Während die Mutter sich daneben durch ihre vielbewun-
derte Schönheit auszeichnet, besticht der Vater durch sein große Lässig-
keit und Sportlichkeit; außerdem darf er, wenngleich zunächst etwas
unmotiviert, auch ein bisschen jähzornig sein. »Abgerundet« wird dieses
völlig entspannte (postmoderne?) Familiengemälde durch einen künstlerisch begabten Bruder, der als Tänzer in London lebt – und an Aids
leidet, aber von der Familie liebevoll umsorgt wird. Kein Konfliktpoten-
tial, nirgends! Doch ist auch für postmoderne Zeiten dieses Idyll zu
schön, um wahr zu sein.
Die Liebe zwischen Vincent und Karen entwickelt sich, allerdings weitgehend auf die emotionale und intellektuelle Ebene beschränkt; ihr pri-
märes Medium bilden Diskussionen über Gott und die Welt, meistens in
buddhistischen Variationen. Daneben ist aber auch sie ein Superlativ:
»Karen hat alles irgendwie schon einmal gemacht. Ballett, reiten, Rocker
verblüffen, Tennis spielen, fünftausend Bücher lesen und Sauerkirschen
entsteinen.«[16]

---

15 *Jürgen Ohnemu,* Der Tiger auf meiner Schulter. Vom tragischen Scheitern eines
Lebens im Superlativ, Frankfurt 1998.
16 Ebd., 113.

Die Beziehung zu Karen verschiebt das Koordinatensystem von Vincent immer weiter, ohne dass dies Probleme zeitigte; sein bisheriger Lebensinhalt – das Tennisspielen auf Spitzenniveau – verliert vollständig an Bedeutung. Erst der eher zufällige Eintritt der Familien in die Beziehung führt dann zu einem – letztendlich unlösbaren – Konflikt.

Doch deuten sich Probleme schon früher an: Das »Leben im Superlativ« spielt sich vollständig in der Gegenwart ab; emotionalisierte Kindheitserinnerungen der Hauptfigur beziehen sich ausschließlich auf die schon verstorbene Kinderfrau Rosalin. Ihr Tod, begleitet von einem intensiven Jähzornsausbruch des Vaters, offenbart dann jedoch den wahren Zustand der Familie: die Unfähigkeit, mit Leid, Hilflosigkeit und starken Emotionen angemessen umzugehen und sie zu verarbeiten.

Nur von diesem Defizit her ist auch der Schluss des Werkes, der finale Konflikt, zu verstehen. Es stellt sich heraus, dass Vincents Vater und Karens Mutter früher eine Beziehung hatten, die – verbunden mit einer Abtreibung – abrupt und im Unfrieden beendet wurde. Keine Aufarbeitung, nirgends!

Zur Verhinderung einer weiteren Annäherung reagieren alle Elternteile völlig irrational und dekretieren die Trennung der Kinder. Neben ihrer eigenen Oberflächlichkeit offenbart dieses Verhalten auch wenig Respekt vor der Individualität der Kinder und zugleich deren geringe Fähigkeit, die Konfrontation zu suchen: Ohne wirklichen Widerstand, wohl emotional etwas geknickt, fügen sie sich mehr oder weniger in ihr Schicksal, wenngleich Vincent noch versucht, seiner entschwindenden Freundin nachzureisen.

Der postmodern erzählte Roman demaskiert in wünschenswerter Deutlichkeit die Oberflächlichkeit einer Traumfamilie; die Brüchigkeit ihrer Fassade zeigt sich schlagartig dort, wo die Dinge sich nicht fügen und die viel beschworene »Leichtigkeit des Seins« Bedrohungen ausgesetzt ist. Der Weg zum Glück für Kinder dieser Welt ist weit; für sie käme aber alles darauf an, eine eigenständige Identität zu gewinnen, die sich der Tiefe und Breite der menschlichen Existenz öffnet.

Julie Zeh schließlich entwirft in ihrem Roman »Corpus Delicti. Ein Prozess – Von der Unmöglichkeit des selbstbestimmtem Lebens«[17] das Panorama einer total verwalteten Welt, in der Erwachsenwerden als solches nicht mehr vorgesehen ist. Sie wird beherrscht von einer »Gesundheitsdiktatur«, die über die somatische Seite des Menschen herrscht und ihn darüber vollständig zu disziplinieren versucht. Dies gelingt auch weitgehend, aber doch nicht ganz, da sich Krankheiten offensichtlich nicht ausrotten lassen und sich somit ein Erfahrungsfeld alternativen, weil nicht normierbaren Verhaltens eröffnet. Menschen mit einer »Krankheitsgeschichte« werden somit zu einer potentiellen Gefahr; sie müssen krimi-

---

17 *Julie Zeh*, Corpus Delicti. Ein Prozess – Von der Unmöglichkeit des selbstbestimmten Lebens, Frankfurt a.M. 2009.

nalisiert und ausgeschaltet werden. Eine solche Kriminalgeschichte erzählt Julie Zeh.

Hier liegt die didaktische Chance des Werkes, nämlich zu sensibilisieren für Bedrohungen des »Selbst« in einer Welt, in der alle Lebenskunst zur stumpfen Waffe wird, wenn die gesellschaftlichen Verhältnisse das Subjekt zum Verschwinden bringen. Hier wird man nachdrücklich auf die von der Lebenskunst oft vernachlässige politisch-gesellschaftliche Dimension verwiesen, die dem Selbst zumindest in Ansätzen entgegenkommen muss, soll die Individuierung gelingen.

Die »Gesundheitsdiktatur«, die als Erbe des abendländischen Zivilisationsprojektes auftritt, gewinnt ihre Legitimation durch die Überwindung der ökologischen und sozialen Krise der bürgerlichen Gesellschaft. Die »Lösung« bietet ein Staatsmodell, das durch die totale Steuerung des menschlichen Lebens ein beschwerdefreies (Über)Leben garantiert: »Wir brauchen nicht einmal den bigotten Glauben an die Volksherrschaft, um unser System zu legitimieren. Wir gehorchen allein der Vernunft, indem wir uns auf eine Tatsache berufen, die sich unmittelbar aus der Existenz des biologischen Lebens ergibt.«[18] Der biologische »Überlebenswille« wird zum absoluten Maßstab.

Das »gute Leben« reduziert sich auf die Aufrechterhaltung einer sterilen Gesundheit, durchgesetzt mit allen Mitteln der staatlichen Überwachung, vor allem durch einen implantierten Daten-Chip. Menschen werden zu »Maschinen«[19], ohne jegliche Privatsphäre, selbst die Partnerwahl wird auf genetischer Basis von oben gesteuert.

Eine verabsolutierte positivistische Rationalität, kurz die »Methode« genannt, betreibt dieses Projekt einer anthropologischen Transformation der Menschen im Sinne einer reduktionistischen Biologie. Die einzige Bedrohung – und daran zeigt sich die innere Dialektik dieses Modells – bleiben Krankheiten, die Menschen, die davon betroffen sind, die Augen öffnen für die Unmenschlichkeit des Modells, da sie ihnen ihre Empfindungsfähigkeit – im Sinne eines »ungesteuerten Gefühls« – wiedergeben. Die Abarbeitung an dieser Dialektik bildet das strukturelle Zentrum des Romans.

Im Mittelpunkt steht die Biologin (!) Mia Holl, Mitte 30, die als erfolgreiche Naturwissenschaftlerin eigentlich eine durchaus angepasste »Methodistin« ist. Ihre Übereinstimmung mit der Gesellschaft zerbricht durch den Selbstmord ihres Bruders, der der Vergewaltigung und des Mordes an einer jungen Frau auf der Grundlage eines DNA-Tests überführt wird. Seine Anwesenheit am Tatort verdankt sich einer – unzulässigen – »Blind-Date-Verabredung«. Schon durch dieses Verhalten ist der Bruder als Unangepasster, Außenseiter und möglicher Rebell zu erkennen und fungiert als anthropologisches Gegenmodell, das seine Basis in seiner – überwundenen – Leukämieerkrankung hat, die er selbst als Ini-

18 Ebd., 36.
19 Ebd., 37.

tiation in eine alternative Weltsicht erlebte. Seitdem versucht er systematisch, die Grenzen des Systems sowohl in seinem Denken als auch in
seinem Handeln zu überschreiten. Er setzt auf Freiheit, Emotionen und
Selbstbestimmung und will sich der »Methode« entziehen.
Mias Versuch, den Spagat zwischen »Systemrationalität« und Bruder-
liebe zu schaffen, zerbricht am Selbstmord des Bruders. Aus der Bahn
geworfen, entzieht sie sich zunächst unabsichtlich den Systemimperati-
ven, gerät damit aber selbst in die Fänge der Justiz. Ihr Bemühen, auf
den »rechten Weg« zurückzufinden, scheitert an der Unmenschlichkeit
der »Methode«, die ihr allen Rückzug, alle »Ruhe und Zeit«[20] verweigert, um den Tod ihres Bruders zu verarbeiten.
Die Geschichte ihrer Auseinandersetzung mit der Justiz gipfelt in der
Aufdeckung eines Justizirrtums bei der Verurteilung ihres Bruders, der
durch eine Knochenmarksspende zumindest seine biologische Identität
verloren hat und als DNA-Doppelgänger seines Spenders durchs Leben
gegangen ist; und dieser entpuppt sich dann als der wahre Täter. Durch
das Öffentlichwerden dieses Skandals beginnt sich eine Protestbewegung
zu formieren, der der Bruder als Märtyrer gilt.
Durch diese Vorgänge in ihren Grundfesten bedroht, zeigt die Diktatur
ihre ganze Macht, auch ihre Definitionsmacht in der Auswertung und
Deutung der Unmenge von persönlichen Daten, und konstruiert mit Hilfe
ihres Propagandapparates eine abstruse Geschichte, die ihre Logik durch
das brutale Vorgehen gegen alle Abweichung gewinnt und an deren
Ende die Verurteilung der vereinsamten Protagonistin steht. Stück für
Stück verliert diese den Glauben an die »Methode« und an andere Menschen, so z. B., ihren Anwalt, der zu Beginn durchaus auf ihrer Seite
stand, dann aber dem Druck des Systems weicht.
Der Roman macht deutlich, welcher Bedrohung menschliche Individualität und Identität in Zeiten digitaler Zugriffsmöglichkeiten ausgesetzt
sind; anders gewendet sensibilisiert er dafür, welche Minimalvorausset-
zungen gegeben sein müssen, um Fragen nach »Glück« und »Lebenskunst« überhaupt angemessen stellen zu können.

4 Über die Schule hinaus: Impulse zur Weltgestaltung

Glück und Lebenskunst sind nicht auf ein Unterrichtsfach beschränkt –
und sie weisen auch über den Bereich der Schule hinaus. Nie geht es in
einem christlichen Sinne nur um die individuelle Glückssuche auf der
Basis des Vorgegebenen, stets auch um das Ausloten von Spielräumen,
um Lebenskunst als Lebensgestaltung. Bedeutsam sind die eigenen An-
teile, die Wirk- und Handlungsoptionen, die Menschen in den je spezifischen Lebensaltern zukommen und die die Welt mit ihren Verhältnissen

20 Ebd., 57.

prägen: Kunst des Lebens ist auch das Ergreifen all der Möglichkeiten, die das Leben gestalten und eine lebenswerte Welt befördern. Unter dem Titel »Zukunftsfähiges Deutschland« haben »Bund Umwelt und Naturschutz (BUND)« (vormals in Kooperation mit Misereor), inzwischen mit dem Evangelischen Entwicklungsdienst und Brot für die Welt bzw. mit dem Wuppertal Institut für Klima und Energie wiederholt auf Ansätze verwiesen, die zum Thema Substantielles beitragen können – und dabei sowohl Einstellungen (»Gut leben statt viel haben«) als auch konkrete Gestaltungsformen (»Den stärkeren Ausbau mittlerer Geschwindigkeiten unterstützen«) benennen, die Nachhaltigkeit sichern. Hier geht es um die Einflussnahme auf gesellschaftspolitische Entwicklungen, die eine menschenwürdige, dem Leben aller Menschen gemäßere Lebensweise anstoßen. »Achtsam leben: Das Private ist politisch« – mit diesem Akzent ist eine Denk- und Arbeitsrichtung angegeben, die als Erweiterung der Debatte um Glück und Lebenskunst verstanden werden kann. Statt »höher – schneller – weiter« wäre das Leitbild »besser – weniger – anders« zu ergründen. Vielfältige Ideen richten sich dabei auch an Heranwachsende – sie sind es wert, zur Kenntnis genommen und weiterentwickelt zu werden (www.zukunftsfaehiges-deutschland.de) – als Impulse, die Systemzwänge nicht einfach hinnehmen, sondern Jugendlichen Gestaltungsräume zuweisen: Sie wären auszufüllen!

Dr. *Matthias Bahr* ist Professor für Religionspädagogik und Didaktik des Religionsunterrichts am Institut für Katholische Theologie des Fachbereichs für Kultur- und Sozialwissenschaften an der Universität Koblenz-Landau (Campus Landau).

Peter Poth ist Oberstudienrat mit den Fächern Deutsch und Geschichte am Regental-Gymnasium in Nittenau.

6
Ausblick

6.1

Bernd Schröder

Glück + Lebenskunst = Segen?

»Sorgt nicht um euer Leben, was ihr essen und trinken werdet,
auch nicht um euren Leib, was ihr anziehen werdet.
Ist nicht das Leben mehr als die Nahrung
und der Leib mehr als die Kleidung?
[...]
Trachtet zuerst nach dem Reich Gottes und nach seiner Gerechtigkeit,
so wird euch das alles zufallen.«[1]

»Ein Kung-Fu-Kämpfer lebt nicht für etwas.
Er lebt einfach.«[2]

Das Glück erfreut sich seit einigen Jahren wachsender Beliebtheit als
Gegenstand von (wissenschaftlicher) Reflexion: Eine enorme Menge an
Literatur aus allen geistes- und humanwissenschaftlichen Disziplinen,
ganz zu schweigen von populärwissenschaftlichen und feuilletonisti-
schen Veröffentlichungen[3], legt davon Zeugnis ab – allein die Deutsche
Nationalbibliothek bibliografiert (Stand: Juli 2013) zum Stichwort
»Glück« über 21 000 Titel. Die steigende Zahl der Veröffentlichungen
und die Komplexität der einschlägigen Theoriebildung zeigen an, dass
»Glück« zum Problem geworden ist: »Wir« sind uns unseres Glücklich*seins*, unseres Glücks*empfindens* und erst recht unseres *Auskunftge-
benkönnens und -dürfens* über unser Glück nicht mehr sicher.
»Wir« sind dabei zunächst einmal »die Deutschen«, obwohl sich auch in
anderen westlichen Ländern die Glücksdiskurse verdichten[4] und selbst-
redend auch nicht-westliche Kulturen vielfältige Glücksvorstellungen
pflegen.[5]

1 Mt 6,25 und 33.
2 Ein Bruce Lee zugeschriebenes Diktum, Schlussbild im Film »The Grandmaster /
Yi dai zong shi« (Regie. *Wong Kar-wai*), China 2013.
3 DIE ZEIT Nr. 25 vom 13. Juni 2013 – Beilage »Was ist das gute Leben? ... und
die anderen großen Fragen unserer Zeit, beantwortet von den Denkern der Gegenwart«.
4 Auf dem Laufenden halten etwa Zeitschriften wie das »Journal of Happiness Studies: an Interdisciplinary Forum on Subjective Well-Being« (JHS) 1 (2000) ff. und
das »International Journal of Happiness and Development« (IJHD) 1 (2012) ff.
5 Happiness across cultures: views of happiness and quality of life in Non-Western
cultures, ed. by *Helaine Selin*, Dordrecht 2012.

Über die Gründe der besagten Glücksverunsicherung darf spekuliert
werden: Die Priorisierung von Erwerbsarbeit und materieller Prosperität
steht explizit oder implizit in einem Verdrängungswettbewerb um Wertschätzung, Zeit und Zuwendung mit anderen potentiell glückstiftenden
Faktoren menschlichen Lebens wie Familie, Freundschaften, Muße, Erfahrungen; dabei ist das durchschnittliche Wohlstandsniveau zwar so
hoch wie nie, allerdings auch bereits als nur bedingt glücksförderlich
durchschaut.[6] Die wachsende Zahl und Qualität der Optionen, die vielen
für ihre Lebensführung zur Verfügung stehen, bereichert und verunsi-
chert; sie zeichnet zudem die jeweils getroffene Wahl in jedem Fall in
eine kompetitive Struktur ein – unhintergehbar bleibt die bange Frage,
ob ich womöglich etwas Wesentliches verpasst oder gar nur die zweit-
beste Wahl getroffen habe. Diese Sorge wird genährt dadurch, dass die
Mehrheit der Bevölkerung bei der Feststellung ihres »kognitiven Wohlbefindens« nicht nur zurückschaut auf das (historisch und biografisch)
Erreichte, sondern immer häufiger hinaufschaut auf das, was den sog.
Eliten (Medien zufolge) möglich ist und somit theoretisch auch ihnen
möglich sein könnte – die Glückslatte liegt insofern stets höher als normalerweise erreichbar. Die Dichte der medialen, ökonomischen, gesellschaftlichen Impulse zur Führung und Deutung meines Lebens scheint
uns von uns selbst zu entfremden, d.h. es wird schwieriger zu erkennen,
was »ich« realisieren möchte und was für mich befriedigend oder beglückend ist.[7] Die allgemeinen Risiken am Horizont der je eigenen Lebensführung – der Klimawandel, der Niedergang der westlichen Welt, die
Ungerechtigkeitsschere – mögen das individuelle Glücksempfinden entweder unmittelbar beeinträchtigen oder aber mittelbar das eigene Glück
(angesichts des Unglücks der Mehrheit der Weltbevölkerung) delegiti-
mieren. Nicht zuletzt mag eine Rolle spielen, dass das »Glück« so sehr
aufgewertet, idealisiert und als final erstrebenswert kategorisiert wird,
dass die Erfüllung des Glückswunsches gleichsam per definitionem in
prinzipiell unerreichbare oder jedenfalls nicht jetzt erreichbare Ferne
rückt.[8] Und schließlich scheint es sich mit dem Glück wie folgt zu verhalten: Je mehr man sich damit befasst, je mehr man sich selbst auf den
erreichten Glückspegel hin analysiert, je deutlicher Glück programmatisch zum Lebensziel erhoben wird, desto eher entzieht es sich – Glücksstreben und Glücklichsein sind einander geradezu paradox zugeordnet.
»[Frage:] Sind Sie ein glücklicher Mensch? [E.P.:] Glück ist ein seltsa-

6 Vgl. etwa *Joachim Weimann / Andreas Knabe / Ronnie Schöb*, Geld macht doch
glücklich. Wo die ökonomische Glücksforschung irrt, Stuttgart 2012.
7 *Peter Strasser*, Was ist Glück? Über das Gefühl, lebendig zu sein, München
2011.
8 Diese Dynamik erklärt, warum *Wilhelm Schmid*, mit dessen Namen die neuere
deutsche Philosophie der Lebenskunst verbunden ist, ein Buch schreibt »Glück. Alles, was Sie darüber wissen müssen, und warum es nicht das Wichtigste im Leben
ist« (Frankfurt [11]2013).

mes Wort. Eigentlich weiß ich gar nicht, was es bedeutet. Aber wenn sie mich so fragen: Ja, ich bin ein glücklicher Mensch.«[9] Ökonomisierung der Lebensführung, Verunsicherungseffekte der Optionsgesellschaft, Höherlegung der Meßlatte im historischen und globalen Vergleich, Entfremdung, Globalisierungsrisiken und Glückshypostasierung – in Anbetracht solcher Gefährdungen des Glücks kann einigermaßen überrascht zur Kenntnis genommen werden, dass die Zahl der Glücklichen in Deutschland keineswegs zu vernachlässigen ist. Sogar im weltweiten Vergleich liegt Deutschland, mitnichten abgeschlagen, an dreißigster Stelle – in Reichweite hinter den führenden skandinavischen Ländern Dänemark, Finnland, Norwegen, auch hinter den USA und Israel.[10]

Es ist demnach nicht die hohe Quote Unglücklicher (d.h. solcher Menschen, die sich bei Umfragen und Untersuchungen gemessen an bestimmten Kriterien als nicht zufrieden oder glücklich zu erkennen geben) oder eine entsprechende gesellschaftliche Konstellation, die die Glücksforschung stimuliert, sondern das in der Moderne (bzw. wohl in all jenen Kulturen, die dem Ringen um die bloße Existenz enthoben sind) populäre individuelle Glücksstreben und die daraus entspringende Neugierde, wissen zu wollen, was Glück und Glücklich-sein befördert.
Diesem geballten individuellen Streben wiederum kommt durchaus soziale und politische Relevanz zu. Ohnehin gehört ja ausweislich der US-amerikanischen Unabhängigkeitserklärung von 1776 der »pursuit of happiness« zum unverlierbaren Recht jedes Individuums und zur Staatsraison – in den USA und von dort ausstrahlend in der sog. westlichen Welt. Erst jüngst (2011) haben sogar die Vereinten Nationen in Fortschreibung dessen erklärt: »the pursuit of happiness is a fundamental human goal.«[11] Im Gefolge dessen soll nun alljährlich am 20. März (erstmals 2013) der Weltglückstag begangen werden, der diesem Streben nach Glück Aus- und Nachdruck verleihen soll. Eine weitere Etappe dieser Verallgemeinerung der Glücksorientierung stellt die wirtschaftliche, politische und wissenschaftliche Debatte um einen Wohlstandsindikator dar, der sich nicht allein auf Daten ökonomischer Prosperität stützt – etwa der »Better Life Index« der Organisation für Wirtschaftliche Zusammenarbeit und Entwicklung (OECD), der »Human Development Index (HDI)« der Vereinten Nationen oder aber, besonders glückssensibel, die auf eine Anregung des Königreichs Bhutan zurückgehende Orientie-

---

9 (Interview mit) *Ellen Page*, in: Süddeutsche Zeitung, Verlagsbeilage »Wohlfühlen« Nr. 2 / 2013, 52.
10 World Happiness report, ed. by *John Helliwell, Richard Layard, Jeffrey D. Sachs*, New York 2012.
11 Resolution der Vollversammlung der Vereinten Nationen: »Happiness: towards a holistic approach to development« vom 25. August 2011 (UN-Dokument A/RES/65/30).

rung am Bruttosozialglück (BSG; engl. Gross National Happiness / GNH).

Bei all diesen Initiativen, empirischen Erhebungen und auch Reflexionen der Glücksforschung schwingt indes eine grundlegende Schwierigkeit mit: die Schwierigkeit anzugeben, was mit »Glück« gemeint ist und wie dieses zu messen sei. In diesem Band nimmt Rudolf Englert zur Klärung dieser Frage in hilfreicher Weise Differenzierungen der englischen Sprache auf und unterscheidet zwischen Zufallsglück (»luck«), Glücksmoment (»pleasure«) und Lebensglück (»happiness«; 168). In der empirisch ausgerichteten Glücksforschung werden vor allem »Glück« i.S. des momentanen Glücksempfindens (»affektives Wohlbefinden«) und »(Lebens-)Zufriedenheit« i.s. der positiven Bewertung der eigenen Lebenslage (»kognitives Wohlbefinden«) unterschieden.[12] In jedem Fall bleibt »Glück« »in doppelter Hinsicht [...] subjektiv [...]. Ontologisch ist es insofern subjektiv, als jeder Mensch für sich selbst entscheiden muß, was die Maßstäbe für Glück sind, und epistomologisch insofern, als grundsätzlich niemand besser beurteilen kann, ob der Mensch glücklich ist (d.h., ob der gewählte Maßstab für das Glücklichsein erfüllt ist) als er selbst.«[13]

Notierenswert erscheint, zumal im Kontext dieses Jahrbuches, dass Religionen und Religiosität in den hier kurz aufgerufenen Glücksdiskursen nur eine marginal zu nennende Rolle spielen. Weder gaben Religionen die Initialzündung zur Intensivierung der Glücksdebatte, noch tragen sie wesentlich dazu bei, auch wenn gelegentlich Stellungnahmen und Publikationen religiöser, v.a christlicher und buddhistischer Provenienz eingespeist werden[14] und wenn psychologische Untersuchungen immer wieder auf den Umstand hinweisen, dass religiöse Menschen durchschnittlich glücklicher sind als nicht-religiöse.[15]

Insofern lautet die geheime Leitfrage dieses Bandes: Gibt es einen *signifikanten* Zusammenhang zwischen Glück und Religion, vielleicht sogar einen *kausalen* Zusammenhang zwischen Religion und Glück? Und lässt sich dieser durch religionspädagogisch reflektierte Interventionen zum Leuchten bringen oder verstärken?

---

12 Vgl. etwa *Weimann/Knabe/Schöb* (Anm. 6).

13 *Marcel Sarot*, Art. Glück / Glückseligkeit III. Theologiegeschichtlich und dogmatisch, in: RGG III ([4]2000), 1018–1020, hier 1019.

14 Siehe etwa *John Atherton / Elaine Graham / Ian Steedman* (eds.), The Practices of Happiness: Politcical Economy, Religion and Wellbeing, London / New York 2011, und *Jörg Lauster*, Gott und das Glück. Das Schicksal des guten Lebens im Christentum, Gütersloh 2004.

15 *Boris Kalbheim / Leslie Francis / Hans-Georg Ziebertz*, Christlicher Glaube und Glück. Eine empirische Studie zum Zusammenhang von Religiosität und Glückserfahrungen, in: Archiv für Religionspsychologie 25 (2003), 42–61, und *Ryan S. Ritter* et al., Happy Tweets: Christians Are Happier, More Socially Connected, and Less Analytical Than Atheists on Twitter, in: Social Psychological and Personality Science 4 (2013), online first published on June 18, 2013.

1 Rückblick

Angesichts des breiten, multidisziplinären Diskurses vermag dieser Band
des »Jahrbuch[s] der Religionspädagogik« eine Fülle an Perspektiven
auf das Glück aufzurufen.

An erster Stelle (»*1 Blitzlichter*«) steht mit Bedacht die Selbstreflexion
derer, auf die sich religionspädagogisch reflektiertes Handeln vorzugs-
weise bezieht: Kinder und Jugendliche setzen ihr Verständnis von
»Glück« ins Bild und verbalisieren dies anschließend. Ins Auge sticht,
dass sie mit dem Älterwerden das Glück seiner momenthaften, zufälligen, intuitiven Züge entkleiden – »Glück« wird zum mehr oder weniger
zukünftigen »Orientierungspunkt« der eigenen Lebensführung (*Katharina Spirawski*, 13). Die Kinder und Jugendlichen selbst lassen dies nicht
erkennen, doch einschlägige Studien sprechen eine deutliche Sprache:
Nicht nur die Qualität der Glücksvorstellungen verändert sich,[16] sondern
auch die Quantität des Glücksempfindens: Während Kinder in Deutschland sich bis zum Ende der Grundschulzeit mit überwältigender Mehrheit als glücklich einschätzen, trifft das auf Jugendliche erheblich seltener, wenn auch keineswegs selten zu.[17]

In einem zweiten Schritt (»*2 Disziplinäre Zugriffe*«) kommen exemplarisch ausgewählte Wissenschaften zu Wort: Die pädagogische Reflexion
hält einerseits die erzieherische Unverfügbarkeit des Glücks fest und
identifiziert andererseits in der Moderne einen »latenten pädagogischen
Imperativ der Verwirklichung von Glück« (*Jörg Zirfas*, 24). Geht es dabei primär um den mit Mitteln der Pädagogik geförderten Aufbau von
»Glücksfähigkeit« (27), die *zukünftiges* Glück ermöglichen oder grund-
legen soll, betont der systematisch-theologische Beitrag im Anschluss an
biblisch-weisheitliche Traditionen das Glück des *gegenwärtigen* Augenblicks: Genieße, was Dir gegenwärtig ist! (34) In dieser Richtung legt
Michael Roth auch Luther, insbesondere dessen Entfaltung des Credos,
aus. Glauben heißt demnach, die Dinge, Verhältnisse, Menschen »als für
mich gegeben wahrzunehmen« (37); »im Endlichen wird das Unendliche
genossen« (37). Mit dieser Akzentsetzung lässt Roth keinen Zweifel,
dass er die christliche Religion für, sagen wir, glücksfreundlich hält – er
selber spricht von den »Glückspotentiale[n] des Lebensvollzugs des
Glaubens« (39).

Dass dies in der Tat eines unter mehreren biblisch angelegten Glücksver-
ständnissen ist, führt *Peter Müller* in seiner exegetischen Sichtung der
Schriften vor Augen. Darüber hinaus meldet er im Spiegel biblischer Erzählungen Zweifel daran an, ob man überhaupt begrifflich-definitorisch

16 Vgl. dazu auch die entwicklungspsychologischen Strukturmuster, angeführt in
diesem Band bei *Englert* 164f.
17 UNICEF Office of Research, Child Well-being in rich countries. A comparative
Overview, Florence 2013. Vgl. in diesem Band auch die Angaben bei *Zirfas* 21f. und
Bucher 65–68.

angemessen von »Glück« sprechen kann oder ob dies nicht vielmehr erfahrungsbezogen-narrativ geschehen muss (50). Nicht minder breit als in biblischen Texten ist das Spektrum der Glücksvorstellungen in der Philosophie (*Arnim Regenbogen*).

Anton Bucher lenkt von solchen allein theoretischen Klärungsversuchen wieder zurück zu empirischen Befunden aus dem Bereich der Glückspsychologie. In deren Licht widerspricht er (wie auch bereits Jörg Zirfas) entschieden allen Unkenrufen vom schwindenden Glück der Kinder; mehr noch, er unterstreicht die empiriegestützte Einsicht der Glücksforschung: »Most people are happy« (69). Umso wichtiger ist ihm, dass sich Theologie und Religionspädagogik als glücksförderlich erweisen und glückshemmende Traditionslinien selbstkritisch revidieren.

Die Thematisierung des Glücks ist keineswegs den Wissenschaften vorbehalten. Im dritten Kapitel (»*3 Mediale Spiegelungen*«) werden Werbung (*Uwe Böhm*), Gegenwartsbelletristik (*Bergit Peters*) und Märchen (*Helga Kohler-Spiegel*) beispielhaft auf ihren Umgang mit der Glücksthematik hin analysiert, in späteren Buchteilen kommen noch Ratgeberliteratur (*Annegret Reese-Schnitker*) und Adoleszenzromane (*Matthias Bahr / Peter Poth*) hinzu. Zugespitzt kann man sagen: Werbung verheißt Glück wider besseres Wissen (der Werbedesigner wie der Konsumenten) als Frucht des In-Besitz-Bringens und Konsumierens; Belletristik spiegelt die Ambivalenzen menschlichen Glücksstrebens und ermutigt so zum kleinen Glück des Alltags; Märchen sind Symbolisierungen von Glücks- und Unglückserfahrungen und insofern in ähnlicher Weise Hilfestellungen auf dem Weg zum gelingenden Leben. Im post-narrativen Zeitalter treten publizierte Ratgeber funktional an ihre Stelle – sie gehen ohne symbolische Verschlüsselung auf Erfahrungen ein und sensibilisieren, ermutigen, ja, ermächtigen zum Glückserleben (180).[18] Ausnahmen bestätigen die Regel.

Kapitel vier (»*4 Perspektivische Annäherungen*«) bietet eine Textgattung, die für das Jahrbuch der Religionspädagogik ungewöhnlich ist: Ausgehend von einem buddhistischen (*Cormelius Hennings*), ganzheitlich-philosophischen (*Claus Eurich*), christlich grundiert »religiösen« (*Joachim Kunstmann*) und christlich-theologischen Hintergrund (*Michael Meyer-Blanck*) entwerfen vier Autoren ihr Verständnis von Glück und Lebenskunst. Es handelt sich um Übersetzungen von Tradition in zeitgenössische Sprache und Reflexion, die Gegenstand kritischer Sichtung werden sollen.

Im fünften Kapitel (»*5 Didaktische Zugänge*«) schließlich kommt programmatisch zur Geltung, was bis dahin nur anklang: die Frage nach den didaktischen Implikationen der Glückssuche in der modernen Gesell-

---

18 Zur Analyse vgl. auch Heft 1 des Jahrgangs 45 (2010) der Zeitschrift »Praktische Theologie«: »Auf der Suche nach dem Glück – Ratgeberliteratur als Lebenshilfe«.

schaft. *Hartmut Rupp* und *Ulrich Löffler* setzen sich kritisch mit »Glück« als Schulfach und der dahinter stehenden Konzeption von Ernst Fritz-Schubert auseinander. Sie profilieren ihm gegenüber die Spezifika des Religionsunterrichts (151f.). *Philipp Thomas* gibt Einblick in den Umgang der Philosophie und, davon abgeleitet, auch der Philosophiedidaktik mit den Themen »Glück« und »Lebenskunst«: Er plädiert dabei für die Beendigung idealistischer Glückssuche – vielmehr gelte es, »Negativität in Identität [zu] integrieren« (158), »Glück« in den Ambivalenzen des Alltags zu suchen. *Rudolf Englert* konstatiert zunächst eine Konvergenz zwischen der »von psychologischer Seite [...] festgestellte[n] Entwicklungsrichtung des Glücksdenkens« und den »Perspektiven der christlichen Tradition«: Beide zielen darauf, ein objektivierendes Glücksverständnis, das etwa das Genießen von etwas für Glück hält, hin zu einem universalen Glücksverständnis zu weiten, das eigenes Wohlergehen und dasjenige Anderer zusammensieht (165). Die religionsdidaktische Herausforderung besteht im Lichte dessen darin, christlich-religiöse Interpretamente für alltägliche Glückserfahrungen ins Spiel zu bringen – auch wenn das »nicht zwingend« sei (171). Auf dieser Linie sehen auch *Annegret Reese-Schnitker* und *Matthias Bahr / Peter Poth* – bei aller Kritik an Ratgebern und Jugendromanen im Einzelnen – vor allem Berührungspunkte zwischen a-religiöser und religiöser Glücksthematisierung.

Nicht als Proprium, wohl aber als besonderer Akzent der theologischen Glücksreflexion kommen Gesichtspunkte zur Sprache wie etwa die Verknüpfung meines Glücks mit demjenigen Anderer, die Hoffnung auf Erfüllung »nie wirklich in Gang gekommenen, zu früh beendeten oder gar gewaltsam abgebrochenen [...] Glücksstrebens« und die Entkrampfung des Glücksstrebens (172; vgl. 181), durchaus aber auch das Engagement für »eine menschenwürdige, dem Leben aller Menschen gemäßere Lebensweise« (193).

Einer Didaktisierung des Glücks wird somit keineswegs das Wort geredet, wohl aber wird unterstrichen, dass Glück ein Thema des Religionsunterrichts (und gemeindepädagogischer Veranstaltungen) sein kann und soll. Dabei zeichnet sich ein Konsens dahingehend ab, dass christliche Religion und eben solcher Religionsunterricht (nach Überzeugung der Autorinnen und Autoren) *glücksfreundlich und auch glücksförderlich* sind. Sie sollten dementsprechend auch so zur Darstellung kommen (können). Ein theologisch begründeter Einspruch *gegen* ein pointiertes Streben nach Glück findet sich ebenso wenig wie ein Plädoyer *für* die (religions-) pädagogische Machbarkeit des Glücks.

Dieser Konsens klingt harmlos, doch er ist durchaus als kritische Abkehr von gewichtigen Traditionen zu verstehen: Eine dieser Traditionen ist der theologische und philosophische Skeptizismus gegenüber irdischem Glück (bis hin zur »Glücksverachtung« und zum Glücksschweigen), der insbesondere in der nachkantischen Philosophie und Theologie des

19./20. Jahrhunderts zu beobachten war. [19] Als tragende Säulen glück-skeptischer Theologie gelten – je nach theologischer Schule – die Einsicht in die sündhafte Verfassung des Menschen, die Ausrichtung auf ein zukünftiges, andersartiges, höheres Glück (»Seligkeit«, »Heil«, »Reich Gottes«), und die Interpretation der Lebensführung als (Gottes-)Dienst, der mit einer Entsagung an leibliche, luxuriöse, flüchtige Glücksmomente einhergeht. Die andere Tradition, der hier widersprochen wird, ist diejenige eines pädagogischen Eudämonismus, der darauf besteht, dass pädagogische Einwirkung nicht als Glücksmoratorium gestaltet werden soll, sondern Zukunftsvorbereitung und Gegenwartsglück zu verbinden habe.[20]

So mahnt dieser Band also eine Kurskorrektur an sowohl gegenüber der Vorstellung, Glück sei machbar, als auch gegenüber theologischer Glücksvergessenheit – eine Kurskorrektur, die schon darin zur Geltung kommt, dass »Glück« (wieder) als Topos der theologischen Reflexion anerkannt wird.[21] Die dogmatischen und praktisch-theologischen Lehrtraditionen sind diesem Thema gegenüber lange, aber keineswegs seit jeher (!) stumm gewesen.[22] Ihnen werden die Begriffe »Glück« und »Lebenskunst« nun von außen zugespielt und treffen in bestimmter Hinsicht auf ihr ureigenstes Anliegen, gilt doch »die letzte Absicht aller Handlungen im Namen des Christentums [...] dem einzelnen Menschen«[23]. So entsteht eine interessante Konstellation: Theologie und Religionsdidaktik treffen auf eines ihrer Anliegen *in fremder Gestalt*, und geraten in eine doppelte Bewegung. Einerseits stoßen sie auf blinde Flecken ihrer eigenen Tradition – auf Versäumtes, unzureichend Betontes, kontroverse Anliegen –, andererseits können und müssen sie eigene einschlägige theologische Figuren mit Gewinn einspeisen: die Rede vom

---

19 Vgl. knapp die Beiträge »Glück in der Theologie I (*Peter Schallenberg*)« und »Glück in der Theologie II (*Jörg Lauster*)«, in: Glück. Ein interdisziplinäres Handbuch, hg. von *Dieter Thomä, Christoph Henning* und *Olivia Mitscherlich-Schönherr*, Stuttgart 2011, 434–444 und passim. Ausführlicher – und sehr gut, geradezu spannend zu lesen – *Lauster*, Gott (Anm. 14), 16–116, zum 19./20. Jh. v.a. 112–116; zu philosophischen Aspekten *Dieter Thomä*, Vom Glück in der Moderne, Frankfurt 2003.
20 Vgl. die Hinweise bei *Zirfas* in diesem Band (23–27) sowie *Jürgen Oelkers*, Glück in der Pädagogik, in: *Thomä/Henning/Mitscherlich-Schönherr* (Anm. 19), 428–434.
21 Neben *Lauster*, Gott (Anm. 14) siehe etwa *Michael Roth*, Zum Glück: Glaube und gelingendes Leben, Gütersloh 2011 und *Heinrich Bedford-Strohm* (Hg.), Glück-Seligkeit: theologische Rede vom Glück in einer bedrohten Welt, Neukirchen-Vluyn 2011.
22 Vgl. zu den Grundlinien der Entwicklung die einschlägigen Artikel »Glück« von *Ingvild S. Gilhus u.a.*, in: RGG III (^{4}2000), 1015–1021, und *Günther Bien u.a.*, in: LThK III (^{3}2000), 757–761.
23 *Dietrich Rössler*, Grundriß der Praktischen Theologie, Berlin / New York 1986, 63.

»Segen« etwa; konkrete Vollzüge einer als christlich ansprechbaren Lebensführung (»Frömmigkeit«) und deren glücksförderliche Qualität; die Kategorie der »Reich-Gottes-Hoffnung«.

2 Seitenblick

Wenn nun also in Abbreviatur Figuren aus der christlich-theologischen Tradition eingespielt werden, dann fungiert dies als »Gottesgedächtnis« (Johann Baptist Metz) und als Hinweis auf didaktische Chancen – schülerorientierter Religionsunterricht kann und darf von den Glückserwartungen und -vorstellungen der Schüler/innen ausgehen, kann und soll diese aber auch herausfordern, auf Tragfähigkeit prüfen, klären.[24] Zu erinnern ist mit den Figuren aber auch deren perspektivische Gebundenheit. Die Figuren aus der Tradition ändern nichts an dem, was für Einzelne »Glück« ist oder was sie dafür halten, sie bieten indes eine Perspektive zur Deutung dieses Glücksempfindens an, die insbesondere für jene *lebensgestaltend* fruchtbar werden kann, die ihr Leben im Licht des Evangeliums zu sehen versuchen.

2.1 Segen

Eine klassische Figur, mit der die christliche Theologie Fragen des Glücks und der Lebenskunst verhandelt, ist die Rede vom »Segen«. Zumal das Erste Testament (Erich Zenger) stellt sich als Segensbuch dar: So wie Gott »im Anfang« seine Geschöpfe segnete und segnet, die lebenden wie die anorganischen (Gen 1, 28 und 2,3), so wird er »Segen herabschütten in Fülle« (Mal 3,10).
Segen (hebr.: *B^{e}racha*; lat. Benediktion) ist sprachlich wie sachlich von Glück unterschieden,
– insofern Segen ein *bestimmtes* Woher, ein Subjekt hat: *Menschen* segnen, *Gott* segnet,
– insofern Segen nicht individuell wirksam ist, sondern Gemeinschaft stiftet, sei es mit Nachgeborenen, sei es mit Zeitgenossen,
– insofern empfangener Segen wiederum segnen lässt: Wer gesegnet ist, wirkt segensreich; der Segen selbst gewinnt dadurch eine fließende, sich vervielfältigende, umfassende Kraft,
– insofern Segen erbeten, ja, erkämpft werden kann (Gen 32 !),

---

24 Vgl. *Bernd Schröder*, Die Religion der Schülerinnen und Schüler – Jugendkultur und Religionsunterricht, in: *Michael Wermke u.a.* (Hg.), Religion in der Sekundarstufe II. Ein Kompendium, Göttingen 2006, 146–166, hier 163ff.

– insofern Segnen, das Segnen unter Menschen wie das Segnen bzw. Lobpreisen Gottes, »jedem *Absegnen* der Wirklichkeit, wie sie vor Augen liegt, als einer gottgewollten« widerspricht.[25] Exemplarisch ablesbar sind viele dieser Konstitutiva des Segens am Segen für Abraham (Gen 12); für Entdeckungen an den Texten wie am »Segen« fruchtbar erscheinen indes auch unbekanntere Geschichten wie Num 22–24 (Bileams Fluch), Dtn 11 (Wahl zwischen Segen und Fluch) oder 1. Petr 3,8–22 (Aufforderung zum Segnen nach Empfang des Segens).[26] Anders gesagt: Wer sein Leben im Licht der biblischen Segenserzählungen interpretiert, wird Glück als bestimmtes Geschenk deuten können und als etwas, das man nur behalten kann, indem man es weitergibt.[27] Segen wirkt segensreich.

In diesem Licht erscheint »Gesegnet-Werden (bzw. Segnen)« in der Tat als ein wesentlicher Schlüssel zum Umgang mit der Glücks-Thematik aus christlicher Perspektive. Dieses Thema führt zur Beschäftigung mit biblischen Texten ebenso wie zur Thematisierung von Glückserwartungen der Schülerinnen und Schüler.[28]

2.2 Frömmigkeit und Lebenskunst

Das, was »frommt«, nützt etwas. Es kommt zugute. Im Begriff der »Frömmigkeit« hält sich, so verstaubt der Begriff und so verschüttet seine Bedeutung sein mag, der Zusammenhang zwischen einer Lebensführung, die aus dem christlichen Glauben gestaltet wird, und ihrer positiven, förderlichen, ja, beglückenden Wirkung.

Allerdings ist Frömmigkeit nicht auf das Ziel »Glück« gerichtet, sondern auf Gott. Glück stellt sich im frommen Leben *mittelbar* ein – gerade weil es nicht angestrebt wird und angestrebt werden kann. In der Rede von

25 *Magdalene L. Frettlöh,* Theologie des Segens. Biblische und dogmatische Wahrnehmungen, Gütersloh (1998) [5]2005, 402.
26 Vgl. *Andreas Obermann*, An Gottes Segen ist allen gelegen: eine Untersuchung zum Segen im Neuen Testament, Neukirchen-Vluyn 1998, und *Frettlöh* (Anm. 25).
27 Insofern ist im Spiegel biblischer Segenstheologie die Formulierung des weithin bekannten Geburtstagsliedes »Viel Glück und viel Segen« nicht als Synonym zu verstehen, sondern als Komplement oder Steigerung. Der Dichter und Komponist Werner Gneist (1898–1980), der das Lied in den 1920er Jahren – stärker von der Singbewegung als von der Theologie geprägt – ersann, hat sich dazu indes meines Wissens nicht geäußert.
28 Vgl. etwa *Christian Grethlein*, Befähigung zum Christsein, in: Jahrbuch der Religionspädagogik 27 (2011): Was sollen Kinder und Jugendliche im Religionsunterricht lernen? 125–134, sowie die davon angeregten Unterrichtshilfen für die Grundschule »Religionsunterricht primar« (10 Hefte, Göttingen 2006–2008); als Hintergrund vgl. *Christian Grethlein*, Realbenediktionen und Krankensegnung, in: Handbuch der Liturgik: Liturgiewissenschaft in Theologie und Praxis der Kirche, hg. von *Hans-Christoph Schmidt-Lauber, Michael Meyer-Blanck* und *Karl-Heinrich Bieritz*, (1995) 3., vollst. neu bearb. und erg. Aufl., Göttingen 2003, 551–573.

Frömmigkeit schwingt jene Dialektik mit, die auch in biblischen Texten zur Geltung gebracht wird:»... wer sein Leben erhalten will, der wird's verlieren; und wer sein Leben verliert um meinetwillen und um des Evangeliums willen, der wird's erhalten« (Mk 8,25). Exemplarisch vor Auge tritt ein solches Verständnis von Frömmigkeit an einzelnen Personen[29] wie Roger Schütz (1915–2005; Gründer der Communauté de Taizé),[30] Hans A. de Boer (*1925, Berufsschulpastor)[31] oder Ellen Johnson Sirleaf (*1938, Präsidentin Liberias),[32] nicht minder an Konzepten dessen, was es heißt, als Christ zu leben.[33] Anders gesagt: Wer (sein eigenes) Leben als Ausdruck von Frömmigkeit interpretiert, wird nicht nur jene Dialektik entdecken, sondern auch dies, dass es auf der Suche nach gelingendem Leben nicht (allein) um die Entfaltung angeborener, eigener Möglichkeiten geht, sondern auch darum, sich (von außen) ansprechen zu lassen, einen Kairos wahrzunehmen, sich genug sein zu lassen, dankbar zu werden.

Dergleichen bleibt kontingent, und doch lassen sich Anregungen sammeln, Sensibilitäten schulen, Lebensformen finden. In diesem Sinne dient die Übung in »Lebenskunst« der Aufgabe, »dem eigenen Leben eine vom Glauben geprägte Gestalt zu verleihen, seine ›Schönheit‹ als ein von Gott begabtes und geschenktes Leben zu entdecken und zu kultivieren«; »Christliche Lebenskunst thematisiert gerade auch die Endlichkeit und Gefährdung menschlicher Freiheit und betont ihre unverfügbaren, durch Gottes Handeln gesetzten Voraussetzungen«.[34] Was es zu lernen gibt? »Die Sinne schärfen«, »Miteinander auskommen«, »Dem Leben Richtung und Ziel geben« u.a.m.[35] – nicht zuletzt, anerkennen, wenn man »genug von dem [hat], was man zum Leben benötigt«. »Ein Leben ist gut [...], wenn sieben Grundbedürfnisse befriedigt sind: Ein Mensch braucht Gesundheit, Sicherheit, Respekt, Entfaltung der Persönlichkeit, Harmonie mit der Natur, Freundschaft und Muße.«[36]

---

29 Unbeirrbar: Lebensbilder von Frauen und Männern des 20. Jahrhunderts, hg. von *Dietrich Steinwede*, Lahr 1992. Zur personorientierten Didaktik der Christentumsgeschichte vgl. etwa *Hans Mendl*, Das religionspädagogische Potential der Begegnung mit Vorbildern des Alltags. Beispiele außerordentlichen Handelns im Alltag, in: Jahrbuch für Religionspädagogik 24 (2008): Sehnsucht nach Orientierung. Vorbilder im Religionsunterricht, 89–99.
30 *Yves Chiron,* Frère Roger – Gründer von Taizé: eine Biografie, Regensburg 2009.
31 *Hans A. de Boer*, Gesegnete Unruhe, Göttingen 1995.
32 *Ellen Johnson-Sirleaf,* Mein Leben für Liberia. Die erste Präsidentin Afrikas erzählt, Frankfurt am Main 2009.
33 *Bernd Jaspert*, Christliche Frömmigkeit: Studien und Texte zu ihrer Geschichte, Bd. 1: Von der Anfängen bis zum 15. Jahrhundert, Nordhausen 2013.
34 *Peter Bubmann / Bernhard Sill* (Hg.), Christliche Lebenskunst, Regensburg 2008, 9f. und 14f. Vgl. *Wilfried Engemann*, Die Lebenskunst und das Evangelium, in: ThLZ 129 (2004), 875–896.
35 *Bubmann/Sill* (Anm. 34), 17ff.
36 »Endloses Wachstum ist sinnlos« – Elisabeth von Thadden im Gespräch mit dem Wirtschaftshistoriker Robert Skidelsky und seinem Sohn, dem Philosophen Edward Skidelsky, in: DIE ZEIT Nr. 10 vom 28. Februar 2013, 19. Vgl. *Robert Ski-*

2.3 Reich-Gottes-Hoffnung

Die Rede vom Reich Gottes und mit ihr die Hoffnung auf dessen Realisierung kann als das A und O der neutestamentlichen Überlieferung gelten (vgl. Mt 3,2 / 4,17 und Offb 21f.). Das Kommen des Reiches Gottes
schließt »Gerechtigkeit und Friede und Freude (gr. *chará*) in dem Heiligen Geist« (Röm 14,17) ein.
In den einschlägigen Passagen des Neuen Testaments ist nicht von
»Glück« die Rede,[37] wohl aber von Freude (gr. *chará*), Seligkeit (gr. *ma-
karismós*), Rettung (gr. *soteria*), die mit dem Kommen des Reiches Gottes einhergehen. All diese Zustände werden in eine eschalogische Spannung eingezeichnet, die mal mit Metaphern der Zeit (schon jetzt – noch
nicht), mal in Metaphern des Raums (hier / Erde – dort / Himmel), mal
in Metaphern der Personalität (inwendig – sozial) zum Ausdruck gebracht wird. [38]
Glück im Modus des »Schon jetzt«, des »Hier«, des Inwendigen ist somit einerseits schon unerwartbar und unverhofft viel, andererseits aber
doch noch nicht das Ganze – Glück rückt in der Deutung aus christlicher
Perspektive eben in eine *eschatologische Spannung*: »Die Irdischen spüren, wohin sie kommen. Sie spüren, dass auch sie im Kommen sind, so
wie das Reich Gottes selbst ja ›herbeikommt‹. Es *ist* nicht, sondern es
kommt. Wir gehen und schwinden nicht dahin in unserem Leben, sondern wir *kommen*. Diese Spannkraft der eigenen Seele spüren Christen
beim Christusmahl, und wenn sie das Evangelium vom Reich Gottes
vernehmen.«[39] Aber erst jenseits »der irdischen Lebensphase« wird festgestellt, was diesem Leben »aus der Perspektive Gottes« (*sub specie
Dei*) noch fehlt – und vollendet werden.[40]
Wer glücklich ist, hat in christlicher Perspektive an dieser eschatischen
Realität Anteil, und eben dies verändert, da es als imputativer Vorgang
gedacht wird, nicht nur die Sicht der Realität, sondern auch die Realität
selbst. Glücklich (gemacht) werden schließt ein Gefälle zum Glücklich-
machen Anderer, vor allem aber Demut ein: »… Gott [baut] sein Reich
gerade mit den durch Armseligkeit gekennzeichneten ›Bausteinen‹, d.h.
mit den Menschen, die seiner bedürftig sind.«[41]

---

delsky / Edward Skidelsky, Wie viel ist genug? Vom Wachstumswahn zu einer Öko-
nomie des guten Lebens, München 2013.
37 »Die griechischen Texte der Bibel reden an keiner einzigen Stelle vom Glück
mit dem Wort, das in der Antike üblicherweise das Glück bezeichnet«: *eudaimonia* –
so *Lauster*, Gott (Anm. 14), 18.
38 Zur Orientierung siehe *Markus Mühling*, Grundinformation Eschatologie, Göttingen 2007.
39 *Christof Gestrich*, Die Seele des Menschen und die Hoffnung der Christen.
Evangelische Eschatologie vor der Erneuerung, Frankfurt 2009, 243.
40 *Gestrich,* Seele (Anm. 39), 241.
41 *Gestrich,* Seele (Anm. 39), 240.

Exemplarisch anschaulich kann dies schwerlich werden, denn »das Reich Gottes kommt nicht so, dass man's beobachten kann; man wird auch nicht sagen: Siehe, hier ist es! Oder: Da ist es!« (Lk 17,20f.). Wohl aber kann die Eigenart dessen, wie vom Reich Gottes gesprochen wird, exemplarisch besprochen werden – anhand der Gleichnisse Jesu, der Reich-Gottes-Predigten eines Johann Christoph Blumhardt (1805–1880)[42] oder eines Leonhard Ragaz (1868–1945).[43] Anders gesagt: Wer sein Leben im Licht christlicher Hoffnung interpretiert, wird Glück genießen können und es zugleich nicht als selbstbezügliches, schon gar selbst erwirktes Glück erfahren. Glück beglückt.

Wie der Glaube i.S. der *fiducia*, so ist auch die Hoffnung pädagogischer Verfügung entzogen. Und dennoch ist mit Ingo Baldermann die didaktische Frage »im Kern [als] die Frage nach dem für die kommende Generation Notwendigen« zu verstehen: »Tragfähig ist die Antwort nur, wenn sie Hoffnung enthält, und tragfähig ist die Hoffnung nur, wenn sie nicht von einer irgendwann einmal kommenden Wende spricht, sondern jetzt Wege zeigt, Hoffnungsvolles zu tun und im Sinne dieser Hoffnung zu leben.«[44] Anschauungsmaterial bietet das Schulbuch der Reihe »Religion« mit dem Titel »Hoffnung lernen« und die Jesus-Erzählung Ingo Baldermanns.[45]

3 Ausblick

Wenn sich Religionspädagogik, oder präziser: Religionsdidaktik mit solchen Einsichten im Gepäck in den Glücksdiskurs begibt, kann sie – wie es Rudolf Englert eindrücklich herausgearbeitet hat – weithin anschließen, beleihen, komplementär aufeinander beziehen.
Doch »Glück« stellt sich anders dar je nach dem, in welcher Perspektive ich danach schaue – in der Perspektive der Scientology anders als in der Perspektive des Mahayana-Buddhismus, in der Perspektive des säkularen Humanismus anders als in derjenigen des Christentums.
Die letztere macht vor allem deutlich,
– dass Nach-Glück-fragen heißt: nach dem unverfügbaren guten Ende und dessen Vorschein im eigenen Leben zu fragen,
– dass Nach-Glück-streben heißt: zu streben, als strebe man nicht (nach 1. Kor 7,29ff.) und also anzuerkennen, dass sich Glück gerade nicht erzwingen lässt,

42 *Christoph Blumhardt*, … damit Gott kommt. Gedanken aus dem Reich Gottes, hg. von *Wolfgang J. Bittner*, Schwarzenfeld 2006.
43 *Leonhard Ragaz*, Die Botschaft vom Reiche Gottes. Ein Katechismus für Erwachsene, Bern 1942, und: Eingriffe ins Zeitgeschehen. Reich Gottes und Politik. Texte von 1900 bis 1945, hg. von *Ruedi Brassel* und *Willy Spieler*, Luzern 1995.
44 *Ingo Baldermann*, Einführung in die biblische Didaktik, Darmstadt 1996, 10.
45 Religion, 5./.6. Schuljahr: »Hoffnung lernen« von *Ingo Baldermann, Ulrich Becker und Helmut Ruppel*, Frankfurt 1995, sowie *Ingo Baldermann*, Der Himmel ist offen. Jesus aus Nazareth: eine Hoffnung für heute, München / Neukirchen-Vluyn 1991.

– dass Glücklich-sein-wollen heißt: sich am Glück des Augenblicks genug sein zu lassen und den Teufelskreis des Immer-mehr zu durchbre-
chen.

Bei solchen Einsichten geht es nicht um Kritik an der Sehnsucht nach
Glück, schon gar nicht um Kritik am Glück Anderer, wohl aber um Kritik an Strategien der Glückssuche und an der Illusion seiner Machbarkeit
– und nicht zuletzt darum, das hoffentlich erlebte eigene Glück als Gottes Segen schätzen zu lernen.

Anhang

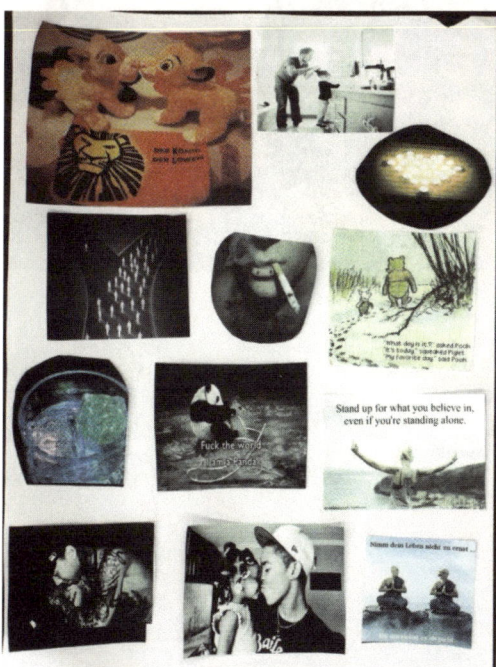